新 よくでる

一問一答

倫理,
政治・経済

倫理用語問題研究会 編

JN114728

山川出

まえがき

　現代の世界がかかえる課題は，地球温暖化をはじめとする環境問題，途上国の人口増加と貧困問題およびそれに起因する地域紛争，自国中心主義的な動きと貿易問題や移民問題，さらには情報通信技術 (ICT) の進展にともなう世界的な通信網の発達，そして進化続ける人工知能 (AI) など，数えあげればきりがないほどである。

　そうしたなかで，一国の経済は国際経済の動向にますます左右されるようになり，平和問題に関しては地域紛争も広域化する気配がみえる。また環境問題についてもあまり進展がみえず，地球の未来に影が差しているようにも思える。一方，情報社会の高度化はますます進展し，社会生活も刻々と変化している。それにともなって，私たちの生き方やものの見方も変化を余儀なくされるようになっている。

　公民の各科目は，このような現代社会の諸問題に向き合い，何をどのようにとらえていけばいいのかを示唆する役割になっている。「倫理」はものの考え方を学ぶことによって，「政治・経済」は世界の現状や諸制度を学習することによって，今を生きる人たちにどのように考え，どのように行動すればいいのかを考えるための知識や情報を提供しているのである。

　こうした状況をふまえて，2018年の学習指導要領は「主体的・対話的で深い学びの実現」「創意工夫を生かした特色ある教育活動」という，アクティブ・ラーニングの方向をうながした。これを受けて，2020年度から従来のセンター試験にかわって実施される共通テストも，各教科・科目の出題形式を大きく変更し，公民科の「倫理」や「政治・経済」でも，調べ学習や課題学習の形態をとる出題形式になった。そのため，原典資料や写真・図版や統計資料などが多くなり，それまでの「知識・技能」だけではなく，「思考力・判断力・表現力」が重視されるようになったのである。

　しかし，形式がかわり思考力や判断力が問われるようになったといっても，「倫理」や「政治・経済」の知識が不要になったというわけではない。むしろ，現代社会がかかえる諸問題を理解し，考えていくうえでの基本的な知識はますます重要になってきているとさえいえる。

　時代がかわり，社会が変化しても，今を生きる私たちにとって，「倫理」や「政治・経済」の知識や素養はかわることなく大切なものなのである。

　2019年10月

　　　　　　　　　　　　　　　　　　　　　　　　　　　　　　編者

本書の使用にあたって

ブッダの思想

1 ★**1** 深い瞑想と修行によって，この世の真理を悟った人物を「悟った者(覚者)」という意味で何というか。

1 ブッダ(仏陀) **2**

★**2** 釈迦族の王子であったが，その後出家して瞑想によって悟りを開いた人物は誰か。

3

2 ガウタマ＝シッダルタ(ゴータマ＝シッダッタ)

> **解説** ガウタマは悟りを開いた人間としてブッダといわれるが，釈迦族の尊者という意味で釈迦牟尼・釈尊ともいわれる。

3 三つの城門のそばで死者・病人・老人に出会ったあと，僧侶に出会って出家を決意したという，ガウタマの出家を物語るエピソードを何というか。

3

4 ガウタマが悟りを開いた場所と，彼が死去した場所はそれぞれどこか。

4

5 悟りを開いたブッダが，鹿野苑でかつての修行仲間に初めて行なった説法を何というか。

5

6 仏教における真理・法則・教えを意味する言葉を何というか。

6

7 この世の一切はそれ自体としては存在せず，相互に依存しあいながら変化のうちに存在しているという，仏教の真理を何というか。

7

1 問題番号の左にある★印は，とくに基本的，もしくは入試において「必出」の用語である。

2 解答欄の赤色の文字は，付属の赤色シートを利用すれば隠すことができるので，シートをずらしながら一問ずつ解答しよう。

本書を読みすすめるだけでなく，解答を紙に書いてみることで，よりいっそうの学習効果が期待できる。

3 問題文内の赤字の用語，**解説** 内の下線をひいた用語はいずれも重要な語句，あるいは正誤判定のポイントとなる部分である。

4 各章末には **演習問題** を設けてある。解答だけでなく解説も掲載しているので，きちんと読んで学習の定着をはかろう。

5 巻末には「さくいん」を設け，本文中の解答を収録しているので，用語の解説集としても活用できる。

目次

第II部 政治・経済

第**1**部 倫理

第1章 青年期の特質と課題

① 青年期の特質

青年期と第二の誕生

1 児童期から成人期に移行するまでの，10歳から20代前半頃までの時期を何というか。

1 青年期

2 青年期と同義であるが，とくに青年の性的成熟に焦点をあわせていわれる時期を何というか。

2 思春期

3 『子どもの誕生』によって，子どもに固有の意味を見出したフランスの歴史家は誰か。

3 アリエス

★ **4** 児童期の終わり頃に，男子では精通や声変，女子では月経や乳房の発達など，それぞれの性的特性が顕著になることを何というか。

4 第二次性徴（せいちょう）

★ **5** 児童期と成人期の間にあって，そのどちらにも属さないために，精神的に不安定な状態におかれている青年のことを何というか。

5 マージナル゠マン（境界人・周辺人）

6 児童期と成人期のはざまで，青年期は精神的に不安定な状態におかれていると指摘したドイツの心理学者は誰か。

6 レヴィン

7 人間が乳児期から成人期へと成長していく過程を，いくつかの段階に分けたものを何というか。

7 発達段階

8 ハヴィガーストによって提唱された，人間が乳児期から成人期へと成長していく発達段階において，達成すべきであるとされる課題を何というか。

8 発達課題

★ **9** 七五三や成人式・還暦（かんれき）など，人生の節目ごとに行なわれる儀式を何というか。

9 通過儀礼（イニシエーション）

解説 通過儀礼は，人生の大きな変化の時に行なわれる儀式で，そのほかに，宮参りや結婚式もあるが，葬式も通過儀礼の一つである。

10 サモア諸島の通過儀礼を通して，未開社会の少女には青年期の特徴が見当たらないと報告した，アメリカの

10 マーガレット゠ミード

文化人類学者は誰か。

解説▶現在，サモアの若者にも青年期の特質が見られるという指摘をする学者もいる。

11 身体的・生理的変化にともなって，自己の内面を見つめるようになった意識のことを何というか。 ▶ 11 自我意識

12 自我意識の活発化にともない，自分の容姿や性格などを強く意識しはじめることを何というか。 ▶ 12 自我のめざめ

★13 自我のめざめによって，青年がそれまで依存していた親から精神的に自立しようとすることを，ホリングワースは何と呼んだか。 ▶ 13 心理的離乳

★14 自我のめざめによって，親や大人，社会的権威などに対立的態度をとるようになる時期を何というか。 ▶ 14 第二反抗期

解説▶行動範囲が拡大する幼児が，親の言いつけに逆らうようになる時期を第一反抗期という。

★15 「われわれは，いわば二度この世に生まれ出る。一度目は存在するために，二度目は生きるために」というルソーの著書『エミール』に見られるような，青年期における精神的誕生のことを何というか。 ▶ 15 第二の誕生

解説▶『エミール』は，ルソーが子どもを自然(本性)に従って教育することをめざして書かれた実験教育の書である。

欲求と適応行動

1 人間が生きるための動因となるものを何というか。 ▶ 1 欲求

★2 食欲や排泄欲などの個体を保存するための欲求，および性欲などの種族を残そうとする欲求で，一次的欲求ともいわれる欲求を何というか。 ▶ 2 生理的欲求

★3 二次的欲求ともいわれ，承認や愛情の欲求あるいは自尊や創造などの社会や文化面での欲求を何というか。 ▶ 3 社会的欲求

★4 人間の欲求は，下位の欲求から上位の欲求へと段階的に発展していくという，欲求の階層説をとなえたアメリカの心理学者は誰か。 ▶ 4 マズロー

5 欲求階層説で，生理的欲求から尊敬欲求までを，足りないものを満たす欲求という意味で何というか。 ▶ 5 欠乏欲求

6 欲求階層説で，自己の可能性を求める欲求を上記の欲求に対して何というか。 ▶ 6 成長欲求

解説 マズローは，下位の欲求が達成されないと上位の欲求を満たすことができないと考えた。

★ **7** 自分が本来もっている能力や個性などの可能性を，生涯をかけて伸ばしていこうとする欲求を何というか。

7 自己実現

8 生命体が，外界に自らを適合・調和させようとすることを何というか。

8 適応

★ **9** 相反する欲求が同時に生じることで，精神的な緊張に陥ることを何というか。

9 葛藤(コンフリクト)

10 「～したい」という欲求と「～したい」という欲求とが同時に生じた時の葛藤の型を何というか。

10 接近―接近型

11 「～したい」という欲求と「～したくない」という欲求とが同時に生じた時の葛藤の型を何というか。

11 接近―回避型

12 「～したくない」という欲求と「～したくない」という欲求とが同時に生じた時の葛藤の型を何というか。

12 回避―回避型

★ **13** 『精神分析学入門』を著し，精神分析学を創始したオーストリアの精神科医は誰か。

13 フロイト

14 患者に自由に思いつきを話させることで，無意識の中に抑圧されている過去の体験を引きだす，フロイトの治療法を何というか。

14 自由連想法

★ **15** 意識としてあらわれることはないが，人間の言動に深い影響を与えている心の領域を何というか。

15 無意識

16 無意識の中に快楽原則で動く性衝動(リビドー)や，攻撃衝動のエネルギーを蓄えている心の領域を何というか。

16 イド(エス)

17 親からの要求や禁止を内面化することで形成される，良心にあたる心の領域を何というか。

17 スーパーエゴ(超自我)

18 欲望充足を優先するイドと，欲望抑制を優先するスーパーエゴとを，現実原則にたって調整しようとする心の領域を何というか。

18 エゴ(自我)

解説 エゴ・スーパーエゴ・イドは，相互に牽制しあいながら，人間の行動を調節している。

★ **19** 欲求が満たされず，外界に自らを適合させることができない状態になっていることを何というか。

19 欲求不満(フラストレーション)

★ **20** 欲求不満からくる精神的緊張から，無意識に自分を守ろうとする心の動きを何というか。

20 防衛機制

21 不安や苦しみの原因となるものを，無意識の中に抑え込もうとすることを何というか。

21 抑圧 よくあつ

22 苦痛や危険を感じる場面から，無意識に逃れようとすることを何というか。

22 逃避 とうひ

23 失敗や不満の原因を，もっともらしい理由をつけて自分を納得させることを何というか。

23 合理化

24 不満や悲しみで不安定になった精神状態を，幼い頃の言動に戻ることで安定させることを何というか。

24 退行 たいこう

25 満たされなかった欲求を，それと類似のものによって満たそうとすることを何というか。

25 代償(補償) だいしょう ほしょう

26 満たされなかった本能的欲求を，社会的に価値が高く容認されやすいものにおき換えて満たそうとすることを何というか。

26 昇華 しょうか

解説▶芸術家や文学者の作品には，昇華によって生みだされたものが多いといわれている。

27 本来の欲求が満たされない時，それとは逆の態度や行動をとることを何というか。

27 反動形成

28 満たされない欲求を，すでに満たしている人に自分を重ねあわせ，不満を解消しようとすることを何というか。

28 同一視 どういっし

解説▶男児が成長過程の中で，父親の真似をして胡坐をかいたり，たばこを吸う真似をするのも同一視である。

29 自分の中の不満の原因を相手のせいにして，不満の解消をはかろうとすることを何というか。

29 投射(投影) とうしゃ とうえい

30 欲求を満たすための適切な行動をとらず，安易で衝動的な行動をとることを何というか。

30 近道反応 あんい

31 欲求を合理的で適切な行動によって満たそうとすることを何というか。

31 合理的解決

★32 フロイトの個人的無意識に対して，人類が永年の間に積み重ねてきた体験によって形成された無意識をユングは何と呼んだか。

32 集合的無意識(普遍的無意識)

33 男女それぞれの心の中に潜む異性の像(アニマ・アニムス)のように，人類に共通してみられる普遍的な型(タイプ)のことを何というか。

33 元型(アーキタイプス) げんけい

パーソナリティの形成と人間関係

★ **1** 一人の人間の全体的・統一的な特徴を何というか。

1 パーソナリティ（人格）

2 パーソナリティの特徴を構成するもののうち，知能や技能などの動作や作業を行なう力のことを何というか。

2 能力

3 パーソナリティの特徴を構成するもののうち，感情や情緒などの特徴を示すものを何というか。

3 気質

4 パーソナリティの特徴を構成するもののうち，行動や考え方などの特徴を示すものを何というか。

4 性格

5 性格を体型によって三つに分類した，ドイツの精神科医は誰か。

5 クレッチマー

★ **6** 性格を内向型・外向型に分け，感情表現と対人関係における相関を研究したスイスの心理学者は誰か。

6 ユング

7 性格をその人が求める価値によって分類した，ドイツの心理学者は誰か。

7 シュプランガー

8 上記の分類のうち，真理探究に価値をおく学者，人を支配することを好む政治家，経済的価値を重視する実業家，他者の救済に価値をおく福祉家，神仏への信仰を重んじる宗教家，および美や調和に価値を見出す芸術家のような性格型を，それぞれ何というか。

8 理論型・権力型・経済型・社会型・宗教型・審美型

9 人間の社会的性格を三つに分類し，現代の大衆社会では孤立化した人びとが，他人の行動を自らの行動基準としていると，自著『孤独な群衆』において指摘したアメリカの社会学者は誰か。

9 リースマン

★ **10** 社会の慣習を行動基準にする伝統指向型，自己の内面に行動基準をおく内部指向型に対して，リースマンが現代の大衆の性格だと語っているのは，どのような型の性格か。

10 他人指向型

11 他者とは異なる自分独自の考えや行動である個性を身につけていくことを何というか。

11 個性化

12 自分が属する社会の慣習・ルールなどの文化を身につけていくことを何というか。

12 社会化

解説▶個性化と社会化は，人間が成長・発達していくうえでの両輪ともいえる。

13 精神的に自立した青年が，自分は世の中や他人とは異なる独自の存在だと思いながらも，不安の内に孤立していると感じることを何というか。

13 孤独感

14 アメリカの心理学者サリヴァンが，思春期の若者は他者への思いやりや同情によって人間関係を構築し，友情や恋愛を育てると指摘した感情は何と呼ばれるか。

14 共感

15 青年期の友情や恋愛は，相手との適度な距離を保たないと，かえって互いが傷つくことになる，というたとえを何というか。

15 やまあらしのジレンマ

16 自分中心の見方しかできない子どもが，他人の立場にたって物事を見ることができるようになることを，ピアジェは何と呼んだか。

16 脱中心化

17 自分が他者より劣っているという意識で，自我意識が活発となる，青年期にあらわれやすい心の動きを何というか。

17 劣等感

解説▶劣等感という概念を確立したオーストリアの精神科医アドラーは，劣等感は自己が成長する推進力であると考えた。

アイデンティティとモラトリアム

★ 1 人生を八つの段階に区分し，それぞれの段階に課題があり，それを達成することで発達が順調に進むとして，発達心理学の理論を確立したアメリカの精神分析学者は誰か。

1 エリクソン

★ 2 人生を乳児期から老年期までの八つの段階に分け，それぞれの段階の課題を達成しながら，生涯を発達していく過程ととらえた，エリクソンの概念を何というか。

2 ライフサイクル(人生周期)

★ 3 自分は過去・現在・未来を通して，ほかの誰でもない自分であるという確信と，特定の集団の中で役割と責任を果たしているという自信に裏づけられた概念を何というか。

3 アイデンティティ (自我同一性)

★ 4 自分が何者であり，何を求めて生きているのかといった確信や自信がもてなくなった状態を何というか。

4 アイデンティティの危機(拡散)

★ 5 青年がアイデンティティを確立するまで，社会的責任

5 モラトリアム(心理

の一部が猶予される期間を何というか。

解説▶モラトリアムの本来の意味は，借金の返済を猶予してもらうという意味の経済用語である。

的・社会的モラトリアム）

6 自我意識の社会への拡大，あたたかい人間関係の保持，人生哲学の構築など，成熟した人間の六つの条件を掲げたアメリカの心理学者は誰か。

6 オルポート

現代の若者文化と生きがい

★ **1** 青年期に共通する，特有の意識や価値観から生まれてくる文化を何というか。

解説▶若者の強い自我意識から生まれる文化は，反権威的・反体制的になるため，対抗文化（カウンターカルチャー）の性格をもつことが多い。

1 若者文化（ユースカルチャー）

2 社会の支配的な文化である主流文化に対して，地方文化や若者文化のような下位の文化を何というか。

2 サブカルチャー

★ **3** 自分なりの生き方を確立することをせず，いまの自分は本当の自分ではないと考え，社会的責任を果たそうとしない若者のことを，小此木啓吾は何と呼んだか。

3 モラトリアム人間

4 学校を卒業し，自活できるにもかかわらず，衣食住の多くを親に依存している人のことを何というか。

4 パラサイト＝シングル

5 仕事にも就かず，就学もせず，就労のための訓練も受けていない人のことを何というか。

5 ニート

6 自分が生きていることに，張りや充実を感じることを何というか。

6 生きがい

★ **7** ハンセン病患者の療養所での経験をもとに，生きがいとは愛・希望・信頼などに満たされていることだと考え，それを『生きがいについて』に書き記した日本の精神科医は誰か。

7 神谷美恵子

★ **8** アウシュヴィッツ収容所の経験をもとに，極限状況に生きる人間の姿を『夜と霧』に描いたオーストリアの精神医学者は誰か。

8 フランクル

9 上記の医師は『夜と霧』の中で，生きる目的や意味を求めることの大切さを語っているが，人間が生きるためには，何が大切だといっているか。

9 生きる意味

10 『星の王子さま』によって，目に見えないものの大切さ

10 サン＝テグジュペリ

を語ったフランスの作家は誰か。

さまざまな人間観

★ **1** 生物学者のリンネがとなえた，理性をもつ点に人間の特質を見る人間観を何というか。

2 自らをこえる存在に対する信仰や畏敬の念をもつ点に人間の特質を見る人間観を何というか。

★ **3** 道具を用いて自然を改変する点を人間の特質と見て名づけた人間観を何というか。

4 上記の人間観をとなえたフランスの哲学者は誰か。

★ **5** 遊びは人間の根源的な活動であり，学問や文化も遊びから生まれたとする人間観を何というか。

6 上記の人間観をとなえたオランダの歴史家は誰か。

7 人間は，言葉や文字といったシンボル（象徴）を操る動物（ホモ＝シンボリクス）だと語った，ドイツの哲学者は誰か。

8 人間は，経済的な合理性を追求する生き物だととらえる人間観を何というか。

1 ホモ＝サピエンス（英知人）

2 ホモ＝レリギオース（宗教人）

3 ホモ＝ファーベル（工作人）

4 ベルクソン

5 ホモ＝ルーデンス（遊戯人）

6 ホイジンガ

7 カッシーラ

8 ホモ＝エコノミクス（経済人）

[１]次の高校生の日記を読んで，下の問い（問１〜５）に答えよ。

最近，母は時に私を子ども扱いしたり，大人扱いしたりする。確かに，a今の私はどちらでもないのかもしれない。でも，もう子どもには戻れないのだ。b子どもはいつか親から精神的に離れていくものだということは，母にだってわかってるはずなのに。無論，c母の中では私に大人として自立して欲しいという思いと，子どものまま自分の懐（ふところ）の中にいて欲しいという思いがあるのだろう。でも，自分で自分の道を歩いてゆきたいという私の思いは譲れない。

そんな私だけれど，ふと自分がわからなくなることがある。昨日などは，勉強しようとして机に向かっているのに，大学に合格してキャンパスライフを謳歌（おうか）している姿を思い浮かべてdボンヤリしている自分に気づいた時には，愕然（がくぜん）としてしまった。今の私がなすべきことは，将来，社会人として自立した人間となるために必要なe知識や技術を身につけることだということはわかっている。今はそのための準備の時期なのだ。

問１ 下線部ａのような状態を「境界人」と呼んだ人物を，次の①〜④のうちから一つ選べ。

①フロイト　　②レヴィン　　③ルソー　　④ユング

問２ 下線部ｂに関連して，以下の文章は何について語っているのか，最も適当なものを次の①〜④のうちから一つ選べ。

「人間はいわば二度生まれる。初めは存在するために，次は生きるために」

①第二反抗期　　②第二次性徴　　③心理的離乳　　④第二の誕生

問３ 下線部ｃの状態をあらわす語句を，次の①〜④のうちから一つ選べ。

①退行　　②合理化　　③葛藤　　④欲求不満

問４ 下線部ｄの防衛機制の名称を，次の①〜④のうちから一つ選べ。

①逃避　　②投射　　③昇華　　④代償

問５ 下線部ｅに関して，人間を技術の面でとらえた言葉を，次の①〜④のうちから一つ選べ。

①ホモ゠ルーデンス　　②ホモ゠レリギオースス

③ホモ゠ファーベル　　④ホモ゠サピエンス

共通テスト攻略のコツ！

共通テストでは，会話文やレポートの文章に具体的・現実的な事象が語られ，それに関わる資料や思想家の言葉が示されることが多い。問われているのは基礎知識をおさえたうえでの論理的な思考能力や判断能力である。日ごろから，論理的に考える習慣をつけておくことが大切である。

[2]次の問い（**問1～3**）に答えよ。

問1 接近－回避の葛藤の例として正しいものを，次の①～④のうちから一つ選べ。

①海外で働きたいので外国語学部へ行こうと思うが，法律も学んでみたいとも思っている。

②職人になりたいのだが，大学を望んでいる両親を悲しませたくもない。

③上司ににらまれたくもないが，同僚たちからも嫌われたくもない。

④彼女のことを好きだけれど，その能力を妬む気持ちもある。

問2 通過儀礼では**ないもの**を，次の①～④のうちから一つ選べ。

①入学式　　②子どもの日　　③葬式　　④還暦

問3 防衛機制のうち，反動形成の例として正しいものを，次のうちから一つ選べ。

①自分が相手を嫌っているのに，相手が自分を嫌っているのだと思い込んでいる。

②好きな人に想いを打ち明けられないので，彼女のために詩をつくってみた。

③病気で旅に出かけられない人が，時刻表を見て旅行計画をたてて，空想旅行を楽しんでいる。

④彼は彼女が好きなのに，いつも彼女にいたずらをしかけている。

解答・解説

[1]問1② 異なる文化や社会の境界に位置する人のことで，高校に入学したばかりの生徒は，まだ中学校の影響を引きずっている。①防衛機制の研究で知られるオーストリアの精神科医。③ルソーは『エミール』で，自然な人間性を重んじる教育を描いた。④外向性・内向性について論じている。　問2④ 「二度生まれる」と書かれている。①と②はともに青年前期の特徴。③大人や両親の精神的な底護から抜け出ること。　問3③ 接近―回避の葛藤である。①幼児期の言動に戻ることで欲求不満を解決する防衛機制の一つ。②理屈をつけて自分を納得させる防衛機制。　問4① 白昼夢によって現実逃避している。②不満の原因を他人に帰すこと。③不満を社会的価値の高いものに置き換えて満たす場合。④外国に行けない人が外国の写真を集める場合など。　問5③ 工作人。①遊戯人，②宗教人，④英知人。

[2]問1② 「～したい」と「～したくない」が併存。　問2② 「子どもの日」は年中行事。　問3④ 欲求と反対の行動をとること。①投射（投影），②昇華，③代償（補償）である。

❶ ギリシアの思想

神話から哲学へ

1 周囲を城壁で囲われ，その中にアクロポリス・神殿・広場(アゴラ)をもつ，古代ギリシアの都市国家を何というか。

2 都市国家の市民が，奴隷に労働をさせることによって得られた閑暇のことをギリシア語で何というか。
解説▶学校を意味する英語のschoolの語源である。

★ **3** 天地創造や神々・英雄の物語が書かれている神話のことを，ギリシア語で何というか。

★ **4** トロイア戦争に関する二つの叙事詩『イリアス』『オデュッセイア』を書いた，ヘシオドスと並ぶ古代ギリシアの詩人は誰か。

★ **5** 自然の生成変化を神話によらず，日常の生活で経験できる事物によって説明しようとした，古代ギリシアの学問を何というか。
解説▶自然哲学と自然科学の相違は，前者は根源的物質や原理によって世界を全体として説明しようとするが，後者は近代以降に発達してきた個別的な事象を研究する学問をいう。

★ **6** 言葉・理性・理法・論理といった多様な意味をもつギリシア語で，哲学の基礎をなす概念を何というか。

★ **7** 事物を冷静に観察し，その本質や客観的真理を探究しようとする，観想と訳される態度のことを何というか。

★ **8** 自然哲学者たちが探究の対象とした，世界の根本原理や根源・始源のことをギリシア語で何というか。

9 ギリシアの植民市ミレトスを中心とする，イオニア地方に生まれた自然哲学の一派を何というか。

★**10** 紀元前7世紀頃，世界の根源を神話的解釈によらず，経験的事実に基づいて説明しようとし，「哲学の祖」と

---

1 ポリス

2 スコレー

3 ミュトス

4 ホメロス

5 自然哲学

6 ロゴス

7 テオーリア(テオリア)

8 アルケー

9 ミレトス学派(イオニア哲学)

10 タレス

呼ばれた人物は誰か。

★11 世界の根源を「水」によって説明しようとした，上記の
人物の言葉を何というか。

11 「万物の根源は水である」

★12 霊魂の不滅と輪廻転生を説き，「数」を万物の根源と考えた紀元前6世紀頃の思想家・宗教家は誰か。

12 ピタゴラス

解説 彼の「肉体は魂の牢獄」という考えは，プラトンに影響を与えた。

★13 この世界は，永遠に生きる「火」によって生成変化していると説いた孤高の哲学者は誰か。

13 ヘラクレイトス

14 この世のすべては変化してとどまることはない，という上記の人物の言葉を何というか。

14 「万物は流転する（パンタ＝レイ）」

15 世界は水・土・火・空気の四つのアルケーによって成り立つと説いた，紀元前5世紀頃の哲学者は誰か。

15 エンペドクレス

16 「あるものはある，あらぬものはあらぬ」と語って，運動を否定した，紀元前6世紀頃のエレア派の哲学者は誰か。

16 パルメニデス

★17 この世はこれ以上分割不可能な原子（アトム）が，空虚（ケノン）の中を動き続けることで成り立っているという原子論をとなえた，紀元前4世紀頃の哲学者は誰か。

17 デモクリトス

ソフィストたち

1 法のような人為的なものをさすノモスとは異なり，必然性をもつもので，自然を意味するギリシア語を何というか。

1 ピュシス（ヒュシス）

★2 ペルシア戦争後のアテネを中心に，市民的徳と政治的教養を教授して金銭を受け取っていた教師集団を何というか。

2 ソフィスト

解説 彼らの名称は，知恵（ソフィア sophia）をもつ者，すなわち「知恵のある人」という意味である。

★3 上記の者たちが，政治的教養として教授科目の中心においた技術で，のちに人を虚偽に導く詭弁を生みだすことになった政治の術を何というか。

3 弁論術（レートリケー）

★4 アテネを中心に活躍した人物で，「人間尺度論」で知られるソフィストは誰か。

4 プロタゴラス

★5 「各人がそれぞれに感じたり思ったりしたことは，そ

5 「人間は万物の尺度

れぞれに正しい」ということを意味する，上記の人物の言葉を何というか。

「である」

6 各人の判断や認識は各人によって異なり，絶対的な真理はないという思想的立場を何というか。

6 相対主義

7 シチリア出身のソフィストで，修辞学と弁論で知られた人物は誰か。

7 ゴルギアス

ソクラテス

★ **1** 古代アテネの街頭にたち，魂の世話と無知の自覚を説き，のちの人びとから「人類の教師」と呼ばれた，紀元前5世紀の哲学者は誰か。

1 ソクラテス

★ **2** ギリシア北方にあるアポロン神殿の巫女が下す託宣で，「ソクラテス以上の知者はいない」というお告げをだしたことで知られる神託を何というか。

2 デルフォイの神託

★ **3** 問い手と答え手とが，相互に承認した前提を出発点として，短い問いと答えを積み重ねながら行なわれる，ソクラテスの真理探究の方法を何というか。

3 問答法（ディアレクティケー）

4 上記の方法は，答え手の魂の中にある，真理という子どもが生まれるのを助ける術という意味で何といわれるか。

4 助産術（産婆術）

★ **5** 人間にとって最も大切な事柄について，自分は何も知らないという自覚のことで，ソクラテスが愛知（哲学）の出発点とした知を何というか。

5 無知の知

　解説　ソクラテスは問答の時，自らは無知を装いながら相手に無知を気づかせる「ソクラテス的アイロニー」を用いた。

★ **6** ソクラテスが相手に無知の自覚を促した，デルフォイのアポロン神殿の柱に記された銘文を何というか。

6「汝自身を知れ」

★ **7** 無知の自覚を出発点として，知を求めようとする人間固有の精神的な営みを何というか。

7 愛知（フィロソフィア，哲学）

★ **8** 本来はそのものの卓越性のことで，勇気・正義・節制などの，人間的な卓越性のことを何というか。

8 徳（アレテー）

9 人間の卓越性は魂の善さでもあり美しさでもあるが，ソクラテスはこれらをあわせて何と呼んだか。

9 善美の事柄（カロ＝カガティア）

★**10** 人間にとって大切なことは，ただ単に生きることではないという，ソクラテスの生き方をあらわす言葉を何

10「善く生きること」

というか。

解説▶獄中のソクラテスのもとにやってきて，脱獄を勧める親友のクリトンに向かって，彼は「大切なのは，ただ単に生きるということではなく，善く生きることだ」と告げている。

★**11** 生き物の生命原理で，人間の知・情・意の働きの中心ともなっている魂のことをギリシア語で何というか。

11 プシュケー

12 金銭や名誉に気をつかわず，魂がいかに善くあるかということにこそ心を配るべきだという，ソクラテスの生き方を示す言葉を何というか。

12 魂への配慮（魂の世話）

13 徳とは何かを知ってこそ徳を備えることができる，というソクラテスの考えを何というか。

13 知徳合一（ち とくごういつ）

14 徳とは何かを知ったならかならず行為としてあらわれる，というソクラテスの考えを何というか。

14 知行合一（ち こうごういつ）

15 徳を備えた者こそが真の意味で幸福である，というソクラテスの考えを何というか。

15 福徳一致（ふくとくいっち）

★**16** 国家の神への不信仰と青年堕落（だらく）の罪で告発されたソクラテスが，法廷で自らの信念と愛知の活動を述べる場面を描いたプラトンの作品は何か。

16 『ソクラテスの弁明』

★**17** 死刑判決を受けたソクラテスのもとに脱獄を勧めにやってきた親友に，不正に不正をもって報（むく）いてはならないと説くソクラテスの姿を描いたプラトンの作品は何か。

17 『クリトン』

解説▶ソクラテスを忠実に描いている作品としては，ほかに恋愛について書かれた『饗宴（きょうえん）』や，魂の不死についての議論をテーマにした『パイドン』などがある。

プラトン

★**1** ソクラテスの思想を継承し，学園アカデメイアを設立して独自の理論を確立し，西欧社会における哲学の発展の礎（いしずえ）を築いた紀元前4世紀頃の哲学者は誰か。

1 プラトン

★**2** 魂の三分説や哲人政治など，理想国家について書かれた彼の作品を何というか。

2 『国家』

★**3** 多数のものが同じ一つの名前で呼ばれる根拠であり，そのものがそのものである本質のことを何というか。

3 イデア

4 現象界の個物が共通の名前で呼ばれるのは，英知界（えいちかい）に

4 イデア論

ある事物の本質が根拠であるという，プラトンの理論を何というか。

5 すべてのものの存在と認識の根拠である，イデアの中のイデアのことを何というか。

5 善のイデア

6 現象界の人間は，洞窟の壁に映しだされた影を真実の存在だと思っている囚人のようなものだ，というプラトンの比喩を何というか。

6 洞窟の比喩

★**7** 肉体と合体して不完全になった人間の魂が，現象界の美しいものや善いものを手がかりにして，かつて英知界でともにいた真実在(イデア)を思いだすことを何というか。

7 想起(アナムネーシス)

★**8** 完全で永遠なもの(イデア)に恋い憧れる情熱のことで，哲学的精神そのものとされる愛を何というか。

8 エロース

解説▶哲学的な愛は不完全なものが完全なものを求める愛であるが，キリスト教のアガペーは完全なもの(神)から不完全なもの(人間)への愛である。

9 人間の魂は真理の認識に関わる部分，行為や決断に関わる部分，感覚や欲求に関わる部分に分かれているという，プラトンの霊魂観を何というか。

9 魂の三分説

★**10** イデアの認識など，永遠で完全なものに関わる魂の部分を何というか。

10 理性

★**11** 行為や決断など，有限で不完全なものに関わる魂の部分を何というか。

11 気概(意志)

★**12** 感覚や欲求など，有限で不完全なものに関わる魂の部分を何というか。

12 欲望

13 魂の三つの部分に関係する，四つの徳を何というか。

13 四元徳

★**14** 理性・気概・欲望のそれぞれの徳と，これら三つの徳が調和した時に生まれる徳をそれぞれ何というか。

14 知恵・勇気・節制・正義

15 魂の三分説と四元徳の思想から導かれた，プラトンの調和のとれた，すぐれた国家のことを何というか。

15 理想国家

★**16** 理性にすぐれ，知恵の徳をもつ人によって構成される階級を何というか。

16 統治者階級

17 気概にまさり，勇気の徳をもつ人によって構成される階級を何というか。

17 防衛者階級

★**18** 欲望がまさり，節制の徳を必要とする人によって構成

18 生産者階級

される階級を何というか。

★ **19** 理想的な国家とは，哲学者が統治するか，統治者が哲 | **19** 哲人政治
学するかしなければ実現しないとする，プラトンの説
く政治論を何というか。

アリストテレス

★ **1** 青年時代の20年間をアカデメイアで学び，のちに師 | **1** アリストテレス
プラトンを批判して独自の学説をたて，万学の祖と呼
ばれた，紀元前4世紀のマケドニアの哲学者は誰か。

★ **2** 存在の根拠や，形相・質料について論じられた書で， | **2** 『形而上学』
「自然学の後におかれた学」という意味の彼の書は何か。

★ **3** 彼が息子のために，善きポリスの市民としていかに生 | **3** 『ニコマコス倫理学』
きるべきかについて記した著書を何というか。
解説 彼のその他の著書には国家の形態を論じた『政治学』があ
り，学園はリュケイオンと呼ばれた。

4 アリストテレスが弟子たちと学園内を散歩しながら講 | **4** 逍遥（ペリパトス）学
義を行なったことに由来する，彼の学派は何というか。 | 派

★ **5** 個物に内在するそのものの本質のことで，素材を限定 | **5** 形相（エイドス）
して現実的なものにする事物の原型を何というか。

★ **6** 銅像の素材の銅のように，原型によって具体的な個物 | **6** 質料（ヒュレー）
となる材料のことを何というか。
解説 素材はあるものになる可能性をもった状態（可能態）であ
り，ある形を得て現実的な個物（現実態）となる。

★ **7** 人間は国家を離れて存在できず，国家の中でこそ本来 | **7** 「人間はポリス的動
性を発揮できるのだという，アリストテレスの言葉を | 物である」
何というか。

★ **8** 友として互いに善きものを与えあう，国家形成の結合 | **8** 友愛（フィリア）
原理である徳を何というか。

★ **9** 部分的正義のうち，働きや能力に応じて報酬が与えら | **9** 配分的正義
れる正義のありかたを何というか。

★ **10** 部分的正義のうち，売買行為のように利害得失に関わ | **10** 調整的正義
る正義のことを何というか。
解説 法を遵守することは，全体的正義という。

11 国家の形態の中で，多数者による政治のため安定が得 | **11** 共和政治
やすいとアリストテレスが考えた政体は何か。

解説 彼は政治の形態を，一人が支配する君主政治，少数者が支配する貴族政治，多数者が支配する共和政治に分け，その堕落形態として僭主政治・寡頭政治・衆愚政治をあげた。

★**12** 真理や原理の把握に働く知恵や，行動の適・不適を判断する思慮などが，ともによく働く時に生まれる徳を何というか。

12 知性的徳

★**13** 学問的・理論的知である知恵に対して，行動の適・不適を判断するなどの実践的な知のことを何というか。

13 思慮（フロネーシス）

★**14** 思慮によって正しいとされた行為が習慣化し，性格（エートス）となった徳を何というか。

14 習性（倫理）的徳

★**15** 思慮が時や場合，相手に応じて適切だと判断した，偏りのない行為のあり方を何というか。

15 中庸（メソテース）

16 それ自体が目的であり，他の手段とならない最高善のことを，アリストテレスは何と呼んだか。

16 幸福（エウダイモニア）

★**17** 理性を働かせて永遠なる神や真理を考察する生き方を，アリストテレスは何と呼んだか。

17 観想的生活

ヘレニズムの思想

1 アレクサンドロスの東征によって，ギリシア文化とオリエント文化が融合した，「ギリシア風」という意味をもつ言葉は何か。

1 ヘレニズム

★**2** 宇宙理性（ロゴス）に従って生きることを説き，そのためには情念（パトス）を抑制することが大切だと考えた，紀元前4～前3世紀の哲学者は誰か。

2 ゼノン

解説 彼の説く宇宙理性の考えは，のちの自然法思想に影響を与えた。

★**3** 彼がアテネの彩色された列柱で講義をしたため，その学派は何と呼ばれたか。

3 ストア派

★**4** ロゴスに従って生きるために，情念や快苦の感情に惑わされない賢者の理想の境地を何というか。

4 アパテイア（不動心）

5 情念や欲望を抑制した生活こそが正しい生活だとする思想を何というか。

5 禁欲主義

6 理性（ロゴス）を共有する人間はすべて平等だとする考えにたつ，世界国家の市民という意味の言葉は何か。

6 コスモポリテース（世界市民）

★**7** 自然の理法によって存在させられている人間は，その

7「自然に従って生き

理法に従って生きることが本来的であると考える，ス
トア派が理想とする生活信条を何というか。

8 セネカやエピクテトスと並び，ローマ時代を代表する
ストア派の哲学者で，『自省録』を著した皇帝は誰か。

★ 9 人生の目的は快楽であり，魂に煩わしさのないことが
理想だと説いた，紀元前4～前3世紀の哲学者は誰か。

★10 彼を開祖とする快楽主義の学派を何というか。

★11 刹那的・肉体的な快楽ではなく，永続的・精神的な快
楽は魂に煩わしさがないことだとする，エピクロス派
の理想的境地を何というか。

12 平静心を乱す政治的・公的生活から離れて生きること
を説いた，エピクロス派の生活信条を何というか。

13 すべては，一者である神から流れでて神へと帰ってい
くと説き，キリスト教に影響を与えた新プラトン学派
の哲学者は誰か。

	る」
	8 マルクス＝アウレリ ウス＝アントニヌス
	9 エピクロス
	10 エピクロス派
	11 アタラクシア
	12「隠れて生きよ」
	13 プロティノス

② キリスト教の思想

ユダヤ教

★ 1 現代のイスラエル共和国の大半の人びとが信仰してい
る，民族宗教を何というか。

2 古くはヘブライ人と呼ばれ，ユダヤ人と同義で呼ばれ
る人びとを何というか。

★ 3 天地と万物を創造し，ヘブライの民と救済に関する契
約を結んだ，ユダヤ教の唯一神を何というか。

解説 ユダヤ教の神は，天地を創りだした創造神であり，人間
的要素をもつ人格神であり，契約の遵守を迫る裁き（義）の
神でもある。

★ 4 神とイスラエル人との契約を中心に編纂された，ユダ
ヤ教の聖典を何というか。

★ 5 上記の「出エジプト記」において，同胞をエジプトから
約束の地カナン（パレスチナ）へと導く際に，シナイ山
で神から救済に関する命令を受け取ったと記されてい
る人物は誰か。

★ 6 神がモーセを通してシナイ山でイスラエル人に授けた

	1 ユダヤ教
	2 イスラエル人
	3 ヤハウェ（ヤーウェ）
	4「旧約聖書」
	5 モーセ
	6「十戒」

10カ条からなる命令を何というか。

7 神の命令で，イスラエル人が遵守することを義務づけられているユダヤ教の戒律を何というか。

7 律法(トーラ)

8 神の言葉によって人びとを励まし，信仰の堅持を訴えたイザヤやエレミヤといった人びとを何というか。

8 預言者

★ **9** 新バビロニアに敗れたユダヤ王国の人びとが，バビロンへ捕虜として連行された事件を何というか。

9 バビロン捕囚

10 イスラエル人は，神から特別の使命を与えられた選ばれた民であるという思想を何というか。

10 選民思想

11 この世界はいずれ終わり，新たな神の世が到来するという考えを何というか。

11 終末観

★**12** イスラエル人を神の国に迎えるために神が遣わすと考えられている，救い主のことを何というか。

12 救世主(メシア・キリスト)

イエスの教え

★ **1** ガリラヤのナザレ在住の大工ヨセフとマリアの息子で，ユダヤ教の形式主義を批判して信仰の原点に戻ることを説き，ローマへの反逆罪で処刑された人物は誰か。

1 イエス

2 ヨルダン川のほとりで神の国の到来が近いことを告げ，人びとに洗礼(バプティスマ)を施した人物は誰か。

2 バプティスマ(洗礼者)のヨハネ

★ **3** ユダヤ教保守派のサドカイ派とともにイエスの批判を浴びた，律法の厳格な遵守を叫ぶ一派を何というか。

3 パリサイ(ファリサイ)派

4 イエスが批判した，律法の厳守を説くあまり，形式主義に陥っている人びとの立場を何というか。

4 律法主義

★ **5** 神が天地創造後に休んだように，「十戒」の中に労働を休むように書かれている，聖なる日を何というか。

5 安息日

6 イエスにおいては神の救いという喜ばしき知らせを意味し，キリスト教ではイエスを通してもたらされる神の愛と救いを意味する言葉は何か。

6 福音

★ **7** 神が人間に与える無差別・無償の愛を何というか。

7 アガペー(神の愛)

★ **8** イエスが示した二つの戒めとは，「心を尽くし，精神を尽くし，思いを尽くして，主なるあなたの神を愛せよ」と，あと一つ隣人愛を示す言葉は何か。

8「自分を愛するように，あなたの隣人を愛しなさい」

9 「心の貧しい人は幸いである」という言葉ではじまる，ガリラヤ湖畔の山でのイエスの説教を何というか。

9 山上の垂訓

10 終末の時に到来する国で，イエスが「あなた方の心の内にある」と語った国は何か。 | 10 神の国

11 「マタイ伝」「マルコ伝」「ルカ伝」「ヨハネ伝」の四福音書，および使徒伝からなるキリスト教の聖典を何というか。 | 11『新約聖書』

解説▶「新約」とは，イエスを媒介として神と人間との間に結ばれた「新たな契約」という意味である。

キリスト教の発展

★**1** キリスト教では，イエスは十字架上での死から3日目に甦ったとされるが，この甦りを何というか。 | 1 復活

解説▶イエスをメシアと信じ，彼の復活を信じる人びとが組織した教会（エクレシア）が原始キリスト教会である。

2 イエス逮捕の時，彼を知らないと言い張ったが，のちにキリスト教設立の中心となり，「第一の使徒」といわれた人物は誰か。 | 2 ペテロ

★**3** 元パリサイ派のユダヤ教徒で，回心してキリスト教徒となり，教義確立に力を尽くした人物は誰か。 | 3 パウロ

★**4** アダム以来，神との約束を破らざるをえない人間の根源的な罪を何というか。 | 4 原罪

★**5** 神は自らの子イエスを人間に遣わし，十字架上で死なせることで人類の罪を償ったとする，パウロの思想を何というか。 | 5 贖罪思想

★**6** 父なる神と子なるイエスと聖霊とは，同じ神の異なる位相だとする考えを何というか。 | 6 三位一体説

7 上記の説を教義の基本として，ローマ帝国内にあまねく広まったキリスト教の一派を何というか。 | 7 カトリック

★**8** ローマ時代末期，異端論争の中でキリスト教の教義確立に力を尽くした人びとを何というか。 | 8 教父

★**9** マニ教からキリスト教に転じ，教義確立に力を尽くした，古代末期の教父哲学者は誰か。 | 9 アウグスティヌス

★**10** 教会を，神の国と地上の国との仲介と位置づけた『告白』と並ぶ，上記の人物の代表的著書の名は何か。 | 10『神の国』

★**11** 原罪を負った人間が救われるのは，神の一方的な愛と恵みであるが，この愛と恵みを何というか。 | 11 恩寵

★**12** アウグスティヌスはギリシア的四元徳の上に，キリス | 12 信仰・希望・愛

ト教的三元徳をおいたが，その三つの徳とは何か。

解説▶ギリシア的四元徳とは，知恵・勇気・節制・正義である。

★13 アリストテレス哲学を基礎に教義確立に尽力し，中世 | 13 スコラ哲学
ヨーロッパに甚大な影響をもった哲学を何というか。

★14 『神学大全』において，学問的真理と宗教的真理とを信 | 14 トマス＝アクィナス
仰の立場から調和させた中世最大の哲学者は誰か。

解説▶神は単なる名称にすぎないとした神学者にオッカムがい
る。

3 イスラーム教

イスラーム教の成立

★1 7世紀，ユダヤ教やキリスト教の影響のもとにアラビ | 1 イスラーム教
ア半島に生まれた一神教を何というか。

★2 40歳の頃，神の啓示を受けて預言者の自覚をもち， | 2 ムハンマド(マホメ
神への絶対帰依と神のもとの平等を説いた人物は誰か。 | ット)

★3 ムハンマドが故郷メッカを追われてメディナに逃れた | 3 ヒジュラ(聖遷)
事件を何というか。

4 メッカにあるイスラーム教の聖地を何というか。 | 4 カーバ神殿(聖殿)

5 ムハンマドがそこから昇天したとされる岩の上に建て | 5 岩のドーム
られた，イェルサレムにある聖地を何というか。

6 イスラーム教徒のことを何というか。 | 6 ムスリム

★7 イスラーム教の信者の共同体のことを何というか。 | 7 ウンマ

8 ムハンマドの死後，教団を統率した指導者を何と呼ぶ | 8 カリフ
か。

9 神の栄光のために「努力」とか「力を尽くす」という意味 | 9 ジハード
の言葉であるが，それが異教徒との戦い(聖戦)を意味
するようになった言葉は何か。

10 『クルアーン』やムハンマドの言行録『ハディース』を基 | 10 イスラーム法(シャ
礎につくられた法律を何というか。 | リーア)

解説▶イスラームの法律は，宗教上の規定だけではなく，日常
生活の規定も盛り込んだ，聖と俗を交えた内容で成り立つ。

11 ムハンマドが伝えた「慣行に従うもの」という意味で， | 11 スンナ派
ムハンマド死後のすべてのカリフを正統とするイスラ
ーム教の一派を何というか。

12 ムハンマドの従弟(いとこ)で娘婿のアリーとその血を引くもの を正統とする一派を何というか。

12 シーア派

イスラーム教の教え

★ **1** イスラーム教の神は何と呼ばれているか。

解説 イスラーム教はユダヤ教やキリスト教の聖典『旧約聖書』 や『新約聖書』も聖典(啓典)として尊ぶが，その神ヤハウェ をアッラーと呼んでいる。

1 アッラー

★ **2** 神がムハンマドを通して与えた啓示が記されている， イスラーム教の聖典(啓典)は何と呼ばれているか。

2『クルアーン(コーラ ン)』

★ **3** イスラーム教では，神の姿を絵に描いたり像に彫った りして拝むことを禁じているが，これを何というか。

3 偶像崇拝の禁止

★ **4** イスラーム教信仰の基礎で，無条件に信じなければな らないとされている六つの事項を，総称して何というか。

4 六信

5 上記のうち，神・聖典・天使・預言者以外の残り二つ は何か。

5 来世(らいせ)・天命(てんめい)

★ **6** ムハンマドは神の言葉を預かる最後で最高の者とされ ているが，この神の言葉を預かる者を何というか。

6 預言者(ナビー)

★ **7** イスラーム教における五つの重要な宗教実践を総称し て何というか。

7 五行

★ **8** 信仰行為の際，「アッラーのほかに神はなく，ムハン マドは神の使徒」ととなえることを何というか。

8 信仰告白(シャハー ダ)

9 1日5回，メッカのカーバ神殿に向かって行なわれる 宗教儀礼を何というか。

9 礼拝(サラート)

★**10** イスラーム暦9月(ラマダーン)の1カ月，日の出から 日没までは一切の飲食をしない宗教実践を何というか。

10 断食(だんじき)(サウム)

★**11** 貧しい人への施し(ほどこし)を意味し，のちに救貧税(きゅうひんぜい)ともなった 宗教実践を何というか。

11 喜捨(ザカート)

12 聖地メッカを訪れて祭礼に参加することを何というか。

12 巡礼(じゅんれい)(ハッジ)

[1]次の文章を読んで，下の問い(**問1～6**)に答えよ。

> ヴァチカン宮殿のサン＝ピエトロ大聖堂の一角に，ラファエロが描いた「アテネの学堂」という作品がある。その中央にプラトンとアリストテレスが描かれ，右にはa ソクラテス，その下にはb ピタゴラスやヘラクレイトスらしき人びとがいる。アリストテレスはプラトンに学びながら師のc イデア論を批判し，事物の本質である形相は個物に内在しており，素材であるd 質料を用いて変化・発展していくのだと説いた。さらに，彼は人間の徳についても考察し，徳を知性的徳と倫理(習性)的徳とに分類し，国家は倫理的徳の一部である友愛と正義とで成り立つとし，独自のe 正義論の上に国家論を展開した。
>
> ところが，アレクサンドロス大王がもたらした広大な国家は，世界市民思想や国家に頼らない個人主義思想を生みだしていった。エピクロス派とストア派の思想である。前者は，快楽＝善＝幸福という快楽主義の立場をとり，後者はf 感情に流されない状態をめざす禁欲主義の立場をとった。とくに後者は，誰もがもつ理性に人間としての平等性を見ており，それがいずれ近代の「自然法思想」に影響を与えることになった。

問1 下線部aのソクラテスに**無関係な語句**を，次の①～④のうちから一つ選べ。
　　①魂への配慮　　②無知の知　　③善く生きること　　④哲学の祖

問2 下線部bの二人に**無関係な語句**を，次の①～④のうちから一つ選べ。
　　①火　　②万物流転　　③原子　　④宗教教団

問3 下線部cに関して，イデアを求める情熱を意味する言葉として正しいものを，次の①～④のうちから一つ選べ。
　　①ミュトス　　②エロース　　③プシュケー　　④ロゴス

問4 下線部dの質料を意味するギリシア語を，次の①～④のうちから一つ選べ。
　　①エイドス　　②メソテース　　③ヒュレー　　④テオーリア

問5 下線部eのアリストテレスの正義論とは**無関係なもの**を，次の①～④のうちから一つ選べ。
　　①配分的正義　　②知恵・勇気・節制の調和
　　③法の遵守　　④調整的正義

問6 下線部fの状態を示す言葉を，次の①～④のうちから一つ選べ。
　　①アタラクシア　　②フィリア　　③アナムネーシス　　④アパテイア

[2]次の問い(**問1～3**)に答えよ。

問1 ユダヤ教・キリスト教・イスラーム教についての正しい文章を，次の①～
④のうちから一つ選べ。

①三つの宗教とも聖像の崇拝を認めていない。

②ユダヤ教とキリスト教だけがイエスを神の子と認めている。

③イスラーム教はユダヤ教やキリスト教の神を認めていない。

④三つの宗教ともイェルサレムを聖地としている。

問2 キリスト教に関して正しい文章を，次の①～④のうちから一つ選べ。

①三位一体説は，ペテロの思想としてキリスト教の教義の中心である。

②信仰・希望・愛の三元徳を説いたのはアウグスティヌスである。

③イエスの十字架上の死は贖罪だとしたのは，トマス＝アクィナスである。

④教会の役割を地上の国と神の国を結ぶこととしたのは，パウロである。

問3 イスラーム教の六信五行の説明として**誤っているもの**を，次の①～④のう
ちから一つ選べ。

①断食とは日没から夜明けまでは，一切の飲食をしない宗教実践である。

②来世とは，終末の後に到来する新しい世界のことである。

③喜捨とは貧者への施しであり，一種の宗教税でもある。

④天命とは，人間の一生も神の定めに従っているということである。

解答・解説

[1]問1④ 「哲学の祖」といわれたのはタレス。①魂が善くあるように気を配ること。②善美の事柄については無知なのだと気づくこと。③ただ単に生きることが大切なのではない。 問2③ デモクリトスの原子論。①と②はヘラクレイトス，④はピタゴラスである。 問3② イデアと魂はともにイデア界に存在していた。①神話，③魂，④理性・言葉というギリシア語。 問4③ 素材・材料のこと。①形相，②中庸，④観想である。 問5② プラトンの正義である。①能力や仕事に応じて報酬を配分する。③全体的正義のこと。④利害得失を調整する。 問6④ 感情に流されないこと。①魂の平安，②友愛，③想起。

[2]問1④ ユダヤ教は嘆きの壁，キリスト教は聖墳墓教会，イスラーム教は岩のドームである。①キリスト教はイエスやマリアの像を拝る。②認めているのはキリスト教だけ。③同じアッラーと呼んで認めている。 問2② 知恵・勇気・節制・正義のギリシア的四元徳の上に位置づけた。①三位一体説はアタナシウスやアウグスティヌスの思想。③贖罪思想はパウロのもの。④教会の役割を理論化したのはアウグスティヌス。 問3① 日の出から日没までである。②と④は六信の一部。①と③とは五行の一部である。

1 インドの思想

バラモン教とウパニシャッド哲学

★ 1 古代インドの自然宗教を基礎に生まれたが、のち祭礼の形式化によって批判された民族宗教を何というか。

1 バラモン教

★ 2 アーリヤ人の侵入によって生まれた、インド社会の厳格な身分制度を何というか。

2 カースト制度

解説▶ カーストはバラモン(僧侶)・クシャトリヤ(士族)・ヴァイシャ(庶民)・シュードラ(奴隷)の身分からなる。

3 『リグ゠ヴェーダ』を中心としたバラモン教の四つの聖典を総称して何というか。

3 『ヴェーダ』

★ 4 祭儀中心主義を批判し、宇宙と個人の本質の一体化による苦からの解放・解脱を説いた、バラモン教の哲学を何というか。

4 ウパニシャッド哲学

★ 5 霊魂は不滅で、肉体が滅びたあとも他の生命体として生き続けるという思想を何というか。

5 輪廻転生

★ 6 苦しみから脱却して、心安らぐ境地に入ることを何というか。

6 解脱

★ 7 行為や、行為の結果を意味する言葉を何というか。

7 カルマ(業)

★ 8 宇宙の根源であり本質とされる原理のことを、ウパニシャッド哲学では何というか。

8 ブラフマン(梵)

★ 9 個人の根源にある本来的自己のことを、ウパニシャッド哲学では何というか。

9 アートマン(我)

★10 宇宙の最高原理と本来的自己とは、根源的には一つであるというウパニシャッド哲学の真理を何というか。

10 梵我一如

11 古代バラモン教に民間信仰や仏教教理などを取り入れ、4〜5世紀頃に成立した現代インドの代表的宗教は何か。

11 ヒンドゥー教

12 古代インドの6人の自由思想家たちを、仏教の側から名づけた呼称を何というか。

12 六師外道

★**13** 殺生や所有を禁じ，厳しい修行によって解脱をはかろ うとする六師外道の一つの宗教を何というか。

13 ジャイナ教

14 心身に苦しみを与える修行のことで，はじめガウタマ （ゴータマ）が行ない，その後に捨て去ることになった 修行を何というか。

14 苦行

★**15** 苦行と不殺生を説き，完全な知恵を得て勝者（ジャイ ナ）となり，新たな宗教を開いた人物は誰か。

15 ヴァルダマーナ（マ ハーヴィーラ）

16 意識を統御して集中し，深く瞑想する古くからインド にあった修行の方法を何というか。

16 ヨーガ

ブッダの思想

★**1** 深い瞑想と修行によって，この世の真理を悟った人物 を「悟った者（覚者）」という意味で何というか。

1 ブッダ（仏陀）

★**2** 釈迦族の王子であったが，その後出家して瞑想によっ て悟りを開いた人物は誰か。

解説▶ガウタマは悟りを開いた人間としてブッダといわれるが， 釈迦族の尊者という意味で釈迦牟尼・釈尊ともいわれる。

2 ガウタマ＝シッダル タ（ゴータマ＝シッ ダッタ）

3 三つの城門のそばで死者・病人・老人に出会ったあと， 僧侶に出会って出家を決意したという，ガウタマの出 家を物語るエピソードを何というか。

3 四門出遊

4 ガウタマが悟りを開いた場所と，彼が死去した場所は それぞれどこか。

4 ブッダガヤ・クシナ ガラ

5 悟りを開いたブッダが，鹿野苑でかつての修行仲間に 初めて行なった説法を何というか。

5 初転法輪

★**6** 仏教における真理・法則・教えを意味する言葉を何と いうか。

6 ダルマ（法）

★**7** この世の一切はそれ自体としては存在せず，相互に依 存しあいながら変化のうちに存在しているという，仏 教の真理を何というか。

7 縁起（の法）

8 ブッダが悟った四つの真理のことで，仏教独自の考え を示す命題を何というか。

8 四法印

★**9** この世のすべては，苦しみにほかならないという真理 を何というか。

9 一切皆苦

★**10** この世のすべては，変化して止まることはないという 真理を何というか。

10 諸行無常

★11 この世のすべてのものには，永遠不変の実体はないという真理を何というか。

11 諸法無我

★12 苦悩から脱し，心静かな平安の境地に入ることができるという真理を何というか。

12 涅槃寂静

13 人間の根源的な苦しみと，そこから派生する苦しみのすべてを総称して何というか。

13 四苦八苦

★14 人間として避けることのできない，この世に生まれでること，老いていくこと，病を得ること，死んでいくことを契機とする四苦のそれぞれ何というか。

14 生・老・病・死

★15 愛するものとの別れの苦しみを何というか。

15 愛別離苦

★16 憎み嫌うものと出会う苦しみを何というか。

16 怨憎会苦

★17 求めるものが手に入らない苦しみを何というか。

17 求不得苦

★18 あらゆる存在を構成する色（物質）・受（感受作用）・想（表象作用）・行（意志作用）・識（認識作用）の五蘊によって生じる苦しみを何というか。

18 五蘊盛苦

★19 渇愛ともいわれ，事物への執着（我執）から心が乱れ，悩み苦しむことを何というか。

19 煩悩

20 人間が最も強く苦しむ，三つの煩悩を何というか。
　解説▶貪（貪り），瞋（怒り），癡（愚かさ）の三つが代表的な煩悩である。

20 三毒

★21 ブッダが悟りに至るまでの道筋を，この世の現実と比べながら四つのテーマに即して語った，仏教の根本教説を何というか。

21 四諦（四聖諦）

★22 人生は苦しみにほかならないという真理を何というか。

22 苦諦

★23 苦の原因は煩悩の集積にあるという真理を何というか。

23 集諦

★24 煩悩の火が消えたところに平安の境地である涅槃（ニルヴァーナ）があるという真理を何というか。

24 滅諦

★25 涅槃に至るには方法があるという真理を何というか。

25 道諦

★26 この世の真理（法）についての根本的な無知のことを何というか。

26 無明

★27 極端な苦行主義にも快楽主義にも陥らない適切な修行方法のことを何というか。
　解説▶アリストテレスの中庸は，時と場合と相手に応じて極端に走らないという意味なので，これと間違えないように。

27 中道

★28 涅槃に至るために，中道を見据えつつ行なわれる八つ

28 八正道

の正しい修行法を何というか。

★29 八つの正しい修行法のうち,「正しい認識」「正しい思惟」「正しい言葉」「正しい行為」「正しい生活」「正しい努力」「正しい想念」「正しい瞑想」をそれぞれ何というか。

29 正見・正思・正語・正業・正命・正精進・正念・正定

30 苦しみ悩むすべての生きとし生けるもののことを,仏教では何と呼ぶか。

30 一切衆生

★31 生きとし生けるものに楽しみを与え(与楽),それらから苦しみを除くこと(抜苦)を何というか。

31 慈悲

解説▶与楽は慈(マイトリー),抜苦を悲(カルナー)という。

32 ブッダの言葉を記した最古の仏典を何というか。

32 『スッタニパータ』

33 仏教の真理を短く鋭い詩句で記したパーリ語の仏典を何というか。

33 『ダンマパダ(法句経)』

仏教の発展

1 ブッダの死後,保守派と進歩派に分裂した時代の仏教を何というか。

1 部派仏教

★2 ブッダが定めた戒律を厳守して教団(サンガ)の維持をはかろうとし,のちの小乗仏教(上座部仏教)につながる保守派を何というか。

2 上座部

3 教団分裂後,戒律以上にブッダの精神を守ろうとした進歩派を何というか。

3 大衆部

★4 ブッダの教えに従い,修行者として最高の地位に達した上座部仏教が理想とする人物を何というか。

4 阿羅漢

★5 自己の悟りとともに衆生の救済を重んじ,慈悲の実践を重視した仏教の一派を何というか。

5 大乗仏教

解説▶小乗仏教はセイロン島から東南アジアへ伝播したため南伝仏教といわれ,大乗仏教はシルクロードを通って伝わったので北伝仏教といわれる。

★6 自己の悟り以上に慈悲の実践を重んじる大乗仏教の理想的人間像のことで,本来,悟りを求めて修行するものを意味する言葉は何か。

6 菩薩

7 衆生が仏になる可能性のことを何というか。

7 仏性

★8 すべての生きとし生けるものは,仏となる可能性をもっているという意味の言葉を何というか。

8 一切衆生悉有仏性

★9 『中論』によって大乗仏教の理論を大成した,2〜3世

9 竜樹(ナーガールジ

紀頃の思想家は誰か。 ｭナ)

★**10** 無常・無我の思想を発展させ，すべての存在は実体を **10** 空
もたないとする，大乗仏教の根本思想を示す観念を何
というか。

11 この世の現象は，一瞬のうちに存在し消え去る実体の **11** 色即是空・空即是色
ないものだということを意味する言葉は何か。

12 すべての存在は固定的・実体的な本性をもたないとい **12** 無自性
う，竜樹が説いた基本概念を何というか。

13 自分を利することで，自分の功徳のために修行するこ **13** 自利
とを何というか。

14 他人の利をはかるための行為で，他者を救済しようと **14** 利他行
して行為することを何というか。

★**15** 大乗仏教の修行者が実践すべき六つの徳目を何という **15** 六波羅蜜
か。

16 財貨や教えを与えること・戒律を守ること・迫害に耐 **16** 布施・持戒・忍辱・
えること・修行に励むこと・心を安定させること・真 精進・禅定・智慧
理を明らかにすること，という六つの修行者の徳目を
それぞれ何というか。

★**17** 悟りを開くために在家の人が守らなければならない五 **17** 五戒
つの戒めを何というか。

18 生き物を殺さない・盗みをしない・淫らなことをしな **18** 不殺生戒・不偸盗戒・
い・偽りをしない・酒を飲まないという五つの戒めを 不邪淫戒・不妄語戒・
それぞれ何というか。 不飲酒戒

★**19** あらゆる事象は，唯一の実在である心の「識」によって **19** 唯識思想
生みだされたものだという思想を何というか。

20 弥勒の教えを発展させて，唯識の理論を完成させた兄 **20** 無着(アサンガ)・世
弟は誰か。 親(ヴァスバンドゥ)

21 チベット仏教のことを何というか。 **21** ラマ教

2 中国の思想

古代中国の社会と思想

1 天上にあって天候や農耕をつかさどり，上帝としては **1** 天
人びとに安寧を与える超越者は何といわれるか。

2 天帝は天命を下して人間と関わりをもつが，人間の本 **2** 天人相関説

性は天と関わりがあるという思想を何というか。

★ **3** 異民族の侵入を受けて戦乱の時代となり，周の礼に基づく政治体制が崩れはじめた春秋・戦国時代に，新たな価値を求めて登場した思想家の一群を何というか。

3 諸子百家

★ **4** 儒家の仁を別愛と批判し，分け隔てのない愛や侵略戦争への批判を説いた，諸子百家の一つを何というか。

4 墨家

★ **5** 戦乱の世だからこそ互いが分け隔てなく愛しあい，侵略戦争をなくすべきだとした諸子百家の一人は誰か。

5 墨子

★ **6** 自他の区別のない愛と，自他相互に利益を分かちあうことを，それぞれ何というか。

6 兼愛・交利

★ **7** 侵略戦争を道に反する行為として批判した，墨子の反戦論を何というか。

7 非攻

解説▶非攻説は防衛のための戦争は否定していない。

★ **8** 法律による信賞必罰を国家経営の方法と考える法治主義を唱えた，諸子百家の一つを何というか。

8 法家

★ **9** 儒家の荀子に学んだのち，礼を法に置き換えて法治主義を説き，同門の李斯と始皇帝に仕えた思想家は誰か。

9 韓非子

10 弁論と論理を特徴とする，公孫竜に代表される諸子百家の一つを何というか

10 名家

11 用兵と戦術を説いた孫子や呉子に代表される諸子百家の一つを何というか。

11 兵家

12 蘇秦や張儀などの外交戦術を説いた諸子百家の一つを何というか。

12 縦横家

13 農業の重要性と農業技術を説いた許行たちの一派を何というか。

13 農家

14 木・火・土・金・水の五行と陰陽の原理によって世界を説明する陰陽五行説を説いた，鄒衍を代表とする一派を何というか。

14 陰陽家

解説▶陰陽五行説は，現代の風水の考え方に影響を与えている。

儒教思想

★ **1** 精神的な徳である仁と実践的な徳である礼を中心として，政治と社会の秩序回復を求めた諸子百家の一つを何というか。

1 儒家

★ **2** 人間の基本感情としての肉親への情愛を基礎に，自分

2 孔子

に対する誠実さや他人への思いやりを説き，それを政
治に反映させようとした儒教（儒学）の祖は誰か。

★ **3** 孔子が追い求めた，人間としてのあるべき生き方や守
るべき規範のことを何というか。

3 道

★ **4** 人と人との間に生まれ出る自然な親愛の情で，孔子の
思想の中核をなす心のあり方を何というか。

4 仁

★ **5** 仁の根幹をなす心情で，親に対する親愛の情と兄に対
する親愛の情をそれぞれ何というか。

5 孝・悌

★ **6** 仁の核心をなす心情で，自己の良心に誠実であること
と，他者への思いやりをそれぞれ何というか。

6 忠・恕

7 自分の望まないことを他人にしてはならないという，
恕の心を語った孔子の言葉は何か。

7「己の欲せざるとこ
ろは人に施すなかれ」

8 他人を欺かないことで，孔子が忠恕とともに重視した
徳を何というか。

8 信

★ **9** 内面的な仁が行為や態度として外面化した徳を何とい
うか。

<u>解説</u>孔子は周公が定めた礼を理想として，独自の思想を形成
した。

9 礼

★**10** 自己の欲望に打ち勝ち，礼に従うことを何というか。

10 克己復礼

11 自らが徳を修めることで人を治めることができるとい
う，道徳と政治を一体化させた言葉を何というか。

11 修己治人

★**12** 知・仁・勇を兼ね備え，礼を体現している人物で，無
知で利にさとく心の狭い小人に比せられる，孔子が理
想とした聖人を何というか。

12 君子

★**13** 法律と刑罰で行なわれる法治主義に対して，支配者の
道徳的権威によって行なわれる政治を何というか。

13 徳治主義

14 まだ人生について理解ができていないのに，ましてや
死についてなどわかるわけはない，という孔子の言葉
は何か。

14「未だ生を知らず，
いずくんぞ死を知ら
ん」

★**15** 孔子の思想を継承して人間の善性を信じ，有徳者によ
る政治を説いた思想家は誰か。

15 孟子

★**16** 人間の生まれながらの心は善であるとする，上記の思
想家の学説を何というか。

16 性善説

17 上記の思想家が重視した四徳とは何か。

17 仁・義・礼・智

★**18** 人間が生まれついて宿している徳の萌芽で，それを育

18 四端

てることで四徳が備わるとされる徳の端緒のことを何というか。

★19 他人の不幸を見過ごすことができない憐れみの心で，仁の端緒となる心を何というか。

19 惻隠の心（忍びざるの心）

★20 不正を恥じる心で，義の端緒となる心を何というか。

20 羞悪の心

★21 自らを低くし他をたてる，礼の端緒となる心を何というか。

21 辞譲の心

★22 真偽を見分ける目で，智の端緒となる心を何というか。

22 是非の心

23 思いやりの心と，社会的な正しさを実践する行動力を一つとみなす，孟子が重視した徳を何というか。

23 仁義

24 天地に充満する公明正大な気で，道義を求める中で養われてくる気概のことを何というか。

24 浩然の気

解説▶浩然の気を養い，道徳的であろうと心がける人物を大丈夫といい，孟子は理想的人間と考えた。

★25 父子・君臣・夫婦・長幼・朋友という基本的な人間関係において守られるべき道理を何というか。

25 五倫

★26 上記の五つの道理は，それぞれ何というか。

26 親・義・別・序・信

27 孟子の四徳に信の徳を加えた総称を何というか。

27 五常

★28 天命を受けて仁義に基づいて行なわれる，孟子の説く理想的な政治を何というか。

28 王道（政治）

29 天命に背いて刑罰や力によって行なわれる，仁義に外れた政治を何というか。

29 覇道（政治）

★30 仁義に外れて人望を失った支配者は，天命によって政権の座を追われるという思想を何というか。

30 易姓革命思想

★31 孔子の思想を継承しながらも，孟子の性善説と逆の思想をとなえた人物は誰か。

31 荀子

★32 人間の本性は悪であるとする思想を何というか。

32 性悪説

33 悪である人間の性が善となるのは，矯正や教育などの人為的努力だという荀子の言葉は何か。

33「人の性は悪にして，その善なるは偽なり」

儒教の発展

★1 宋代に宇宙論と倫理学をあわせた新たな儒学（宋学）を大成した思想家は誰か。

1 朱子（朱熹）

★2 宇宙の成り立ちを，理法である「理」と質料的な「気」の二つの原理で説明しようとする理論を何というか。

2 理気二元論

★ **3** 人間の心は性と情からなり,「理」は心の本性である性 にあるとする朱子の思想を何というか。

> 解説▶理としての本来的な性を「本然の性」,人間の生まれつき の性情を「気質の性」という。

3 性即理

4 私欲を抑えて言動を慎み,事物の理法を探究すること をそれぞれ何というか。

4 居敬・窮理

★ **5** 事物に即して,その理を窮めていくことを何というか

5 格物致知

6 『論語』『孟子』『大学』『中庸』と,『詩経』『書経』『易経』 『春秋』『礼記』をそれぞれ何というか。

6 四書・五経

★ **7** 朱子学の主知主義を批判し,直感や実践を重んじた明 代の思想家は誰か。

7 王陽明

8 人間の心はそのまま理に貫かれているとする,陽明学 の思想を何というか。

8 心即理

★ **9** 善を知る生来の能力である良知を発揮することを何と いうか。

9 致良知

10 真の知はかならず行動を生むものだという,陽明学の 思想を何というか。

10 知行合一

道家の思想

★ **1** 作為を弄せず,自然を貫く根源的な原理に即して生き ることを説いた道家の祖とされる人物は誰か。

1 老子

★ **2** 万物がそこから生まれ,そこへと帰っていく根源を道 家では何というか。

2 タオ(道)

3 姿形をもたないため,人間の知性や感覚ではとらえら れない点で,万物の根源は何といわれるか。

3 無

★ **4** 作為を捨て,あるがままの姿でいるタオのあり方を何 というか。

4 無為自然

★ **5** 柔らかくしなやかで,控え目で争うことのないタオに 従った生き方の姿勢を何というか。

5 柔弱謙下

6 タオに従った生き方を「水」にたとえた老子の言葉は何 か。

6「上善は水の若し」

7 大いなる道が廃れているから仁や義が叫ばれるのだと, 儒家の思想を批判した老子の言葉は何か。

7「大道廃れて仁義あ り」

★ **8** 無為自然と柔弱謙下を生きる姿勢として,必要最小限 の人とモノとで成り立つ,老子が理想とした国家を何

8 小国寡民

というか。

★ **9** 老子の思想を継承し，相対的な世界を超越した無差別・絶対の世界を論じた道家の思想家は誰か。

　解説▶道家の思想は，老子と荘子の思想をあわせて老荘思想ともいわれる。

9 荘子

★ **10** 大小や賢愚は相対的なもので，自然は本来一つのものであるという上記の思想家の考えを何というか。

　解説▶自分が蝶になる夢を見た荘子は，自分と蝶との区別がつかないという「胡蝶の夢」で，万物斉同の思想を語っている。

10 万物斉同(斉物論)

★ **11** 人為を捨てて自然と一体となり，すべてを分け隔てなく包み込み，あるがままの姿で生きる，荘子が理想とした人間を何というか。

11 真人(至人)

★ **12** 天地自然と一体化し，すべてを受け入れてあるがままに生きようとする境地を何というか。

12 逍遙遊

　13 心を清く空しくして，天地自然と一体となろうとする，真人となるための修養法を何というか。

13 心斎坐忘

★ **14** 老荘思想を中心に，民間信仰や俗信を取り入れて，北魏の時代に成立した宗教を何というか。

14 道教

3　人生と芸術

　1 「思春期」や「叫び」など，自己の内面の不安や孤独，あるいは死の予感などを，独特の筆致で絵画や版画に描きだしたノルウェーの画家は誰か。

1 ムンク

　2 アフリカの伝統芸術の影響を受け，衝撃的な技法を駆使した作品を制作し続けるとともに，「ゲルニカ」で戦争の悲惨さを訴えたスペインの画家は誰か。

2 ピカソ

　3 南太平洋のタヒチの自然と人びとを色彩豊かに描くとともに，「われわれはどこから来たのか，われわれは何者なのか，われわれはどこへ行くのか」といった宗教的な絵も描いたフランスの画家は誰か。

3 ゴーギャン

　4 神と自然とを一体と見る汎神論的世界観をもち，人間を，芸術によって理想を実現すべき存在と見た，『ファウスト』で知られるドイツの詩人・文学者は誰か。

4 ゲーテ

[１]次の高校生の日記を読んで，下の問い(**問１～５**)に答えよ。

　「癒し(healing)」という言葉が流行りはじめて久しい。今も昔も宗教は人びとの心を癒してきた。なかでも a この世は苦しみに満ちているという考えが一般的だったインドでは，b さまざまな宗教が人びとに苦しみからの脱却を説いていた。とくにブッダが開いた仏教は，ほかの多くの宗教が苦行を中心として解脱をはかろうとするのに対して，c 静かに瞑想することでこの世の真理を悟り，心静かな境地に至ることができると説いたことが特徴的である。

　ブッダの死後，仏教教団は自己の悟りを中心とする d 上座部仏教と，自己の悟り以上に，他者の救済に力を尽くす e 大乗仏教に分裂し現代に至っている。いずれにしても，人びとの苦しみを和らげる「癒し」を重要な働きとしてもっている点では，仏教も他の宗教と同じ役割を担っているのである。

問１ 下線部 a について，仏教ではこれを「一切皆苦」と呼び「四法印」の一つとしているが，**「四法印」でないもの**を次の①～④のうちから一つ選べ。
　①諸法無我　　②五蘊盛苦　　③涅槃寂静　　④諸行無常

問２ 下線部 b について，正しい文章を次の①～④のうちから一つ選べ。
　①バラモン教は，『ヴェーダ』を聖典として生まれた宗教である。
　②ウパニシャッド哲学は，ヴァルダマーナの思想を中心としている。
　③ジャイナ教は苦行を否定し，輪廻転生を信じる宗教である
　④ブッダたち自由思想家は，バラモン教から六師外道と呼ばれている。

問３ 下線部 c は八正道の「正定」に相当するが，八正道の中の「正しい認識」に相当するものを，次の①～④のうちから一つ選べ。
　①正念　　②正思　　③正命　　④正見

問４ 下線部 d の上座部仏教の理想的人間像を，次の①～④のうちから一つ選べ。
　①無着　　②阿羅漢　　③菩薩　　④世親

問５ 下線部 e について正しい文章を，次の①～④のうちから一つ選べ。
　①与楽・抜苦という慈悲の実践を重視し，五戒にとらわれることを戒めた。
　②竜樹は，すべてのものは無自性という性格をもつと説いた。
　③六波羅蜜とは，在家信者が実践しなければならない修行である。
　④苦しみには必ず原因があるという真理は，唯識論という。

［2］次の問い（問1～3）に答えよ。

問1 諸子百家の説明として正しいものを，次の①～④のうちから一つ選べ。

　①孟子の弟子であった韓非子は，法治主義による統治を説いた。

　②理気二元論を説いた朱子は，陰陽と五行によって世界を論じた。

　③墨子は，互いに愛しあうことと他国を侵略しないことを説いた。

　④孫子や呉子は，外交術を説いて戦乱の世に和平の道を探った。

問2 儒家の思想として正しいものを，次の①～④のうちから一つ選べ。

　①四端説のうち，悪い行ないを羞じる気持ちは羞悪の心といわれ，義の徳の端緒とされている。

　②仁の基礎とされる忠・恕のうち，忠とは目上の者に従順なことであり，恕とは他者への思いやりのことである。

　③人間の本性を悪ととらえる性悪説は，人間が善をなすことができるのは，法や刑罰によって矯正されるからだと説いている。

　④天命を外れた政治が，有徳の人物によって交代されなければならないという考えは克己復礼といわれる。

問3 道家の思想として**誤っているもの**を，次の①～④のうちから一つ選べ。

　①死も生も相対的なもので，ことさらに恐れるものではない。

　②必要最小限の人とモノとで成り立つ国家が理想である。

　③水のように柔らかく謙虚に生きることが道に従った生き方である。

　④大いなる道に従うことが，道徳の基準であり仁義の道である。

解答・解説

［1］問1② 四苦八苦のうちの八苦の一つである。①すべてものには不変の実体はないということ。③煩悩の吹き消えた平安の境地のこと。④この世のすべては変化して止まることはないということ。　問2①『リグ＝ヴェーダ』がインド最古の文献。②ヴァルダマーナはジャイナ教の開祖。③ジャイナ教の特質は苦行と不殺生。④六師外道は仏教側からの呼称。　問3④　正しく現実を見るという意味である。①正しい想念，②正しい思考，③正しい生活である。　問4② すべての修行を成し遂げたブッダに最も近い人物である。①と④は唯識派の僧侶。③悟りを求めて修行する人物であり，同時に慈悲を体現する理想の人物でもある。　問5② 無自性とはすべてのものはそれ自体では存在しないという性格。①五戒は在家信者が求められた戒律である。③六波羅蜜は，悟りを求めて修行する者が身につけなければならない徳である。④これは唯識論ではなく「集諦」の説明で，唯識論とは意識が存在の基礎であるという思想。

［2］問1③ 兼愛と非攻のことで墨子の中心思想。①韓非子は荀子の弟子。②朱子は宋の人で諸子百家ではないし，陰陽五行を説いていない。④孫子・呉子は兵家。　問2① 孟子は仁とともに義を重んじた。②忠とは自己に誠実なこと。③法や刑罰ではなく礼が基準。④克己復礼ではなく易姓革命思想。　問3④無為自然を説く道家では，仁義や道徳は道が廃れたから必要になったととらえていた。

1 日本文化と古代人の思想

日本の風土と社会

★ **1**	地形・気候・植生などが，人間に与える影響からとらえられた自然環境のことを何というか。	**1** 風土
★ **2**	乾燥地帯の中で遊牧生活中心の生業を営み，強固な団結力と強力な指導者と一神教を中心とした文化を特徴とする，和辻哲郎の『風土』の類型の一つを何というか。	**2** 砂漠型風土
★ **3**	穏やかな自然を特徴とし，規則正しい自然の中で合理的思考を生みだしたとされる，和辻哲郎の『風土』の類型の一つを何というか。	**3** 牧場型風土
★ **4**	豊かな自然に恵まれながらも，台風や梅雨といった気まぐれな自然の中で，忍従的・受容的な性格を育てたとされる和辻哲郎の『風土』の類型の一つを何というか。	**4** モンスーン型風土
5	祖先の霊(祖霊)を神として敬い祀る信仰のことを何というか。	**5** 祖先崇拝
6	日本の伝統社会において，正月や盆のような特別な日とそれ以外の日常普段の日とを，それぞれ何というか。	**6** ハレ・ケ
★ **7**	ムラ社会にもたらされる災害や疫病などの人為的・自然的な災いのことを総称して何というか。 **解説▶** 台風や水害などの自然災害，火事や殺人などの人災，さらには病気などもケガレでありツミである。	**7** 穢れ・罪(ケガレ・ツミ)
★ **8**	祝詞や呪詞あるいは供物などによって，ケガレやツミを除去することを何というか。	**8** 祓
★ **9**	川・海・滝などの水で心身を清め，ケガレやツミを除くことを何というか。	**9** 禊

古代日本の神信仰

★ **1**	古代日本で信仰されていた，自然神や祖先神あるいは皇祖神などの無数の神々を総称して何というか。	**1** 八百万神

2 ソトの世界から来訪し，ムラに災厄をもたらす神のことを何というか。 | 2 祟り神

★ **3** 天武天皇の命で建国神話や皇室の系譜を中心に編纂され，712年に成立した日本最古の歴史書を何というか。 | 3 『古事記』

★ **4** 神代から持統天皇までの歴史を，神話や伝承を交えて編纂された，720年成立の官撰正史を何というか。 | 4 『日本書紀』

★ **5** 8世紀頃，大伴家持によって編纂されたという，素朴で雄大な歌風をもつ，日本最古の歌集を何というか。 | 5 『万葉集』

6 国生み神話の主人公で，日本列島と神々の親となった男女の神を何というか。 | 6 伊邪那岐命・伊邪那美命

7 神々や人間が死後に赴く死者の国を何というか。 | 7 黄泉国

★ **8** 伊邪那岐命が上記の国から帰り，穢れを祓った時に生まれた神を何というか。 | 8 天照大神

9 伊邪那岐命から生まれた最後の神で，海の支配を任された神の名を何というか。 | 9 素戔嗚命

★ **10** 天上の神々が住む世界で，天照大神が主宰する世界を何というか。 | 10 高天原

★ **11** 私心がなく公明正大な心のことで，古代日本人が尊んだ素朴で純真な心のことを何というか。 | 11 清き明き心（清明心）

12 高天原を追放された素戔嗚命が降りたった，人間が住む世界を何というか。 | 12 葦原中国

2 日本仏教の展開

聖徳太子と奈良・平安仏教

★ **1** 儒学や仏教に対する深い理解をもち，推古天皇を助けて統一国家建設に尽力した飛鳥時代の思想家は誰か。 | 1 聖徳太子（厩戸王）

★ **2** 上記の人物の作と伝えられている，『法華経』『勝鬘経』『維摩経』という大乗仏教の経典の注釈書を何というか。 | 2 『三経義疏』

★ **3** 仏教思想を普遍的原理とし，儒教思想によって上下関係を律し，国家統一の原理を示した日本最古の成文法を何というか。 | 3 『十七条憲法』

★ **4** 上記憲法の第1条に記された，私心を排して共同体との協調をはかろうとする心のあり方を何というか。 | 4 和

★ **5** 上記憲法の第12条に記された，ブッダの前では誰も | 5 凡夫

が煩悩を抱えた人間であるということを何というか。

★ 6 仏教で尊重すべきとされた，真理を悟ったブッダ（仏），ブッダの説く真理（法），およびブッダの教えに従って修行を行なう僧侶集団（僧）の三つをまとめて何というか。

6 三宝

★ 7 この世は虚しい仮の世界でしかなく，ただ仏だけが真実の存在であるという，聖徳太子の晩年の境地を示す言葉は何か。

7 「世間虚仮，唯仏是真」

8 日本に渡来した当初，仏は何と呼ばれていたか。

8 蕃神
あだしくにのかみ

9 日本の文化は古代日本文化を基層とし，その上に外来文化が表層文化として積み重なって形成されているが，この日本文化のあり方を何というか。

9 日本文化の重層性（多重性）

解説 評論家の加藤周一は，日本文化は西洋文化と日本伝統文化の混合ととらえ，雑種文化論をとなえている。

★10 仏教の興隆によって，国家の安泰と国民生活の安定を祈願することを示す言葉を何というか。

10 鎮護国家

11 仏教に深く帰依して自らを「三宝の奴」と称し，全国に国分寺・国分尼寺を建立し，天平文化の最盛期をもたらした天皇は誰か。

11 聖武天皇

12 国分寺の総本山である東大寺に，上記の天皇が鎮護国家を祈願して造立した毘盧遮那仏を何というか。

12 東大寺の大仏

13 奈良時代の三論・成実・法相・倶舎・華厳・律の各宗派を総称して何というか。

13 南都六宗

★14 5度の渡航失敗ののち，盲目になりながらも6度目に来日し，東大寺に正式な僧侶となるための戒壇を設け，のちに唐招提寺を開いた唐の僧侶は誰か。

14 鑑真

★15 諸国を遊行して布教と社会事業を行なったが，のち聖武天皇に乞われて大仏造立にも尽力した僧侶は誰か。

15 行基

16 国家によって戒を授けられた官度僧に対して，国家の承認を受けずに僧となった人を何というか。

16 私度僧

★17 神仏に祈ることで受けるとされる，無病息災や蓄財・出世などの現実的な恩恵を何というか。

17 現世利益
げんぜ

18 奈良・平安時代に現世利益と結びついて，病気や災難を逃れるために仏の加護を祈る呪術を何というか。

18 加持祈禱

★19 奈良時代から明治時代初頭までの間に行なわれた，日

19 神仏習合

本古来の神信仰と仏教信仰との融合を何というか。

20 真理の本体である仏が，民衆教化のために神の姿をしてあらわれたとする平安時代の思想を何というか。

解説▶仏や菩薩が神の姿をしてあらわれることを権現という。

21 氏族や土地を守り鎮める神社で，神仏習合の風潮の中で，寺院を護るために建てられた神社を何というか。

★22 東大寺で戒を受け，のちに唐に渡って諸学を学び，帰国後新宗派を開き，死後，伝教大師と呼ばれた人物は誰か。

★23 延暦寺を総本山とする最澄の開いた宗派を何というか。

24 上座部仏教が授ける具足戒に対して，最澄が求めていた大乗仏教の戒律を何というか。

25 大乗戒壇院設立に反対する南都諸宗への反論として，最澄が記した著述を何というか。

★26 大乗戒壇院設立のため，学僧育成の方法を綴り，朝廷に献上された最澄の著作を何というか。

★27 生きとし生けるものはすべて，悟りを得る可能性をもっているという，大乗仏教の『涅槃経』の言葉は何か。

★28 自らの仏性を自覚し修行するなら，資質に関係なく誰でも悟りを開くことができるという思想を何というか。

★29 聖徳太子が注釈を行なったとされ，天台宗や日蓮宗が経典の中心とした仏典は何か。

★30 南都六宗を学んだのち『大日経』に出会い，唐に渡って恵果から密教を学び，帰国後新宗派を開くとともに，庶民教育のために綜芸種智院を建て，死後，弘法大師と呼ばれた人物は誰か。

★31 金剛峯寺を総本山とする上記の人物の宗派を何というか。

32 ブッダによって文字や言葉を通して説かれた仏教を何というか。

★33 言葉ではなく秘密の教義と儀礼を通して，師と弟子との間だけで密やかに伝承される仏教を何というか。

★34 一切の仏や菩薩の根源であり，宇宙の真理そのものとされる仏のことで，密教の根本仏のことを何というか。

35 身に印契を結び，口に真言を唱え，心に仏を思い描い

20 本地垂迹説

21 鎮守の神社

22 最澄

23 天台宗

24 大乗菩薩戒（大乗戒・菩薩戒）

25 『顕戒論』

26 『山家学生式』

27 一切衆生悉有仏性

28 法華一乗（一乗思想）

29 『法華経（妙法蓮華経）』

30 空海

31 真言宗

32 顕教

33 密教

34 大日如来

35 三密（身・口・意）

て仏と一体化しようとする実践を何というか。

解説 印契とは印相ともいわれ，仏や菩薩が手であらわしている象徴的なジェスチャーのことである。

36 仏や菩薩の偽りのない言葉のことを何というか。

36 真言(マントラ)

★37 三密の行によって，この身のまま仏になることを何というか。

37 即身成仏

★38 全宇宙が大日如来を中心に，その分身である諸仏・諸神から成っていることを示した図絵を何というか。

38 曼荼羅

★39 儒教・仏教・道教の三教の中で仏教が最もすぐれていることを示した，空海の著書を何というか。

39『三教指帰』

40 人間の心を十段階に区分し，低位の動物から最高位の真言密教の悟りに至るまでの過程を綴った，空海の著書を何というか。

40『十住心論』

末法思想と鎌倉仏教

★1 戦乱や天災の中で，仏法の衰退とともに救済の可能性も減退していくという，平安末期頃から流行しはじめた仏教的終末観を何というか。

1 末法思想

★2 上記の思想でブッダの説く教え(教)も，その教えに従って行なわれる修行(行)も，そしてその結果としての悟り(証)もある時代を何というか。

2 正法

★3 上記の思想で，教と行はあるが証のない時代を何というか。

3 像法

★4 上記の思想で，教のみがあり行も証もない時代を何というか。

4 末法

5 煩悩と汚濁にまみれたこの世から，仏のいる清浄な世界への往生を願う信仰を何というか。

5 浄土信仰

★6 修行時代に一切衆生の救済を誓い，仏となって西方浄土にいて救済を行なっている仏を何というか。

6 阿弥陀仏

解説 地獄と対比される極楽とは，阿弥陀仏のいる西方浄土のこと。

7 阿弥陀仏を信じることで極楽に往生することを願う教えを何というか。

7 浄土教

8 仏の姿や功徳を心に思い浮かべる念仏を何というか。

8 観想念仏

★9 仏の名(名号)を呼び称える念仏を何というか。

9 称名(口称)念仏

★**10** 「ひたすら阿弥陀仏に帰依したてまつる」ということを意味する言葉は何というか。

11 諸国を遊行して念仏を説き，社会事業を行なって「阿弥陀聖」や「市聖」と呼ばれた平安中期の僧侶は誰か。

★**12** 観想念仏によって極楽への憧れを説くとともに，地獄の恐ろしさも説いて，浄土信仰の普及に力を尽くした平安末期の僧侶は誰か。

★**13** 浄土への往生についての諸説をまとめた，上記の人物の主著は何か。

★**14** 穢れたこの世を離れ，阿弥陀仏のいる清浄な国への往生を願う，上記の著書の言葉は何か。

★**15** 天台教学を学ぶが満足できず，諸学を学んだのち浄土の教えを知り，ひたすら念仏を称えることで救われると説いた人物は誰か。

16 上記の人物が開いた宗派を何というか。

★**17** 阿弥陀仏が法蔵という修行僧の時代にたてた誓願のうち，一切衆生の救済を念じた18番目の誓願を何というか。

★**18** 他のいっさいの修行を捨てて，ひたすら阿弥陀仏の名を称えて救済を願う念仏のあり方を何というか。

19 自力に対する言葉で，仏や菩薩の力を頼みにすることを何というか。

解説▶自力難行の立場は聖道門，他力易行の立場は浄土門という。

★**20** 諸行のうちから念仏を選びとり，念仏こそが正しい修行であると説いた法然の主著を何というか。

★**21** 法然の弟子となるが，妻帯して自らを「非僧・非俗」の愚禿と称した僧侶は誰か。

22 上記の人物が開いた宗派は何というか。

23 念仏は阿弥陀仏の慈悲によってさせてもらっているという，他力の徹底化を示す言葉を何というか。

★**24** 自力で善行を積める善人以上に，善行をなしえず苦しんでいる悪人こそが阿弥陀仏の救済の対象であるという思想を何というか。

★**25** 上記のことを示す親鸞の言葉を何というか。

10「南無阿弥陀仏」

11 空也

12 源信

13『往生要集』

14「厭離穢土　欣求浄土」

15 法然

16 浄土宗

17 (弥陀の)本願

18 専修念仏

19 他力

20『選択本願念仏集』

21 親鸞

22 浄土真宗

23 絶対他力

24 悪人正機説

25「善人なほもて往生

解説 念仏は阿弥陀仏の救いに対して行なう「報恩感謝の念仏」であると親鸞はとらえた。

★26 この世の一切は、すべて阿弥陀仏のはからいによる自ずからなる働きにほかならないとする、親鸞の信仰的立場を示す言葉は何か。

27 念仏信仰に対する批判に反論し、仏の真の教えと信仰の純粋さについて書かれた親鸞の主著を何というか。

★28 師親鸞の異説に反論するために、唯円が記した書物を何というか。

解説 室町時代に不振となった浄土真宗を再建したのは、蓮如である。

★29 念仏こそ悟りへの道と考え、すべてを捨てて全国を遊行し、念仏を広めた捨聖あるいは遊行上人と呼ばれた人物は誰か。

30 日常普段を往生の時と心得て、称名念仏につとめることを説いた、一遍の宗派を何というか。

★31 時宗の信徒たちは念仏を称えながら踊ったが、この独特の念仏を何というか。

32 中国の達磨によって開かれた仏教で、浄土宗と並ぶ中国の2大宗派の一つを何というか。

★33 延暦寺で学んだのち、宋に渡って禅宗の教えと茶を持ち帰り、臨済宗を開いた僧侶は誰か。

34 師が門弟に与える問題である公案とともに、足を組んで瞑想する禅宗の中心となる修行法を何というか。

★35 禅宗が国家鎮護の使命をもつことを説いて、鎌倉幕府に献上された栄西の著書は何か。

★36 比叡山で学んだのち栄西の門に入り、のち宋に渡って如浄から行住坐臥のすべてが仏法と教えられ、帰国して永平寺を総本山として曹洞宗を開いた僧侶は誰か。

★37 焼香・念仏・看経などのいっさいの行為を排して、ひたすら坐禅に打ち込むことを何というか。

★38 坐禅によって身体も精神も執着から解き放たれ、自由と安らぎの境地に入ることを何というか。

★39 坐禅は悟りのための手段ではなく、坐禅がそのまま悟りの境地であるという、道元の立場を何というか。

をとぐ、いはんや悪人をや」

26 自然法爾

27 『教行信証』

28 『歎異抄』

29 一遍

30 時宗

31 踊念仏

32 禅宗

33 栄西

34 坐禅

35 『興禅護国論』

36 道元

37 只管打坐

38 身心脱落

39 修証一等（修証一如）

★ **40**	末法思想の否定や自力坐禅について書かれた，道元の著書を何というか。	40 『正法眼蔵』
★ **41**	鎌倉や比叡山などで諸学を学んだのち，『法華経』こそ真の仏典と確信し，新しい宗派を開いた人物は誰か。	41 日蓮
42	遥か昔に悟りを開き，以後，人びとに教えを説き続けている仏のことを何というか。	42 久遠実成の仏
★ **43**	「法華経に帰依たてまつる」という意味の言葉を何というか。	43 『南無妙法蓮華経』
★ **44**	仏教の真理が集約されている「妙法蓮華経」という5文字を何というか。	44 題目
45	上記の言葉を唱えることを何というか。	45 唱題
46	法華経を広め実践する人のことで，日蓮その人のことをさす言葉を何というか。	46 法華経の行者
★ **47**	日蓮が他宗を攻撃する時に語った，「念仏無間・禅天魔・真言亡国・律国賊」という言葉を何というか。	47 四箇格言
★ **48**	法華経による仏法の興隆を説き，国難の到来を予言した，鎌倉幕府に献上された日蓮の著書を何というか。	48 『立正安国論』
49	日々の職業の中にも信仰があると論じ，職業倫理と仏教をあわせた教えを説いた，江戸初期の僧侶は誰か。	49 鈴木正三

仏教文化と日本の美意識

1	この世の事物は常に変化しており，何一つとして永遠なものはないという，仏教の縁起説に基づく世界観を何というか。	1 無常観
★ **2**	無常を感じて武士の身分を捨て，旅と歌に生涯を送り，歌集『山家集』を残した平安時代末期の歌人は誰か。	2 西行
3	権力争いの中で無常を感じ，神官職を捨てて出家・隠遁の生活に入り，移り行く世の中のはかなさを『方丈記』に綴った歌人は誰か。	3 鴨長明
4	動乱の世の中で，人間と社会とを鋭い目で観察し，それを『徒然草』に綴った鎌倉末期の随筆家は誰か。	4 吉田兼好
5	平安時代の田楽や猿楽をもとに，室町時代に生みだされた舞台芸能を何というか。	5 能（能楽）
★ **6**	『風姿花伝』(『花伝書』)によって能楽理論を展開すると同時に，父観阿弥とともに能楽を大成した室町時代の	6 世阿弥

人物は誰か。

★ **7** 禅宗の深淵かつ微妙な様子をあらわす言葉を，世阿弥が華やかさの中に余韻と余情を本質とする能楽の美意識ととらえた言葉を何というか。

　　7 幽玄

★ **8** 茶の湯ともいい，栄西によって伝えられた茶と喫茶の風習が，一定の作法をもった文化として成立したものを何というか。

　　8 茶道

★ **9** 豪華な書院の茶に対して，簡素な草庵でたしなむ茶を提唱した桃山時代の茶人は誰か。

　　9 千利休

10 もの悲しく心細い様を意味する言葉が転じて，簡素・静寂を特質する茶の心とされた美意識を何というか。

　　10 わび

11 生涯に一度だけ相見えるのだから，この瞬間を大切にしようという，茶会の心得を何というか。

　　11 一期一会

12 墨の濃淡によって人物や自然の風物を描く水墨画の大成者とされる，室町時代の画家は誰か。

　　12 雪舟

13 龍安寺の石庭で知られる，白砂と石を組み合わせて作られた日本独自の庭園様式を何というか。

　　13 枯山水(石庭)

14 連歌から独立した俳諧を文学にまで高め，西行に憧れて多くの旅をし，その途次に作句を行なった江戸時代の俳人は誰か。

　　14 松尾芭蕉

★**15** 物質的な欠乏をあらわす言葉を，静寂さの中に枯淡の境地をあらわす言葉として取り上げ，芭蕉が「わび」と並んで俳諧の特質をなすとした美意識を何というか。

　　15 さび

16 古代日本では，花や鳥といった自然の風物で自然を言いあらわしたが，それを何というか。

　　16 花鳥風月(雪月花)

3　近世日本の思想

江戸儒学の展開

1 相国寺の禅僧であったが，儒教に転じて徳川家康に朱子学を講じた人物は誰か。

　　1 藤原惺窩

★ **2** 上記の人物に師事して儒学を学び，その推挙で家康以下4代の将軍に仕え，幕藩体制の基礎を確立した人物は誰か。

　　2 林羅山

3 湯島に建てられた幕府直轄の学問所を何というか。

　　3 湯島聖堂学問所

4 自己の私利私欲を慎み，天理（てんり）に従おうとする心を何という（つつし）か。	**4** 敬（けい）
★ **5** 私利私欲を排して自己本来の心を保とうとすることを何というか。	**5** 存心持敬（ぞんしんじけい）
★ **6** 天地に上下があるように，人間にも上下の秩序があるという羅山の思想を何というか。	**6** 上下定分の理（じょうげていぶんのり）
7 江戸身分制度の理論的正当性を説いた『三徳抄（さんとくしょう）』と並ぶ，羅山の朱子学の理論書を何というか。	**7** 『春鑑抄』（しゅんかんしょう）
★ **8** 君臣・子弟の関係を厳格に重視するとともに，朱子学と神道との融合をはかった人物は誰か。 **解説▶** 闇斎の学派は崎門（きもん）といわれ，佐藤直方（さとうなおかた），浅見絅斎（あさみけいさい）などがいる。	**8** 山崎闇斎（やまざきあんさい）
9 木下順庵（きのしたじゅんあん）に朱子学を学び，徳川家宣（いえのぶ）に仕えて「正徳の治（しょうとくのち）」を行なった儒学者は誰か。	**9** 新井白石（あらいはくせき）
★ **10** 木下順庵の高弟で対馬藩（つしま）に仕え，朝鮮語や中国語に通じ，通訳として活躍した儒学者は誰か。	**10** 雨森芳洲（あめのもりほうしゅう）
11 木下順庵の門下生で，湯島聖堂で教鞭（きょうべん）をとるとともに，徳川吉宗（よしむね）の享保（きょうほう）の改革を補佐した朱子学者は誰か。	**11** 室鳩巣（むろきゅうそう）
★ **12** 『孝経（こうきょう）』に深い理解を示し，朱子学の形式主義を批判して陽明学へ向かい，「近江聖人（おうみせいじん）」といわれた人物は誰か。	**12** 中江藤樹（なかえとうじゅ）
★ **13** 上記の人物が，人倫の基本であるとともに万物を貫く理法ととらえた徳目を何というか。	**13** 孝（こう）
14 上記の徳目の内容で，真心をもって人と親しみ，上を敬い下を侮（あなど）らないことを何というか。	**14** 愛敬（あいけい）
15 孝の実践に際して考慮しなければならないとされた，時期・場所・相手の身分などを何というか。	**15** 時・処・位
16 天理は善なるものだと考え，それが人間の心に内在したものを，陽明学では何というか。	**16** 良知（りょうち）
★ **17** 師弟の間の問答という形式で書かれた，学問や道徳に関する藤樹の思想を綴（つづ）った著書を何というか。	**17** 『翁問答』（おきなもんどう）
★ **18** 藤樹に時・処・位の大切さを学び，のち岡山藩に仕えて治山治水（ちさんちすい）に尽力した陽明学者は誰か。	**18** 熊沢蕃山（くまざわばんざん）
★ **19** 朱子学や陽明学などの後世の解釈が入った儒学を排し，孔子・孟子の原典に帰ろうという立場を何というか。	**19** 古学（こがく）
★ **20** 朱子学の観念性を批判して，孔孟の原典に帰ることを	**20** 山鹿素行（やまがそこう）

提唱するとともに，武士に倫理的自覚と高潔な人格形成の必要性を説いた儒学者は誰か。

★21 太平の世においては，農工商の三民の道徳的な模範となるべきとした，素行の説く武士の道を何というか。
解説　山本常朝が『葉隠』に，「武士道とは死ぬことと見つけたり」と記した戦士としての武士の道は，武士道といわれる。

21 士道

22 後世の学者の解釈を退け，古代の聖人の思想に帰るべきだと朱子学を批判した素行の著書を何というか。

22『聖教要録』

★23 朱子学や陽明学に満足せず，『論語』を最高の書と確信し，その意味するところを探究した儒学者は誰か。

23 伊藤仁斎

★24 『論語』『孟子』の原典を熟読し，その本来的意義（古義）を明らかにしようとする仁斎の立場を何というか。

24 古義学

★25 孔子の教えの核心は仁であり，その本質は愛であることを示す，仁斎の言葉を何というか。

25 仁愛

★26 上記の言葉の根底にあって，自他に偽りをもたない，古代の清明心に通じる純粋な心を何というか。
解説　誠はまったく私心のない真実無偽の心であり，具体的には自己に対して誠実で他者に信頼される忠信の実践である。

26 誠

27 童子の問いに師が答えるという形式で書かれた，仁斎の思想がまとめられた書を何というか。

27『童子問』

28 『論語』と『孟子』の重要な概念を解釈して記した，仁斎の主著の一つを何というか。

28『語孟字義』

★29 古代の道を孔子以前の聖賢に求め，古学の流れをさらに徹底した儒学者は誰か。

29 荻生徂徠

★30 中国聖賢の書物を『六経』にまでさかのぼり，それを原文で読んで理解しようとした徂徠の学問を何というか。

30 古文辞学

★31 古代の王たちの求めた道（先王の道）は自然や道徳の道ではなく，人びとの生活の安寧をはかる道だと徂徠は考えたが，この道を何というか。

31 安天下の道

★32 聖賢が求めたものは，世を治め民の生活を救うためのものである，という徂徠の言葉は何か。

32 経世済民

33 上記のための方策は，規範・音楽・刑罰・法令などの諸制度を意味するが，これらを何というか。

33 礼楽刑政

★34 政治改革の提言である『政談』とともに，先王が求めた道は天地自然の道ではなく，人びとの生活のための政

34『弁道』

治の道であることを説いた徂徠の主著は何か。

35 荻生徂徠に学び，『易経』を重んじて陰陽によって万事を解釈しようとした古学者は誰か。

35 太宰春台

国学と神道

★ **1** 古学の影響を受けて，日本の古典に日本古来の精神的なあるべき道である古道を求めた学問を何というか。

1 国学

★ **2** 水戸光圀の依頼を受けて『万葉集』の研究を行ない，『万葉代匠記』を著し，国学の先駆けとなった人物は誰か。

2 契沖

★ **3** 上記の人物の万葉学と仁斎の古義学を学び，日本の古典研究を本格的にはじめた，京都伏見の神官は誰か。

3 荷田春満

★ **4** 上記の人物に師事するとともに，儒仏の影響を受けない古代日本の精神を求め，『国意考』を著した国学者は誰か。

4 賀茂真淵

5 上記の人物が『万葉集』の研究によって導きだした，古代日本人の素朴で雄大な精神を何というか。

5 高く直き心

★ **6** 上記の心が歌の心としてあらわれた，男性的でおおらかなあり方を何というか。

<u>解説</u>本居宣長は『古今集』に見られる「たおやめぶり」を重視した。

6 ますらおぶり

★ **7** 伊勢松坂の医師で，医業のかたわら古典研究を行ない，古道論から文芸論に至るまでの国学を大成させた国学者は誰か。

7 本居宣長

★ **8** 儒教や仏教などの論理や理屈によって説かれた思想や，その影響を受けた心のあり方を何というか。

8 漢意

9 形式や理屈などの人為的なあり方を排した，自然でおおらかな日本古来の心を何というか。

9 真心

★ **10** 素直な心が外界の事物に触れて生じる，しみじみとした感動の心を何というか。

10 もののあはれ

11 聖賢によって作られた道ではなく，神によって作られた自ずからなる道を何というか。

11 惟神の道

★ **12** 宣長の『古事記』研究の集大成となる書を何というか。

12『古事記伝』

13 『源氏物語』を通して「もののあはれ」を論じた宣長の著書を何というか。

13『源氏物語玉の小櫛』

14 故事や古語に関する注釈などを記した，宣長の随筆集

14『玉勝間』

を何というか。

★15 儒仏が流入する以前の，土着の神信仰を基礎に生まれ
た，開祖も教義もない日本固有の民族信仰を何というか。

15 神道

★16 宣長の惟神の道を天照大神の道ととらえ，独自の神道
を生みだした国学者は誰か。

16 平田篤胤（ひらた あつたね）

★17 上記の人物が生みだした神道を何というか。

17 復古神道（ふっこ）

18 鎌倉時代，伊勢神宮の禰宜度会行忠（ねぎ わたらいゆきただ）が，天照大神信仰
を陰陽五行説（えんよう）を援用しながら説いた神道を何というか。

18 伊勢神道（度会神道）

19 室町時代，吉田神社の神官吉田兼倶（よしだ かねとも）が，仏教・儒教・
道教などの教説を取り入れて説いた神道を何というか。

19 吉田神道

20 明治政府の国家神道と区別した，金光教（こんこう）や天理教（てんり）など
の神道を何というか。

20 教派神道

民衆の思想

★ 1 独学で儒・仏・道教を学び，それを基礎に独自の商人
道徳を説いた，江戸中期の丹波（たんば）出身の思想家は誰か。

1 石田梅岩（いしだ ばいがん）

★ 2 儒教・仏教・道教をあわせて，勤勉・正直・倹約など
を説いた，梅岩独自の商人道徳を何というか。

2 心学（しんがく）

★ 3 講義中の問答をまとめた，梅岩の主著は何か。

3『都鄙問答』（と ひもんどう）

★ 4 商業的利益は武士の俸禄に同じであるという，上記の
書に書かれている言葉は何か。

4『商人の買利は士の禄に同じ』（ばうり）

5 『好色一代男』（こうしょく）などによって，町人のさまざまな世界を
描いた，大坂の浮世草子作家は誰か。

5 井原西鶴（いはらさいかく）

6 『曽根崎心中』（そねざきしんじゅう）などによって，義理と人情の相克（そうこく）に苦し
む人間を描いた，浄瑠璃（じょうるり）や歌舞伎（かぶき）の戯作者（げさく）は誰か。

6 近松門左衛門（ちかまつもんざえもん）

★ 7 農本主義の立場から封建的身分制度を批判した，江戸
中期の東北八戸（はちのへ）の医師は誰か。

7 安藤昌益（あんどうしょうえき）

★ 8 自然の営みに参加し，すべての人が自ら耕して自給自
足すべきであるという，上記の人物の言葉は何か。

8 万人直耕（ばんにんちょっこう）

★ 9 不耕貪食（ふこうどんじき）の士工商階級が農民に寄生する，差別と搾取
の人為的な社会を何というか。

9 法世（ほうせい）

★10 すべての人が自ら耕し，自らのものは自ら生みだす，
平等で搾取のない理想社会を何というか。

10 自然世（しぜんせい）

★11 貧困の中から自家を再興し，以後，農法改良や農村再

11 二宮尊徳（にのみやそんとく）

生に尽力した，江戸末期の農政家は誰か。

★12 上記の人物は，農耕は自然の営みと人間の努力という
二つの道で成り立つと考えたが，その二つの道は何か。

12 天道・人道

13 自分の生活は，天地自然と自分を取り巻く人びとの徳
のおかげであるという思想を何というか。

13 報徳思想

★14 現在の自分の経済力に応じた生活をしようとすること
を何というか。

14 分度

★15 上記の実践・勤勉・倹約で生まれ出たゆとりを，他の
人びとに貸し与えることを何というか。

15 推譲

16 大坂の懐徳堂に学び，儒仏の思想は後人が付け加えて
成立したとする加上説を説いた人物は誰か。

16 富永仲基

17 懐徳堂に学び，霊魂否定の無鬼論を説いた人物は誰か。

17 山片蟠桃

18 『町人嚢』の中で，封建制度の身分は官位であり人間の
貴賤ではないと語った天文学者は誰か。

18 西川如見

洋学と幕末の思想

1 『大和本草』や『養生訓』を著し，実証主義的な研究で知
られる江戸中期の朱子学者は誰か。

1 貝原益軒

2 自然には条理が備わっているとして，自然哲学的な思
考によって独自の学風を築いた豊後の思想家は誰か。

2 三浦梅園

★3 翻訳医学書『解体新書』を著した2人の洋学者は誰か。

3 前野良沢・杉田玄白

★4 大坂に蘭学のための適塾を建てた蘭学医は誰か。

4 緒方洪庵

★5 シーボルトに洋学を学んだが，『戊戌夢物語』で幕府の
鎖国政策を批判し，蛮社の獄で捕らわれた人物は誰か。

5 高野長英

★6 洋学研究の尚歯会(蛮社)を組織し，『慎機論』で幕府の
外交を批判し，蛮社の獄で自刃した人物は誰か。

6 渡辺崋山

★7 西洋科学を摂取することの必要性を説くとともに，開
国論や公武合体を説いた幕末の思想家は誰か。

7 佐久間象山

★8 精神面では東洋が，科学技術面では西洋がすぐれてい
るという和魂洋才を，上記の人物は何といったか。

8 東洋道徳・西洋芸術

★9 象山と出会って時代と学問への目を開き，天皇のもと
に民衆が結集する一君万民論を説いた尊王思想家は誰
か。

9 吉田松陰

10 儒教思想を基礎に洋学の長短を洞察して，日本のあり
方を説いた熊本の儒学者は誰か。

10 横井小楠

 **演 習 問 題** ――――――――――――― **4**

［1］次の文章を読んで，下の問い（**問1～4**）に答えよ。

> 　日本文化は，a古来の伝統文化の上に外来文化が積み重なって成り立っ
> ている。そこで，外来文化である仏教が日本社会に受容されていった経緯
> を概観してみよう。
> 　仏教を日本に定着させる役割を果たしたのはb聖徳太子であった。彼の
> 仏法による天下の安泰という思想はc奈良・平安時代へと受け継がれてい
> ったが，その間，古来のカミ信仰と仏教信仰の融合がはかられ，日本独自
> の仏教へと発展していった。とくに仏教が日本仏教として大きく変化した
> のは，戦乱と災害によって時代が混乱し，人びとが生きることに困難を感
> じていた平安時代末期頃からd鎌倉時代のことであった。それが，貴族中
> 心であった仏教が庶民や武士の間に広まっていく原因となったのである。

問1 下線部 a に関する説明文として**誤っているもの**を次の①～④のうちから一
つ選べ。

　①日本には自然神や祖霊神など多数の神々がいると信じられていた。

　②人間は高天原・葦原中国・黄泉国を自由に往来できるとされていた。

　③病気や災害などはケガレと呼ばれ，禊や祓で除去できるとされていた。

　④日本では私心のない素朴で純真な心は清明心と呼ばれ，尊ばれていた。

問2 下線部 b の聖徳太子と**無関係な語句**を次の①～④のうちから一つ選べ。

　①唯仏是真　　　②凡夫の自覚　　　③大乗戒壇院　　　④三宝の尊重

問3 下線部 c の奈良・平安時代の仏教についての説明として正しいものを，次
の①～④のうちから一つ選べ。

　①鑑真は南都六宗の寺院のために，唐招提寺に戒壇を設けた。

　②最澄は悟りに至りうるには，一定の能力や資質が必要だと説いた。

　③行基は神が仏の姿をかりながらあらわれたとする本地垂迹説を説いた。

　④空海は三密の行を行なえば，この身のままで成仏できると説いた。

問4 下線部 d の鎌倉時代の仏教について正しい説明を，次の①～④のうちから
一つ選べ。

　①末法思想を否定した道元は，坐禅を組むことだけで悟りうると説いた。

　②専修念仏を説いた法然は，仏の姿を思い浮かべる観想念仏を勧めた。

　③他宗を激しく非難した日蓮は，真言宗とともに天台宗も攻撃した。

　④弥陀の本願を頼む親鸞は，弥陀の救いの対象は自力善行の人と考えた。

共通テスト攻略のコツ！

　共通テストでは，写真や統計グラフや原典資料などによって，多面的な価値観を問うような問題が出題されることが予想される。出題形式が目新しいため複雑なようにみえるが，問われているのは基本的な知識であり，読解能力であって，普段の学習の成果が問われているのである。

［２］次の問い（**問1～3**）に答えよ。

問1 江戸儒学の説明として正しいものを，次の①～④のうちから一つ選べ。

　①『論語』を重視した伊藤仁斎は，仁義以上に礼を重んじた。

　②上下定分の理を説いた林羅山は，万物を貫く原理を孝と考えた。

　③存心持敬を説いた中江藤樹は，武士は人格にすぐれよと説いた。

　④経世済民を重視した荻生徂徠は，支配者は安天下を心がけよと説いた。

問2 国学に関する説明として正しいものを，次の①～④のうちから一つ選べ。

　①復古神道は，惟神之道を基本に平田篤胤が生みだした神道である。

　②ますらおぶりとは，荷田春満が重視した『万葉集』の心である。

　③高く直き心とは，契沖が『古今和歌集』に見た古代人の心である。

　④真心とは，漢意を基礎に本居宣長が名づけた古代の清明心である。

問3 思想家とその用語の組み合わせとして**誤っているもの**を，次の①～④のうちから一つ選べ。

　①安藤昌益・自然世　　②佐久間象山・西洋芸術

　③石田梅岩・報徳思想　　④富永仲基・加上論

解答・解説

［１］問1② 人間は神々の住む高天原へは行けない。神々はどの世界へも行ける。①八百万神のこと。③ケガレとはすべての災いをいう。④のちに仁斎の誠に影響を与える。　問2③ 戒壇は鑑真が東大寺においた。①世間虚仮と対である。②煩悩にとらわれている人すべてが凡人。③三宝とは仏・法・僧である。問3④ 空海は三密による即身成仏を説いた。①唐招提寺ではなく東大寺。②悟りに能力や資質は無関係であると最澄は説いた。③行基と本地垂迹は無関係。　問4① 只管打坐がすでに悟りの境地である。②観想念仏ではなく称名念仏。③法華経を重視する天台宗を日蓮は非難していない。④阿弥陀仏の救済の対象は，自力で善行ができない悪人。

［２］問1④ 先王の道は安天下の道である。①仁斎は，孔子の思想の中核は仁と考え，それを愛した。②万物を貫く原理を孝としたのは中江藤樹。③存心持敬は林羅山の言葉で，後半の説明は山鹿素行の思想。問2① 篤胤は惟神之道を天照大神の道として尊王思想に影響を与えた。②荷田春満ではなく賀茂真淵。③契沖ではなく賀茂真淵であり，『古今和歌集』ではなく『万葉集』である。④宣長は漢意を取り除けといっている。　問3③ 報徳思想は二宮尊徳である。①自然世に対する言葉は法世。②西洋芸術と対の言葉は東洋道徳。④加上とは，仏教や儒教の理論は後代の人びとが付加した思想だという主張である。

第5章 近代日本の思想

1 近代西洋思想の受容

文明開化と啓蒙活動

★ **1** 明治6（1873）年，民衆に対する啓蒙活動を目的に設立された明六社の発起人で，のちに初代文部大臣となり，国家主義的教育体制をめざした人物は誰か。

1 森有礼

★ **2** 明六社の一員で，西洋思想の紹介，とくに哲学の移植と翻訳語の考案に貢献した人物は誰か。

2 西周

3 明六社の一員で，ミルの『自由論』の翻訳『自由之理』などで啓蒙活動を行なった明治初期の人物は誰か。

3 中村正直

4 明六社の一員で，最初は天賦人権論を掲げたが，国家主義に転じて自由民権運動に反対したのは誰か。

4 加藤弘之

★ **5** 明六社の一員で，『学問のすゝめ』で，人間は生まれながらにして平等であるという天賦人権論を説くも，学問によって差がつくと語り，慶應義塾を創設した明治時代最大の啓蒙思想家は誰か。
　解説▶身分制を批判した言葉に「門閥制度は親の敵である」がある。

5 福沢諭吉

6 西洋文明の本質や文明発達の観点から見た，日本文明の特質を論じた彼の著作を何というか。
　解説▶野蛮・半開・文明の三つの段階があり，日本は半開であるとした。

6 『文明論之概略』

★ **7** 何ものにも依存することなく，人間としての誇りをもって生きようとする精神を何というか。

7 独立自尊

8 上の精神が国の独立の基礎であることを表明した諭吉の言葉は何というか。

8 「一身独立して，一国独立す」

★ **9** 伝統的な詩歌や古典の学を虚学とし，「普通日用に近い」有用な実証的学問・数理学を何といったか。

9 実学

10 国家・政府の権力である国権と，民衆の権利である民権を調和させようとする考えを何というか。

10 官民調和論

★11 アジアを野蛮なものとみなし，西欧的近代国家への脱皮をめざそうとする諭吉の考えを何というか。

11 脱亜論（脱亜入欧）

自由民権の思想

1 明治時代前半，天賦人権思想に基づいて国会開設や藩閥政治打倒などの民主主義的改革を要求して展開された運動を何というか。

1 自由民権運動

★2 フランスのルソーの影響を受けて，その『社会契約論』を『民約訳解』として翻訳するなど，「東洋のルソー」と呼ばれ，自由民権運動を理論的に支えた，土佐藩出身の思想家は誰か。

2 中江兆民

3 民主主義的紳士，侵略主義的豪傑君，現実主義的南海先生の三人が，日本の近代化について論じている彼の代表作を何というか。

3 『三酔人経綸問答』

★4 支配者によって恩恵的に与えられた権利を，兆民は何と呼んだか。

4 恩賜的民権

★5 革命によって，人民が支配者から奪い取った権利を，兆民は何と呼んだか。

解説 植木枝盛は，国権は民権のためにあるとし，ロックの抵抗権を取り入れた『東洋大日本国国憲按』を発表した。

5 恢復的（回復的）民権

日本キリスト教の発展

★1 札幌農学校で，クラーク博士の影響を受けてキリスト教徒となり，「武士道に接ぎ木されたキリスト教」として，イエスと日本に生涯をかけた思想家は誰か。

1 内村鑑三

2 『代表的日本人』と並ぶ代表作で，英語で書かれた彼の自伝的な信仰告白書は何というか。

2 『余は如何にして基督信徒となりし乎』

★3 内村が生涯愛すると誓った「日本」と「キリスト」を，その頭文字をとって何というか，

3 二つのJ

★4 第一高等学校の教員時代，教育勅語奉読に際して，天皇の「御真影」に対する態度が不敬だとして，内村が退職させられた事件を何というか。

4 不敬事件

5 内村ら多くの人道主義者たちが非難した，足尾銅山から排出された鉱毒による事件を何というか。

5 足尾銅山鉱毒事件

★6 上記の事件で先頭に立って反対運動を展開し，天皇直

6 田中正造

訴まで試みた，栃木県選出の国会議員は誰か。

7 日露戦争開戦に際して，内村鑑三や安部磯雄などが展開した反戦の主張を何というか。

7 非戦論

8 人間は神の前に立つ独立した人格であり，信仰のよりどころは聖書にあるのであって，教会や儀式にはない，とする内村の主張を何というか。

8 無教会主義

★ **9** 札幌農学校でクラークの影響を受け，キリスト教的人格主義に基づく教育に尽力するとともに，国際連盟の事務次長もつとめた思想家は誰か。

9 新渡戸稲造

10 彼が日本的精神を世界の人びとに知らせようと，英文で書いた著書を何というか。

10『武士道』

11 単身アメリカに渡り，帰国後，同志社を設立してキリスト教精神に基づく教育をめざした人物は誰か。

11 新島襄

12 東京神学社を創設，信仰の自由と教会の自立のために尽力した，明治・大正・昭和の日本プロテスタントの指導者は誰か。

12 植村正久

2 近代日本思想の発展

国粋主義と伝統思想の展開

★ **1** 雑誌『国民之友』によって政府の欧化政策を非難し，民衆の力による近代化を主張したが，のちに国家主義へと転じていった明治中期の思想家は誰か。

1 徳富蘇峰

★ **2** 明治政府の上からの欧化主義に対して，彼がとなえた民衆による下からの近代化を何というか。

2 平民主義

3 フェノロサと出会い，日本の古美術に関心を抱き，新しい日本画の創造を訴え，東京美術学校(現東京芸術大学)設立に尽力した美術指導者・思想家は誰か。

3 岡倉天心

★ **4** 政府の欧化主義を非難し，儒教思想を基礎に西洋思想を取り入れた皇室中心の国民道徳を説いて，国粋主義の先駆けとなった元明六社の思想家は誰か。

4 西村茂樹

★ **5** 儒教道徳を西洋思想によって再建することを説いた，彼の主著を何というか。

5『日本道徳論』

6 1890(明治23)年に発布された，皇室の尊敬と忠孝の重要性を根幹として，国民道徳・国民教育の基本原理

6『教育勅語』

を示した勅語を何というか。

7 西欧文化の一面的な模倣を非難し，志賀重昂らと政教社を結成して雑誌『日本人』を発行，国粋保存をめざした学者は誰か。

7 三宅雪嶺

8 欧化主義や民権思想に危険性を感じ，新聞『日本』において伝統的共同体の再編を論じた国粋主義的ジャーナリストは誰か。

8 陸羯南

★ **9** 社会主義と日蓮の影響を受け，辛亥革命にも参加する中で，天皇と民衆とを直結する国家の改造を説き，二・二六事件に影響を与えた超国家主義者は誰か。

9 北一輝

解説▶彼の主著『日本改造法案大綱』は，のちの日本ファシズムの理論的支柱ともなった。

日本の社会主義思想

1 キリスト教社会主義者として，伝道と労働運動に活躍するとともに，日本初の社会主義政党を発足させた社会主義者は誰か。

1 片山潜

★ **2** 1901（明治34）年，日本初の社会主義政党として誕生したが，即日解散を命じられた政党を何というか。

2 社会民主党

3 片山潜らと社会民主党結成に参加するとともに，日露戦争では非戦論を展開した社会主義者は誰か。

3 安部磯雄

★ **4** 中江兆民の影響で自由民権運動に参加，のちに社会主義に転じて軍国主義を非難したが，無政府主義に傾き，天皇暗殺を計画したとして処刑された人物は誰か。

4 幸徳秋水

★ **5** 『万朝報』を退社した彼が，堺利彦とともにつくった社会主義結社を何というか。

5 平民社

6 上記結社が発刊した新聞を何というか。

6 『平民新聞』

7 社会主義のめざすべき方向と，その実現のための方法を論じた秋水の代表作を何というか。

7 『社会主義神髄』

★ **8** レーニンの『帝国主義論』に先立つこと16年，「愛国心を経とし，軍国主義を緯とする」日本の外交政策を批判した秋水の著書は何か。

8 『廿世紀之怪物帝国主義』

★ **9** 1910（明治43）年，無政府主義者や社会主義者が，明治天皇暗殺計画を理由に処刑された事件を何というか。

9 大逆事件

10 足尾鉱毒事件にも関わり，安部磯雄などと社会民主党

10 木下尚江

結成に参加した，キリスト教社会主義者は誰か。

11 日露戦争に反対し，『万朝報』を辞して非戦論を展開，
日本共産党結成にも関わったが，大逆事件後は社会民
主主義に転じた社会主義者は誰か。

11 堺利彦

解説▶マルクス主義経済学者河上肇は貧困問題を人道主義的立
場から検討し，『貧乏物語』を著した。

大正デモクラシー

★ **1** 日本の国情にそった民主主義について論じ，憲政擁護
と普通選挙の実施を訴え，大正デモクラシーを主導し
た憲法学者は誰か。

1 吉野作造

解説▶彼の考え方は，論文「憲政の本義を説いて其の有終の美を
済すの途を論ず」によく示されている。

★ **2** 天皇主権を認めつつ，「国家の基本活動は政治上人民
に在るべし」と説いた彼の思想を何というか。

2 民本主義

3 天皇主権に対し独自の政治論を展開し，吉野とともに
大正デモクラシーの指導者とされた政治学者は誰か。

3 美濃部達吉

4 統治権は法人としての国家にあり，天皇はその執行機
関であるとする彼の説を何というか。

4 天皇機関説

★ **5** 1922（大正11）年，被差別部落の解放のために結成さ
れた，被差別部落民自身の組織を何というか。

5 全国水平社

6 「人の世に熱あれ，人間に光あれ」という言葉で結ばれ
た，上記の組織結成に際して発せられた西光万吉の起
草による宣言を何というか。

6 水平社宣言

★ **7** 市川房枝と新婦人協会を設立し，婦人参政権などに取
り組んだ大正・昭和期の女性運動家は誰か。

7 平塚らいてう

解説▶自由民権運動に参加し，女性の地位向上に尽力した運動
家として，岸田俊子や福田（景山）英子もいる。

★ **8** 創刊号の巻頭に掲げられた「元始，女性は実に太陽で
あった」という言葉で有名な機関誌を何というか。

8 『青鞜』

9 歌集『みだれ髪』などで，自己の官能や感情を大胆に表
現し，それによって人間性の解放を阻む封建道徳に抵
抗しようとした女性歌人は誰か。

9 与謝野晶子

10 日露戦争のさなかに，彼女が弟の無事を祈って謳った
歌の一節を何というか。

10 「君死にたまふこと
勿れ」

近代的自我の形成と文学

★ **1** 18世紀末から19世紀初頭のヨーロッパにおける運動を受けて、明治中期頃に生まれた自我や個性を重んじようとする文学・芸術運動を何というか。

1 ロマン(浪漫)主義

★ **2** 自由民権運動に挫折(ざせつ)したあと、『文学界』を創刊して文学的・内面的な世界である想(そう)世界に自我の実現と自由を求めようとした人物は誰か。

2 北村透谷(きたむらとうこく)

★ **3** 自己を自己たらしめている内面を見つめようとする意欲のことを彼は何といったか。

解説 『文学界』に並ぶロマン主義運動の中心となった与謝野鉄幹(かんしゅかん)が主宰(しゅさい)した文学誌に『明星(みょうじょう)』がある。

3 内部生命

★ **4** 19世紀末のフランス文学の影響を受けて、自己の内面を見つめて赤裸々(せきらら)な人間の姿を描こうとした、明治後半の文学潮流を何というか。

4 自然主義

5 『若菜集(わかなしゅう)』でロマン主義を謳歌(おうか)したが、のちに『破戒(はかい)』によって自然主義へと傾いていった作家は誰か。

5 島崎藤村(しまざきとうそん)

6 『一握(いちあく)の砂』『悲しき玩具(がんぐ)』などの歌集を発表するかたわら、社会主義へと向かっていった歌人は誰か。

6 石川啄木(いしかわたくぼく)

★ **7** 明治以降の近代化を他律的なものと批判し、『こゝろ』『明暗(めいあん)』などで、内面を凝視(ぎょうし)することによって自我の確立を説いた明治時代の文豪(ぶんごう)は誰か。

7 夏目漱石(なつめそうせき)

★ **8** 真に近代国家となるには、日本人が主体性をもつことが必要であると説いた、彼の講演記録を何というか。

8 「私の個人主義」

9 他者に依存することなく、他者の生き方を尊重しながら自己の生き方を貫く姿勢を漱石は何といったか。

9 自己本位

10 日本の開化は外から強制された外発的開化であり、自らの内発的開化ではないと、日本文化の脆弱(ぜいじゃく)さを批判した漱石の著書を何というか。

10 『現代日本の開化』

★**11** 自我へのとらわれを離れ、自然に従って生きようとする、漱石晩年の境地とされる言葉を何というか。

11 則天去私(そくてんきょし)

★**12** 軍医としての激務のかたわら執筆し、理想と現実のはざまで苦悩する自我を描いた明治時代の文豪は誰か。

12 森鷗外(もりおうがい)

13 ドイツ人女性との恋愛を通して、時代の限界の中で葛藤(かっとう)する青年を描いた彼の代表作を何というか。

13 『舞姫(まいひめ)』

★**14** 時代と社会の中で避けることのできない自己の運命を，冷静に受け止める鷗外の人生観を何というか。	**14** 諦念（レジグナチオン）
★**15** トルストイの影響を受けて，人道主義的・理想主義的立場から，人間の善意・個性などを楽天的かつ求道的に描いた文学集団を何というか。	**15** 白樺派
16 同人誌『白樺』を発刊するとともに，「新しき村」を建設して自己実現をはかろうとした作家は誰か。	**16** 武者小路実篤
17 『白樺』に参加し，『或る女』『カインの末裔』などの人道主義の立場から作品を発表したのは誰か。	**17** 有島武郎
18 『白樺』に参加し，『暗夜行路』によって主人公の自我の遍歴を描いた，大正文壇の巨匠は誰か。	**18** 志賀直哉
★**19** 貧しい東北の農村の現実を見つめながら，農業技術者・法華経信仰の信者・童話作家として，それぞれの分野で力を尽くした作家は誰か。	**19** 宮沢賢治
<u>解説</u>▶彼の言葉に，「世界が全体幸福にならないうちは個人の幸福はあり得ない」がある。	

独創的な思想家たち

★ **1** 西洋哲学の自我の問題を，東洋思想とくに禅の体験に基づいて基礎づけようとし，『善の研究』などを著した日本の独創的な哲学者は誰か。	**1** 西田幾多郎
★ **2** 音楽に聴き入っている時など，音楽の中に没入し主客未分の直接的で純粋な経験を何といったか。	**2** 純粋経験
3 いっさいの存在物の根拠・根源であり，相対的な有無をこえた「無」を何というか。	**3** 絶対無
4 西田の学友であり，禅と浄土思想とを結びつけた独自の思想を展開するとともに，日本文化と禅の思想を世界に紹介した仏教哲学者は誰か。	**4** 鈴木大拙
★ **5** 西洋近代哲学の個人主義を批判し，人間を間柄的存在ととらえ，個人と社会とを弁証法的に統一する人間のあり方を求めた思想家は誰か。	**5** 和辻哲郎
6 倫理学を人と人との間柄に関する学とし，その体系化を試みた彼の著書を何というか。	**6** 『人間の学としての倫理学』
★ **7** 人間存在を，気候・土壌・植生などとの関係で論じた和辻の著書を何というか。	**7** 『風土』

解説 ▶モンスーン型・砂漠型・牧場型の3類型で風土を論じている。

8 奈良・飛鳥地方をめぐって，その仏像の美しさを書きとめた和辻の著書を何というか。

8 『古寺巡礼』

★ **9** 民間伝承や民間信仰，あるいは生活文化の研究を通して，伝統文化を探究しようという学問を何というか。

9 民俗学

10 粘菌類研究などの生物学の功績にとどまらず，鎮守の森の植生を守るため神社合祀令に反対したりし，のちの民俗学に影響を与えた学者は誰か。

10 南方熊楠

★ **11** 名もなく文字記録に残らない人びとを常民と呼び，その生活や伝承・習俗・信仰などの研究を通し，日本民族の伝統を探究した日本民俗学の先駆者は誰か。

11 柳田国男

解説 ▶岩手県遠野地方の伝承をまとめた『遠野物語』や，祖霊信仰の姿を論じた『先祖の話』などが著作として知られる。また，その日本研究は，新国学とも称された。

★ **12** 日本文学・古典芸能を民俗学的観点から研究するとともに，その成果を作歌にも取り入れて独自の歌風を確立した，国文学者・歌人・民俗学者は誰か。

12 折口信夫

★ **13** 異界である常世国から来訪してくる神のことで，その歓待が文学や芸能の起源とされるのは何か。

13 まれびと（客人）

14 バーナード＝リーチの影響を受けて，民衆の用いる生活道具に独自の美を認め，その発掘と再評価をする民芸の運動を展開したのは誰か。

14 柳宗悦

戦後日本の思想家たち

1 敗戦と混乱の中で，旧来の権威や価値が崩壊していく中，『堕落論』で自己の本来的姿である孤独に立ち戻り，自分を直視することをすすめた作家は誰か。

1 坂口安吾

★ **2** 文学や芸術作品の根底にある生命の，批評活動を通した再創造をめざし，世間に流布している理論や批評は，表層的な意匠にすぎないとした批評家は誰か。

2 小林秀雄

★ **3** 戦前の日本ファシズムの実態を「無責任の体系」と批判して，戦後一貫して民主主義の危機に対して発言し続けた政治思想家は誰か。

3 丸山眞男

解説 ▶その著作に『日本政治思想史研究』がある。

[1]次の文章を読んで，下の問い（**問1～4**）に答えよ。

> 日本は明治時代に外国の文明を取り入れ，一気に文明開化することをめざした。しかし，そこでは多くの矛盾とともに，ₐさまざまな軋轢や対立をまねくことになる。例えば，明六社による啓蒙運動も，自由民権運動から距離をおくようになると，保守的であると批判されたりした。また，ᵦキリスト者なども合流する中，運動の機運が高まった社会主義も，国粋主義や国家主義の前に弾圧を受けた。そういった曲折の中で，cₓ文学者たちが新しい時代での人の生き方を問うた。また，d日本独自ともいえる思想も育まれてゆくのである。

問1 下線部 a の例として最も適当なものを，次の①～④のうちから一つ選べ。
①天皇を神とすることを受け入れなかった内村鑑三が失職した不敬事件。
②平民による通俗化に反対し，高貴な日本文化の保存をとなえた徳富蘇峰。
③恩賜的民権に飽きたらず，恢復的民権をめざし，革命を夢見た中江兆民。
④対外侵略をとなえる国粋主義者だった幸徳秋水が死刑となった大逆事件。

問2 下線部 b の例として**適当でない人物**を，次の①～④のうちから一つ選べ。
①新島襄　　②新渡戸稲造　　③植村正久　　④折口信夫

問3 下線部 c の文学者たちとその主張の組み合わせとして最も適当なものを，次の①～④のうちから一つ選べ。
①夏目漱石：諦念　　　　②北村透谷：内部生命論
③森鷗外　：自己本位　　④石川啄木：則天去私

問4 下線部 d にあるような日本独自の思索を試みた人物の説明として最も適当なものを，次の①～④のうちから一つ選べ。
①和辻哲郎は，西洋近代哲学の主客を峻別する認識論に反対し，最も根本的な純粋経験においては，主客は未分であると説いた。
②粘菌類研究で有名だった柳宗悦は，民俗学研究も行ない，神社合祀令に対しては鎮守の森の生態系を守るという視点から反対をとなえた。
③西田幾多郎は，社会から独立した近代的な自我を否定し，人間は間柄的存在であり，個人と社会は相補う弁証法的な関係にあるとした。
④農林官僚であった柳田国男は，文字記録に残らない常民こそが日本文化の担い手であると主張し，各地の習俗や伝承を収集し独自の日本研究を行なった。

［２］次の問い（**問1～3**）に答えよ。

問1 明治時代に活躍した次の人物たちの説明として最も適当なものを，次の①
～④のうちから一つ選べ。

　①中村正直は，フランス留学の経験もあり，その堪能（たんのう）なフランス語によっ
　　て『社会契約論』を『民約訳解』として抄訳し，「東洋のルソー」と呼ばれた。

　②内村鑑三は，日本の武士道にキリスト教精神と共通するものを見出し，
　　自ら英文で『武士道』を著し，世界中に日本文化を発信した。

　③オランダに留学した西周は，「哲学」などの訳語をつくるなど，西洋の多
　　くの概念語の移植に大きな役割を果たした。

　④ J．S．ミルの『自由論』を『自由之理』として翻訳した中江兆民は，ほかに
　　もスマイルズの『西国立志篇』など当時のベストセラーを生んだ。

問2 明治時代最大の啓蒙家とされる福沢諭吉の言葉として**適当でないもの**を，
次の①～④のうちから一つ選べ。

　①「門閥制度は親の敵で御座る」

　②「一身独立して一国独立す」

　③「天は人の上に人を造らず，人の下に人を造らず」

　④「わが日本，古より今にいたるまで哲学なし」

問3 戦後の日本思想を記述したものとして最も適当なものを，次の①～④のう
ちから一つ選べ。

　①坂口安吾は，戦前の日本ファシズムに無責任の体制を見出した。

　②丸山眞男は，『共同幻想論』で大衆に根ざした国家のあり方を論じた。

　③小林秀雄は，批評というスタイルで新しい思索のあり方を示した。

　④吉本隆明は，『堕落論』において戦後の道徳的退廃を批判した。

解答・解説

［１］問1①　不敬事件の内容として正しい。なお，内村鑑三は天皇制自体を否定はしていない。②徳富蘇
峰は民衆の側からの近代化をとなえる平民主義。③中江兆民は，恩賜的民権を育てることを主張。革命も
夢見てはいない。④幸徳秋水は，日露戦争では非戦論を展開し帝国主義を批判している。　問2④　「ま
れびと」の概念で有名な国文学・民俗学の研究者。他はすべてキリスト教徒。　問3②　北村透谷はロマ
ン主義を代表する。①諦念は森鷗外。③④自己本位・則天去私は夏目漱石。　問4④　新国学とも称され
る柳田国男の主張。①西田幾多郎の内容。②南方熊楠の内容。柳宗悦は日用品に美を求める民芸運動。③
は和辻哲郎の内容。

［２］問1③　概念という言葉も西周の訳語。①中江兆民の内容。②内村も「武士道に接木されたる基督教」
というが，選択肢は新渡戸稲造の内容。④中村正直の内容。　問2④　中江兆民の「一年有半」の言葉。
問3③　外国思想の流行などを単なる意匠だとして批判した。①丸山眞男の内容。②吉本隆明の内容。④
坂口安吾の内容。

1 理性への信頼と人間の尊厳

ルネサンス

★ **1** ルネサンスにおけるギリシア・ローマの古典に人間性尊重の思想を認めた人間中心主義を何というか。

2 イタリア・ルネサンスの先駆ともなったフィレンツェの詩人で，『神曲』を著したのは誰か。

3 10人の男女が10日間に一つずつ話をするという形式で書かれている『デカメロン』の作者は誰か。

★ **4** 多彩な分野で能力を発揮する「モナ゠リザ」の作者レオナルド゠ダ゠ヴィンチに代表される人間像は何か。

5 サン゠ピエトロ大聖堂の設計や「ダヴィデ像」など，多方面で活躍したルネサンス期の天才は誰か。

6 「聖母子像」のほか「アテネの学堂」などで知られるルネサンス期の天才画家は誰か。

★ **7** 人間の尊厳が自由意志にあることを説いたピコ゠デラ゠ミランドラの演説草稿は何か。

★ **8** ギリシア・ローマの古典に精通し，硬直化したカトリック教会を『愚神礼賛』で痛烈に批判し，ルターに影響を与えたオランダの人文主義者は誰か。
　　解説▶ルターとの間で，自由意志をめぐる論争があった。

9 『ユートピア』で囲い込み運動を批判したイギリスの大法官で，人文主義者であった人物は誰か。

★ **10** フィレンツェの政治学者マキャヴェリが，イタリア統一のために，「狐の知恵とライオンの力」をもつ，あるべき君主像を描いた著作は何か。

1 ヒューマニズム(人文主義)

2 ダンテ

3 ボッカチオ

4 万能人(普遍人)

5 ミケランジェロ

6 ラファエロ

7 『人間の尊厳について』

8 エラスムス

9 トマス゠モア

10 『君主論』

宗教改革

★ **1** ローマ教会が発行した贖宥状(免罪符)に疑問を投げかけた『95カ条の論題(意見書)』で，宗教改革の発端を

1 ルター

つくったドイツの神学者は誰か。

2 「キリスト者はすべてのものの上に立つ自由な主人であって，何人(なんびと)にも従属しない」という言葉で知られる彼の主著を何というか。

★ **3** パウロの考えを継承し，福音(ふくいん)を信じることによってのみ義とされるというルターの説を何というか。

★ **4** 信仰のよりどころを教会ではなく，神の言葉が記されている聖書にのみ求める立場を何というか。

★ **5** 信仰において特別な聖職者は不要で，誰もが神に仕えるものであるというルターの考えを何というか。

★ **6** フランスを追われ，ジュネーヴで改革を断行し，神の権威に基づく神政政治を確立した改革者は誰か。

7 人間の運命や救いは，神によって予(あらかじ)め決定されているという予定説を展開した彼の主著を何というか。

★ **8** 職業は神がその人を召(め)して就(つ)かせたという，ルターにもカルヴァンにも見られる職業観を何というか。

9 カルヴァン主義の勤勉・倹約という特性が，資本主義の精神的特性を形成していると指摘した，マックス＝ウェーバーの著書を何というか。

　解説 宗教改革に対抗するため，イグナティウス＝ロヨラらによってカトリック教会の伝道集団であるイエズス会が，16世紀のスペインに設立された。

2『キリスト者の自由』

3 信仰義認説(ぎにんせつ)

4 聖書中心主義

5 万人司祭説(ばんにんしさいせつ)

6 カルヴァン

7『キリスト教綱要(こうよう)』

8 職業召命観(しょうめい)

9『プロテスタンティズムの倫理と資本主義の精神』

モラリスト

1 16～18世紀に，鋭い人間観察と内省(ないせい)によって生き方を探究したフランスの思想家を何というか。

★ **2** ボルドー市の評議員のかたわら，『エセー(随想録)(ずいそうろく)』を著した16世紀のフランスのモラリストは誰か。

★ **3** 独断を批判しつつ，自らの知をも振り返った懐疑論(かいぎ)の立場にたつモンテーニュの言葉を何というか。

★ **4** 自然科学者としての目と敬虔(けいけん)なキリスト教徒としての目で宇宙と人間を見つめ，「人間は考える葦(あし)である」で有名な『パンセ』を著した17世紀フランスのモラリストは誰か。

★ **5** 偉大と悲惨，無限と虚無との間を揺れ動く人間のあり

1 モラリスト

2 モンテーニュ

3「ク＝セ＝ジュ(私は何を知るか)？」

4 パスカル

5 中間者

方をパスカルは何といったか。

6 自らの有限性から目をそらし，日常性の中に逃げ込むことをパスカルは何といったか。

6 気晴らし

7 厳密な推理による論理的思考力を特質とする学問的精神と，文学・芸術・宗教に関わるような，直感や感性を特質とする精神をそれぞれ何といったか。

7 幾何学的精神・繊細の精神

2 科学的精神と人間

近代科学の誕生

★ **1** 中世を支配していたプトレマイオスの天動説を批判し，地動説を『天球の回転について』において提唱したポーランドの天文学者は誰か。

1 コペルニクス

2 コペルニクスの説を支持し，神と宇宙とは無限の一つであると主張し，火刑となった人物は誰か。

2 ブルーノ

3 惑星は太陽のまわりを楕円軌道を描いて一定の法則で回転していると主張したドイツの天文学者は誰か。

3 ケプラー

★ **4** 落体の法則や慣性の法則などを発見するとともに，望遠鏡の観察により地動説を支持した天文学者は誰か。

4 (ガリレオ=)ガリレイ

解説▶彼の言葉として，「自然の書物は数学という文字で書かれている」「それでも地球は回っている」が知られる。

★ **5** 万有引力説をとなえ，天文学・力学を集大成して古典物理学を確立した『プリンキピア』を著したイギリスの物理学者は誰か。

5 ニュートン

経験論哲学

1 知識や認識の起源は経験にあるとみなす哲学上の立場を何というか。

1 経験論

★ **2** 実験と観察に基づく科学的知識を重んじ，そのための方法を確立したイギリス経験論の祖は誰か。

2 ベーコン

3 科学的知識確立のために，先入観の排除や学問の方法について記された彼の著書を何というか。

3 『ノヴム=オルガヌム(新機関)』

4 科学技術がもたらす理想社会を描いたベーコンの作品を何というか。

4 『ニュー=アトランティス(新大陸)』

★ **5** ベーコンが人間の認識を妨げる先入見・偏見という意

5 イドラ

味で用いた,「偶像」という意味のラテン語は何か。

6 自然の擬人化や錯覚など,人間に固有の先入見は何か。

7 個人の性癖や好みなどから生まれる先入見は何か。

8 言語の不完全さや不適切な使用による先入見は何か。

9 権威ある学説を無批判に受け入れる先入見は何か。

★10 実験・観察による個々の事実を集積し,そこから法則・原理を導きだす学問の方法を何というか。

★11 実験と観察に基づく知識は,自然を征服する力であるという意味のベーコンの言葉を何というか。

12 経験論哲学者ロックのいう,何の観念も記されていない生まれついての精神の状態を何というか。

★13 「存在するとは知覚されること」だとして,物質の存在を否定したアイルランドの哲学者は誰か。

★14 精神は「知覚の束」にすぎないと考え,物質的実体だけではなく精神的実体の存在も否定し,因果律も主観的だとしたイギリスの哲学者は誰か。

合理論哲学

1 知識や認識の起源を人間に生まれついて備わっている理性に求める,哲学上の立場を何というか。

★2 スコラ哲学を批判して新たな学問の方法を確立するとともに,近代的自我の発見をもたらした,大陸合理論の祖は誰か。

3 神と精神の存在証明,および物心二元論を論じた彼の主著を何というか。

4 理性と同義語で,デカルトが『方法序説』の冒頭で誰にでも「公平に配分されている」と書いている能力のことを何というか。

★5 疑うことのできない真理を発見するために,方法としていっさいを疑ってみることを何というか。

★6 すべてを疑ってみても,疑いつつある自分は確実に存在しているという,明晰判明な命題としてのデカルトの哲学における第一原理を何というか。

7 一般的な原理を前提として,そこから推論によって論理的に結論を導く学問の方法を何というか。

★ 8	思惟を属性とする精神と，延長を属性とする物体とは別の実体であると考える思想を何というか。	8	物心二元論（心身二元論）
★ 9	自然現象は物体とその運動からなり，その法則は機械的・数学的な因果関係によって説明できるという，目的論的自然観と対比される考えを何というか。	9	機械論的自然観
10	デカルトが能動的精神に対して受動的精神と呼んだ，驚き・憎しみ・欲望などを総称して何というか。	10	情念
11	良識によって情念を統御（とうぎょ）した，自由で気高い精神のあり方をデカルトは何といったか。	11	高邁（こうまい）の精神
★12	主著『エチカ』で，精神と物体とは二つの実体ではなく，ともに唯一の実体である神の属性にすぎず，「神即自然」という汎神論（はんしんろん）を説き，すべてを「永遠の相（そう）のもと」に見よ，としたオランダの哲学者は誰か。	12	スピノザ
★13	宇宙は，単子（モナド）が相互に予定調和の中にあるという論を展開した，ドイツの哲学者は誰か。	13	ライプニッツ

3 近代民主主義と人権

自然法と社会契約説

★ 1	16〜18世紀のヨーロッパにおいて国王が絶大な権力をもつ絶対主義を基礎づけた，国王の権力は神から授かったものであるという政治思想を何というか。	1	王権神授説
	解説▶フランスのボシュエやイギリスのフィルマーがとなえた。		
2	1642年，チャールズ1世の暴政に対して，クロムウェルが主導したイギリスの革命を何というか。	2	ピューリタン（清教徒）革命
3	ジェームズ2世の専制とそのカトリック政策に反対して，1688年に行なわれた革命を何というか。	3	名誉革命
4	実定法を根拠づける人間の理性に基づく普遍的な法で，絶対王政批判の理論的武器となったのは何か。	4	自然法
★ 5	自然法で国際法を基礎づけた，「近代自然法の祖」「国際法の父」とされるオランダの法学者は誰か。	5	グロティウス（グロチウス）
★ 6	自然法思想を背景とし，国家や社会の成立を個人の自由意志に基づく相互契約（そうごけいやく）におく思想は何か。	6	社会契約説
★ 7	社会契約説によって想定される，国家や社会が成立する以前の状態を何というか。	7	自然状態

★ 8 上記の状態の人間が有していたとされる権利のことで，現代の基本的人権に相当する権利を何というか。

8 自然権

ホッブズの思想

★ 1 社会契約による国家の成立を論じ，自然権すべての譲渡と王権の絶対性を説いて専制君主制を支持したとされるイギリスの思想家は誰か。

1 ホッブズ

2 自分の生命を維持・保存しようとすることで，彼によって自然権とされた権利を何というか。

2 自己保存

★ 3 能力において平等につくられている人間が，共通の権力が存在しない自然状態で，自己の権利を守ろうとすることで陥る状態を，ホッブズは何と表現したか。

3 「万人の万人に対する闘争」

4 上記の言葉と同じ意味をもつ，互いが互いを自分が生き残るための餌とみなす言葉を何というか。

4 「人間は人間に対して狼である」

★ 5 すべての権利を譲り渡された国家は，強大な権力をもつ怪物となるが，ホッブズの著書の書名ともなっているこの怪物を何というか。

5 リヴァイアサン

ロックの思想

★ 1 イギリス経験論の先駆者であり，認識論では精神白紙説をとなえ，政治論では社会契約説によって名誉革命を支持したイギリスの思想家は誰か。

1 ロック

2 王権神授説を批判し，社会契約説を展開した彼の主著を何というか。

2 『市民政府（統治）二論』

3 生得観念を否定し，すべての認識は感覚的経験から生まれることを説いたロックの著書を何というか。

3 『人間知性論（人間悟性論）』

★ 4 自然状態においてロックが想定した，理性の法である自然法に守られた三つの権利は何か。

4 生命・自由・財産（所有）

★ 5 社会契約によって成立した政府が，人びとの信任を得て自然権の一部を委ねられることを何というか。

5 権利の信託（委託）

6 権力分立が民主的国家運営をもたらすとしたロックが，議会と国王に認めた権力をそれぞれ何というか。

6 立法権と執行権・連合（外交）権

★ 7 信託に反して政府が権力を濫用する時，信託を破棄し政治体制を変更できる権利を何というか。

7 抵抗権（革命権）

★ 8 議会が制定した憲法や法律に従って，君主が主権者と

8 立憲君主制

して政治を行なう政治体制を何というか。

解説▶ロックの思想を反映したものに，フランス人権宣言やアメリカ独立宣言がある。

フランス啓蒙主義思想

1 フランス革命前の絶対王政下における，多くの矛盾をかかえた旧来の社会体制を何というか。

1 アンシャン＝レジーム（旧体制）

★ **2** 無知に基づく因習や偏見などの不合理に理性の光を当て，人間の解放をはかろうとする，17世紀末から18世紀にかけての思想潮流を何というか。

2 啓蒙思想

★ **3** ロックの影響を受け，三権分立を説いた『法の精神』を著したフランスの啓蒙思想家は誰か。

3 モンテスキュー

★ **4** 自然科学的な知見にたって独断を批判し，宗教的寛容をとなえた，フランスの代表的な啓蒙思想家は誰か。

4 ヴォルテール

5 政治や宗教の自由，科学的精神の重要性を説いてフランス社会を批判した彼の主著を何というか。

5 『哲学書簡』

6 広範な分野の学問・技術・芸術に関する知識を集めた，フランス啓蒙期の百科事典を何というか。

6 『百科全書』

★ **7** 唯物論的立場から無神論を説いて投獄されるが，生涯を『百科全書』の編纂にささげた思想家は誰か。

7 ディドロ

ルソーの思想

★ **1** 文明の生みだす社会悪を批判し，自然状態にあった自由で平等な社会を理想として，独自の社会契約説を展開したフランス啓蒙期の思想家は誰か。

1 ルソー

2 文明社会における暴力と不平等が，私有財産制の発生に原因があると論じた彼の著書を何というか。

2 『人間不平等起源論』

3 社会全体の福祉を実現するために，市民相互の平等な自由意志によって契約を結び国家を成立させるという考えを述べた，ルソーの代表的な著書を何というか。

3 『社会契約論』

4 ルソーが，自然状態において人間がもつ基本的な二つの感情と考えたものをそれぞれ何というか。

4 自己愛・憐れみ

5 ルソーが，自由で平等な自然の理想状態に帰ることを求めた言葉を何というか。

5 「自然に帰れ」

★ **6** 人間が自然状態でもっていたとされる，欲望のままに

6 自然的自由

行為できる自由を何というか。

★ **7** 上記の自由を捨てて，契約によって獲得する理性に従う自由を何というか。

7 市民的（社会的・道徳的）自由

8 個人的な欲求を満たそうとする意志を何というか。

8 特殊意志

9 個人的欲求を集めて，人数的に多数の人びとの欲求となった意志を何というか。

9 全体意志

★ **10** つねに社会全体の福祉や幸福をめざそうとする意志のことを何というか。

10 一般意志

★ **11** 分割・譲渡できない一般意志に基づいて，主権者である市民が直接政治に参加する制度を何というか。

11 直接民主制

> 解説▶ルソーの思想は，その死後である1789年に勃発したフランス革命に影響を与えた。

4 近代民主社会の倫理

カントの倫理学

1 ドイツを中心に展開した，世界と人間のあり方を精神的な理念，あるいは観念によって論じる，カントからヘーゲルに至るドイツ哲学の潮流を何というか。

1 ドイツ観念論（理想主義）

★ **2** 理性そのものの限界を定める批判哲学によって経験論と合理論を統合するとともに，科学的認識と道徳的実践を厳しく区別したドイツの哲学者は誰か。

2 カント

3 認識主観による対象の構成という考え方によって，経験論と合理論を統合した，彼の認識論における代表的著書を何というか。

3 『純粋理性批判』

4 理論的領域では限界をもつ理性が，実践の領域でもつ意義を検討したカントの著書を何というか。

4 『実践理性批判』

> 解説▶上記の２著に『判断力批判』を加え，３批判書という。

★ **5** 認識対象は認識主観から独立して存在せず，主観の先験的（アプリオリ）な認識の形式・枠組みが対象を構成するという，カントの発想の転回を何というか。

5 コペルニクス的転回

> 解説▶カントの言葉に「認識が対象に従うのではなく，対象が認識に従う」がある。

★ **6** 理論理性による理論的認識をこえた行為の問題に関して，自ら法則をたてて自らの意志に命令を下す理性の

6 実践理性

ことを何というか。

★ 7 実践理性が自ら打ちたてる，あらゆる理性的存在者に 普遍的に妥当する道徳上の法則を何というか。

7 道徳法則（道徳律）

8 「もし～ならば為せ」というような条件つきの命令で， 条件に拘束されているので普遍性をもたず，道徳法則 とは成り得ない命令を何というか。

8 仮言命法（仮言命令）

★ 9 「為すべし」という形式のみで，具体的内容をもたず普 遍性をもつ無条件の命令を何というか。

9 定言命法（定言命令）

解説 定言命法の一つに「汝の意志の格率が，つねに同時に普遍 的立法の原理として妥当しうるように行為せよ」がある。

10 一見，道徳的に見えるが，道徳法則に対する義務の念 から行なわれたのではない行為の性格を何というか。

10 適法性

11 道徳法則に対する尊敬と義務の念のみから行なわれた 行為の性格を何というか。

11 道徳性

★12 「善いから行なう」という，善への純粋な意欲を動機と する意志で，無条件に善だとされるのは何か。

12 善意志

13 善なる意志に基づく行為を重視し，道徳性の基準を行 為の結果ではなく動機におく立場を何というか。

13 動機主義

★14 他者からの何の働きかけもなく，自らが打ちたてた行 為の原則に自らが従うことを何というか。

14 自律

★15 カント倫理学の中心概念である，自律的で自由な道徳 的主体のことを何というか。

15 人格

解説 カントの人格主義をあらわす言葉に，「汝の人格や他のあ らゆる人の人格のうちにある人間性を，つねに同時に目的 として扱い，決して手段としてのみ扱うことのないように 行為せよ」がある。

★16 人びとが，相互の人格を目的としあうような理想社会 を何というか。

16 目的の王国

17 各人が互いを目的とする理想社会を国際社会にまで拡 大し，国際平和機関としての世界連邦の必要性を説い たカントの著書を何というか。

17『永久平和のために（永遠平和のために）』

18 カントの理論理性と実践理性の二元論を批判的に統一 し，認識主観である自我が客観的対象をも生みだすと 説いたドイツの哲学者は誰か。

18 フィヒテ

19 すべての対立をこえた絶対者において，自然と精神の

19 シェリング

対立を統一しようとしたドイツの哲学者は誰か。

ヘーゲルの人倫

★ **1** 人間の本質を精神ととらえ，世界と歴史は精神が自己を展開していく場と過程であると考えた，ドイツ観念論哲学の大成者は誰か。

解説▶彼の代表作に『精神現象学』や『法の哲学』がある。

1 ヘーゲル

★ **2** 存在するものが，矛盾と対立の中で変化・発展していく法則のことを何というか。

2 弁証法(べんしょうほう)

3 あるものが肯定され，次にそれを否定するものが生まれ，さらにこの両者がより高い次元で統合されるという，上記の法則の過程の各段階を何というか。

3 正(テーゼ)・反(アンチテーゼ)・合(ジンテーゼ)

★ **4** 弁証法の最後の段階で対立するものを，より高次の次元で統合することを何というか。

4 止揚(しよう)(アウフヘーベン)

5 自らを外へ表現(自己外化(がいか))することで，主観的段階・客観的段階を経て自らに帰ってくる，すべての存在の原理である精神の働きを何というか。

5 自覚

★ **6** 存在するすべてのものの，発展過程の全体を包括する絶対的存在者をヘーゲルは何といったか。

6 絶対精神

7 上記の精神が歴史の中に自己を展開していく時，世界精神と呼ばれるが，それがある人物や民族を通じて自らを展開させることを何というか。

解説▶この世界はこの理想が実現されていくので，「理性的なものは現実的であり，現実的なものは理性的である」とされる。

7 理性の狡知(こうち)(詭計(きけい))

8 自由の実現を本質とする精神が，主観的・内的なものとしてあらわれる場合を何というか。

8 道徳

9 自由の実現を本質とする精神が，客観的・外的な強制力をもったものとしてあらわれる場合を何というか。

9 法

★ **10** 主観的・内的な自由である道徳と，客観的・外的な自由である法とを，止揚した段階を何というか。

10 人倫(じんりん)

★ **11** 人倫の出発点として，個人の自覚をもたず，愛情によって結ばれている「愛の共同体」を何というか。

11 家族

★ **12** 独立した個人が自己の欲望を満たすために，契約によって成立させた「欲望の体系」とでもいうべき集団で，「人倫の喪失態(そうしつたい)」とされるものを何というか。

12 市民社会

★13 上記の二つをより高い次元で統合して，自由を実現さ | 13 国家
せる「人倫の完成態」を何というか。

功利主義の思想

★ 1 自由主義経済の理論的基礎づけを行なうとともに，『道 | 1 アダム＝スミス
徳感情論』によって道徳における感情の重要性を論じ
た，イギリス古典経済学派の学者は誰か。

2 自由な経済活動は市場原理によって社会全体の利益に | 2「(神の)見えざる手」
つながるという，彼の考えを示す言葉は何というか。

3 労働価値説と自由放任主義を説いた，アダム＝スミス | 3『国富論(諸国民の
の主著を何というか。 | 富)』

★ 4 道徳的な善悪の評価を決める，人間相互に共有される | 4 共感
感情を，アダム＝スミスは何といったか。

★ 5 幸福や快楽をもたらすものは善であり，その反対は悪 | 5 功利主義
であるという，19世紀のイギリスで有力となった倫
理・政治学説を何というか。

★ 6 人間は快楽を求め苦痛を避ける傾向性をもち，その快 | 6 ベンサム
苦も数量的に計算できると考え，独自の倫理学を説い
たイギリスの哲学者・法学者は誰か。

7 功利主義の考えを立法に反映しようとした彼の著書を | 7『道徳および立法の
何というか。 | 諸原理序説』

8 幸福とは快楽の増大・苦痛の減少であり，快楽を増大 | 8 功利の原理
させるものが善だという原理を何というか。

★ 9 快楽や苦痛は量的に計算可能だとするベンサムの功利 | 9 量的功利主義
主義の立場を何というか。

★10 快楽をある基準で数的に計算することを何というか。 | 10 快楽計算
解説▶ベンサムは，快楽計算の基準として強さ・持続性・確実性・
遠近性・多産性・純粋性・範囲の七つをあげている。

★11 快楽も限度をこえると苦痛の原因となり，それが人間 | 11 制裁(サンクション)
の行為に拘束を与えているが，この拘束を何というか。
解説▶自然的・道徳的・政治的・宗教的の四つの制裁がある。

★12 社会全体の幸福が最大となるのは，個々人の幸福の総 | 12「最大多数の最大幸
計としての幸福が最大になる時に実現するというベン | 福」
サムの言葉を何というか。

★13 貧困が深刻化するイギリス社会にあって，ベンサムの | 13 J.S.ミル

量的功利主義を批判して快楽に質的差異のあることを
主張した，イギリスの経済学者・哲学者は誰か。

14 功利主義の量から質への転換が語られている彼の代表
作を何というか。

14『功利主義』

15 個性を伸ばすことが幸福に結びつくと考え，そのため
に自由が大切であると説いたミルの著作を何というか。

15『自由論』

★16 快楽には高貴なものと低劣なものがあり，人は高次の
快楽を選好するとしたミルの思想を何というか。

16 質的功利主義

解説▶上記の考え方を表明した有名な言葉に，「満足した豚であ
るよりは，不満足な人間である方がよく，満足した愚か者
であるよりは，不満足なソクラテスである方がよい」がある。

17 ベンサムの制裁が外的なものだったのに対して，ミル
が内的な制裁として重視したものを何というか。

17 良心

★18 ミルが自らの功利主義の理想だと考えた，ナザレのイ
エスの戒めを何というか。

18 黄金律

解説▶上記の戒めとは，「あなたが自分を愛するように，あなた
の隣人を愛せよ」である。

★19 自由を制限できるのは，その行為が他者に迷惑や危害
を与える場合だけだという原則を何というか。

19 他者危害の原則

実証主義と進化論

1 経験的に確認できる事実だけを学問的知識として認め，
形而上学的思弁を排除する立場を何というか。

1 実証主義

★2 人間の知識の発達を，神学的・形而上学的・実証的の
3段階に分け，実証主義的な新しい学問としての社会
学を提唱したフランスの社会学者は誰か。

2 コント

3 上記の知識の発達段階に応じて社会の発展も3段階を
経るとしたが，その3段階とは何か。

3 軍事的・法律的・産
業的

4 「ビーグル号」による南米ガラパゴス諸島での観察から，
進化論を導きだしたイギリスの博物学者は誰か。

4 ダーウィン

5 生物の種は，自然環境に適応できた個体が生き残って
その形質を子孫に伝えるという考え方を何というか。

5 自然淘汰（選択）

★6 社会有機体説をとり，社会も単純な社会から複雑な社
会へと進化していくという社会進化論を説いたイギリ
スの哲学者・社会学者は誰か。

6 スペンサー

 演 習 問 題 ━━━━━━━━━━━━━━━━ **6**

[1]次の文章を読んで，下の問い（**問1 ～ 4**）に答えよ。

> 　他の地域や時代にない西洋近代の独自性は，共同体や社会から独立した
> 人間像を描きだしたことにある。ルネサンスにおける理想の人物像がそう
> であったように，人間は宇宙や社会を凌駕する存在となってゆく。それは，
> a 宗教や b 科学の分野においても，大きな革命的変化を生みだしてゆく。
> その推進力となったのは，c「近代的自我」と呼ばれる自律した人間であっ
> た。そのような自律した人間が d 互いに契約を結んで社会が生まれるとい
> う，それまでの考え方を逆転させるような発想もここから生まれた。

問1 下線部 a に関連して，ルターとカルヴァンについて説明したものとして最
も適当なものを，次の①～④のうちから一つ選べ。

①ルターは，聖職者のみが神の救いの対象であるとした。

②カルヴァンは，贖宥状によって罪は贖われるとした。

③ルターは，宗教と政治は別の次元の問題であるとした。

④カルヴァンは，利潤の蓄積は神に対する冒瀆であるとした。

問2 下線部 b に関連して，科学の発展に寄与した人物とその考え方の組み合わ
せとして最も適当なものを，次の①～④のうちから一つ選べ。

①ベーコン：イドラによる真理探究をめざした。

②パスカル：繊細の精神によって宗教を克服しようとした。

③ガリレイ：地動説を否定した新たな宇宙観を描いた。

④デカルト：心身二元論による機械論的自然観をとなえた。

問3 下線部 c に関連するデカルトの言葉として最も適当なものを，次の①～④
のうちから一つ選べ。

①「われ思う，ゆえにわれあり」　　②「われ何を知るか」

③「考える葦」　　　　　　　　　　④「それでも地球は回っている」

問4 下線部 d の社会契約に関して，ロックの考え方を説明したものとして最も
適当なものを，次の①～④のうちから一つ選べ。

①自然状態でも理性の法である自然法が働いており，比較的平和な状態が
保たれている。

②私有財産制度が人類に不平等を持ち込んだのであり，理想の自然状態に
戻るべきである。

③司法・立法・行政の三つの権力が集中すると，権力の濫用をまねくため

分立すべきである。

④一度譲渡した自然権が政体から離れると社会の混乱をまねくため，返還
　されることはない。

［2］次の問い（問1～3）に答えよ。

問1 J. S. ミルが，質的功利主義の立場からベンサムを批判した言葉として最
　も適当なものを，次の①～④のうちから一つ選べ。

　①「最大多数の最大幸福の実現」

　②「満足した豚であるよりは，不満足な人間であるほうがよい」

　③「あなたが自分を愛するように，あなたの隣人を愛せよ」

　④「人間は人間に対して狼である」

問2 カントの著作でないものを，次の①～④のうちから一つ選べ。

　①『永久平和論』　　　②『純粋理性批判』

　③『精神現象学』　　　④『道徳形而上学原論』

問3 ヘーゲルの歴史のとらえ方として最も適当なものを，次の①～④のうちか
　ら一つ選べ。

　①神がその本質である自由を絶対的な権力に集約させ，専制的な国家に具
　　体化して終わる。

　②金銀の時代にはじまり，銅・英雄の時代が続き，現在は最も堕落した鉄
　　の時代である。

　③生産力の増大とそれにともなう生産関係の変化が，歴史を動かす原動力
　　である。

　④世界精神が歴史上の人物を操りながら，自ら展開していく過程である。

解答・解説

［1］問1③　ルターは政教分離の立場にたち，ドイツ農民戦争とは一線を引いた。①ルターの万人司祭説
に反する。②カルヴァンの予定説に反する。④カルヴァンは，利潤は神の栄光を示すものとした。　問2
④　それまでの目的論的自然観を否定した。①ベーコンはイドラを否定。②繊細の精神でキリスト教を擁
護した。③地動説ではなく天動説。　問3①　近代的自我を確立した言葉。②モンテーニュ。③パスカル。
④ガリレイ。　問4①　ロックの主張では自然状態ですでに自然法が働いている。②ルソーの考え方。③
モンテスキューの考え方。ロックは立法と行政・連合（外交）の分立。④ロックは革命権・抵抗権を認めて
いる。

［2］問1②　人間は快楽の質によって行為を選ぶとする。①ベンサムの言葉。③ミルのいうキリスト教の
黄金律であるが，ベンサム批判からは少し離れる。④ホッブズの言葉。　問2③　ヘーゲルの著作である。
問3④　ヘーゲルのいう「理性の狡知」。①専制国家は否定され，近代社会で自由がすべての人のものとな
る。②古代ギリシアのヘシオドスの歴史観。③マルクスの唯物史観。

① 社会主義の思想

空想的社会主義

1 生産手段の私的所有と，経済活動の自由，そして自由競争を原則とした社会・経済体制を何というか。

1 資本主義社会

2 個人の財産権や経済活動を制限し，生産手段の公的所有・管理によって経済生活の計画化を行ない，労働者階級の経済的平等をはかる思想を何というか。

2 社会主義

★ **3** 資本主義社会の矛盾を批判しながらも，科学的解明を行なわず，人道主義的立場からのみ問題の解決をはかろうとした初期の社会主義を何というか。

3 空想的社会主義

　解説 上記の社会主義を，社会主義的な作品であるトマス＝モアの著書に因んでユートピア社会主義ともいう。

★ **4** スコットランドのニューラナーク紡績工場における，労働条件の改善や工場法制定などに尽力したイギリスの社会主義者は誰か。

4 オーウェン

5 アメリカに彼が創設した理想的な自給的協同社会を何というか。

5 ニューハーモニー村

★ **6** 資本家・商人・労働者などの「産業人」の協同による理想社会を説いたフランスの社会主義者は誰か。

6 サン＝シモン

★ **7** フランス革命を経験する中で，資本主義の無政府性と諸矛盾を鋭く批判し，独自の理想社会を構想したフランスの社会主義者は誰か。

7 フーリエ

8 彼が構想した農村的協同組合を基礎とした理想社会を何というか。

8 ファランジュ（ファランステール）

マルクスの科学的社会主義

★ **1** 資本主義社会の科学的分析と労働者の歴史的使命を明らかにし，プロレタリア革命の必然を論じたドイツの哲学者・経済学者は誰か。

1 マルクス

★ **2** 資本主義経済のあり方を詳細に分析し，そこに労働の搾取(さくしゅ)を見出し，社会主義革命の道を探ろうとした彼の代表的著作を何というか。

3 終生マルクスを援助し，彼とともに科学的社会主義の確立に貢献した経済学者は誰か。

4 1848年の世界労働者大会において，世界の労働者の団結を説いた，マルクスと彼との共同執筆の宣言を何というか，

★ **5** 人間が自己の本質を見失い，そのことが人間から人間らしさを奪っていくことを何というか。

6 資本主義社会においては，人間の本質である労働力を商品化し，協働(きょうどう)で成り立つ人間関係を対立させ，労働を苦痛なものとさせてしまっているが，このような状況を何というか。

★ **7** 人間は他者と結びつき協働しながら存在するという，マルクスが語る人間存在のあり方を何というか。

★ **8** 物質的生産活動という経済的基礎の上に法律や政治制度などが成立し，それが経済的変化に応じて歴史的に変遷していくという歴史観を何というか。

★ **9** それぞれの時代と社会における，政治体制や教育などの精神活動を規定する物質的基盤を何というか。

★ **10** 上記の物質的基盤を構成する二つのものを何というか。

11 物質的基盤のうえに形成される政治・法律・教育などを総称して何というか。

★ **12** 生産手段の所有者である階級(貴族・武士・資本家)と労働力の提供者である階級(奴隷・農民・労働者)との戦いを何というか。

13 資本主義社会において，自らの生産手段をもたず，自己の労働力を資本家に売ることで生活を営んでいる階級のことを何というか。

14 マルクスが歴史の必然性としておこるとした，労働者による資本主義社会を転覆(てんぷく)させるための革命を，市民革命(ブルジョア革命)に対して何というか。

解説 名誉革命・フランス革命・アメリカ独立革命などが市民革命の典型であるとされる。

2『資本論』

3 エンゲルス

4『共産党宣言』

5 人間疎外(そがい)

6 労働の疎外

7 類的存在

8 唯物史観(史的唯物論)(ゆいぶつしかん)

9 下部構造(土台)

10 生産力・生産関係

11 上部構造

12 階級闘争

13 プロレタリア(労働者)階級

14 プロレタリア革命

社会主義の展開

1 第一次世界大戦中の1917年，帝政ロシアにおこった
社会主義革命を何というか。

1 ロシア革命

★2 マルクスの理論を発展させると同時に，ロシア革命を
成功に導いた思想家・革命家は誰か。

2 レーニン

★3 国内では独占企業が登場し，対外的には植民地獲得競
争が行なわれる段階の資本主義を彼は何といったか。

3 帝国主義

4 孫文の「三民主義」とマルクス＝レーニン主義をあわせ，
中国の社会主義革命を指導した政治家は誰か。

4 毛沢東（もうたくとう）

★5 マルクス主義の唯物史観（史的唯物論）・武力革命・共
産党一党独裁などを否定し，議会制民主主義に基づく
漸進的（ぜんしんてき）な社会改良によって社会主義を実現していこう
とする立場を何というか。

5 社会民主主義

★6 唯物史観（史的唯物論）や武力革命を否定し，労働者の
知的・精神的向上による社会改革を説いたドイツの社
会主義者は誰か。

6 ベルンシュタイン

7 1890年，社会主義労働者党を改称して成立したが，
彼の理論によって革命色を希薄（きはく）化させ，現代ドイツの
主要政党となっている政党を何というか。

7 社会民主党

★8 イギリスで議会制度を通じた社会主義の実現をめざし
て，1884年に結成された組織を何というか。

8 フェビアン協会

★9 ユートピア社会主義に不満を抱（いだ）き，土地と産業資本の
社会的所有をとなえて上記協会を発足させた，シドニ
ーとベアトリスの夫婦を何というか。

9 ウェッブ夫妻

10 上記夫妻と知り合い，新たな社会主義運動の推進者と
なったイギリスの劇作家・評論家は誰か。

10 バーナード＝ショウ

11 フェビアン社会主義を基本とした，保守党と並ぶイギ
リスの2大政党のうちの一つを何というか。

11 イギリス労働党

2 実存主義の思想

キルケゴールの思想

★1 高度化した科学技術や巨大化した社会組織の中で，個
性を喪失して日常性の中に埋没（まいぼつ）している人びとに，主

1 実存主義

体性の回復と本来的自己の発見を説く現代思想を何と
いうか。

2 抽象的・一般的な人間に還元することのできない，「い
まここ」に生きている具体的・個別的な人間の現実存
在を何というか。

2 実存

★ **3** 父の神への裏切りや愛する人との婚約破棄を精神的な
契機として，自らにとって生きるに値する価値を求め
た，デンマークの哲学者で実存主義の先駆者とされる
人物は誰か。

3 キルケゴール

解説▶人びとが同じような考え方や行動に陥っていることを<u>平</u>
<u>均化・同一化</u>として批判した。

4 あれもこれも総合してしまうヘーゲル哲学への批判と
ともに，二者択一的な決断による主体的な生き方を文
学的に語った彼の著書を何というか。

4 『あれかこれか』

5 人が死ぬということは精神的に死ぬことであり，それ
は結局，人間の罪に関わる絶望であると論じたキルケ
ゴールの著作を何というか。

5 『死に至る病』

6 普遍的・一般的な真理ではなく，「私がそのために生き，
そのために死ぬことを願うような」理念を何というか。

6 主体的真理

★ **7** 人間が生き生きとした神との関係をもち得ていない状
況，あるいはそのことに気づいていない状態で，これ
によって実存のあり方を変更していく契機となる精神
の状態を何というか。

7 絶望

★ **8** 人間の生き方が絶望を契機として三つの段階を経て高
められていくという，キルケゴールの実存のあり方に
関する考えを何というか。

8 実存の三段階

9 人生を欲望のままに享楽的に送ろうとする段階を何と
いうか。

9 美的実存

10 享楽的生活を捨て，人間としての善い生き方を求める
ようになる段階を何というか。

10 倫理的実存

11 善い生き方の限界にぶつかって絶望し，自らが罪であ
ることを自覚して，信仰への飛躍を決意する段階を何
というか。

11 宗教的実存

★ **12** つねに自己を省みながら真実の自己を求め，ついには
自らが罪であることを自覚して神の前に一人立つ主体

12 単独者

的な人間を何というか。

ニーチェの思想

★ **1** ショーペンハウアーやワーグナーなどの思想的影響の中，自らのギリシア古典研究の成果をもとに，独自の実存主義哲学を生みだしたドイツの哲学者は誰か。

1 ニーチェ

★ **2** 古代ペルシアの宗教家ゾロアスターの口を通して自らの思想を語った，彼の代表的著作を何というか。

2 『ツァラトゥストラはこう語った』

3 大地を超越した純粋精神や，善そのものといった価値の独断主義に批判を加えたニーチェの著作を何というか。

3 『善悪の彼岸』

4 ペシミズム（悲観主義・厭世主義）と「盲目的意志」を説いて，ニーチェやワーグナーに影響を与えたドイツの哲学者は誰か。

4 ショーペンハウアー

★ **5** 伝統的な宗教や道徳などがもはや意味をもたず，価値のないものと考えることを何というか。

5 ニヒリズム

6 キリスト教を基礎とする伝統的価値が，もはや生命を失っていることを指摘したニーチェの言葉は何か。

6 「神は死んだ」

7 ヨーロッパ精神の根底にある，キリスト教の博愛・同情・従順といった弱者の道徳をニーチェは何といったか。

7 奴隷道徳

★ **8** キリスト教道徳の根底にある，生命の根源から発する力強さにあふれた強者に対して，弱者がつねに抱き続ける憎悪のことをニーチェは何といったか。

8 ルサンチマン

9 神は存在せず，世界は初めもなく終わりもなく，つねに目的もない無意味な永遠の繰り返しにすぎないとする，ニーチェの思想を何というか。

9 永劫回帰（永遠回帰）

10 キリスト教が説く救いや神の国を否定し，無意味さと苦悩にあふれる人生を積極的に肯定して，それを生き抜いていこうとする情熱を何というか。

10 運命愛

★ **11** ショーペンハウアーの消極的な「盲目的意志」に対して，勇気と決断でもって自己を高めていこうとする人間の本源的な生命力そのものに基礎をおく意志を何というか。

11 力への意志

★ **12** 上記の意志をもち，ニヒリズムを徹底し，新しい価値

12 超人

をつくり続ける人間のことを何というか。

解説 上記の人間は，現実に甘んじるラクダの精神を克服し，無意味な生を力強く肯定する獅子の精神をもち，さらには無限の価値創造に向かう小児の精神をもつとされる。

ヤスパースの思想

★ **1** ナチズムとの対決の中で，理性・愛・実存の問題を問い続けた精神科医・哲学者は誰か。

2 「実存は理性によってのみ明らかとなる」という立場から書かれた彼の代表作を何というか。

★ **3** 人間として変更することも回避することもできない状況のことを何というか。

★ **4** ヤスパースが，上記の不可避的状況として示している事例はそれぞれ何か。

★ **5** 不可避的状況の中で自らの限界を自覚した時，人が出会う人間を超え包み込む存在を何というか。

★ **6** 限界状況の中で上記の存在と出会うことで，真実の自己にめざめた者同士が取り結ぶ関係を何というか。

7 相互に相手のことを思いやりつつも妥協はしないという，実存同士の交わりのあり方を何というか。

1 ヤスパース

2『理性と実存』

3 限界状況

4 死・苦悩・罪・争い

5 超越者（包括者）

6 実存的交わり

7 愛しながらの戦い

ハイデッガーの思想

★ **1** 自然科学をはじめとする諸科学が，意識の対象となる世界を客観的世界として説明しようとするのに対して，客観的かどうかという判断を中止（エポケー）し，世界を意識にあらわれる「事象そのもの」のままに記述することが大切だとする学問を何というか。

2 上記の学問的立場を確立し，実存主義哲学に大きな影響を与えた哲学者は誰か。

★ **3** 現代人は日常性に埋没して本来的自己を見失っていると指摘し，自らの有限性を先取りすることで本来的自己を取り戻すことができると説いた，ドイツの実存主義哲学者は誰か。

★ **4** モノと人間それぞれの，時間構造の中での存在の仕方を省みることで，人間の本来性を見つけることを提示

1 現象学

2 フッサール

3 ハイデッガー

4『存在と時間』

した，彼の代表的著作を何というか。

★ 5　他の存在物とは異なり，「いま・ここに・ある」自分の
　　あり方を問いかけることのできる，人間固有のあり方
　　を何というか。

5 現存在（ダーザイン）

★ 6　人間は世界を意識する以前に，世界の中に存在してい
　　るという，根本的あり方のことを何というか。

6 世界─内─存在

　7　私たちが日常もっている，個々の事物や他人などの自
　　分のまわりのさまざまな存在に対する関わりを何とい
　　うか。

7 配慮（関心・気遣い）

　8　この世のすべてのものの根底にある「存在」について気
　　づかないだけではなく，考えることさえ忘れてしまっ
　　ていることを何というか。
　　解説 上記の状態をハイデッガーは故郷の喪失と呼んだ。

8 存在忘却

★ 9　自分が何ものであるのかという自己了解を怠り，日常
　　性の中に埋没して平均的・画一的な生き方に陥ってい
　　る人間を，ハイデッガーは何といったか。

9 ひと（ダス＝マン）

★10　人間は有限でありいつかは死ぬという運命を背負って
　　いることを自覚することで，本来的自己へ回帰すると
　　いう，人間のあり方を何というか。

10 死への存在

サルトルの思想

★ 1　ナチス支配下のフランスでレジスタンス運動に加わり，
　　その中で独自の実存哲学を構築していったフランスの
　　実存主義哲学者は誰か。

1 サルトル

　2　人間存在の分析を通して，人間の自由の根拠を探ろう
　　とした彼の代表作を何というか。

2 『存在と無』

　3　実存主義が人間の自由を求める思想であることを解説
　　したサルトルの著書を何というか。

3 『実存主義はヒューマニズムである』

★ 4　人間の本質が先にあるのではなく，人間はまず世界の
　　中に投げだされ，その後に本来的な自分を創造してい
　　くというサルトルの言葉は何か。

4 「実存は本質に先立つ」

　5　自分という人間を作りだすために，つねに未来に向け
　　て自己を投げだしていくことを何というか。

5 投企（とうき）

★ 6　自己の自由な選択と決断は，必然的に他者をも巻き込
　　むがゆえに，責任を逃れることはできないという意味

6 「人間は自由の刑に処せられている」

のサルトルの言葉を何というか。

★ 7 状況に拘束される人間は，同時に状況を変革しつつ人類の運命に積極的に関わっていくが，このような社会への参加あるいは状況参加のことをフランス語で何というか。

　7 アンガージュマン（アンガジュマン）

★ 8 サルトルの伴侶であり協働者であり，女性問題について積極的に発言を行なった実存主義哲学者は誰か。

　8 ボーヴォワール

　9 「ひとは女に生まれるのではなく，女になるのだ」という言葉ではじまる，女性の自立と自覚を促した彼女の代表作を何というか。

　9 『第二の性』

★10 実存主義とは希望や意味を見出せない現実を直視しながら生きていくことだと考え，サルトルの論敵となったフランスの作家・哲学者は誰か。

　10 カミュ

　11 無意味な労働を刑罰として科せられたギリシア神話の王の話を通して，現代の人びとの状況を解き明かそうとした彼の代表作を何というか。

　11 『シジフォスの神話（シーシュポスの神話）』

　12 人生は合理的に理解することはできず，意味も目的もない現実があるだけだという，カミュの思想の基本概念を何というか。

　12 不条理

　13 人間の身体は，物体でありながら意識をもつ「生きられた身体」であるという思想を展開したのは誰か。

　13 メルロ＝ポンティ

3 プラグマティズムの思想

プラグマティズムの成立

　1 アメリカ開拓時代に形成された，自由・独立・進取の気風などの精神的特質を何というか。

　1 フロンティア（開拓者）精神

★ 2 イギリス経験論や功利主義，さらには進化論などとフロンティア精神やピューリタン精神が結びつき，実生活に有用な知識や学問を尊重する，実用主義と訳されるアメリカ生まれの思想を何というか。

　2 プラグマティズム

　3 行為や行動を意味するギリシア語を何というか。

　3 プラグマ

★ 4 概念の意味は，それが生みだす実際の効果によって決まるとして，プラグマティズムの先駆者となった人物は誰か。

　4 パース

★ **5** 有用性こそ真理の基準であるとして，プラグマティズムを広めたアメリカの心理学者・哲学者は誰か。

5 ジェームズ

6 文学作品や思想家のエピソードなどによって，彼の思想をわかりやすく解説した書物を何というか。

6『プラグマティズム』

デューイ

★ **1** プラグマティズムを民主主義思想と位置づけ，社会や教育などの多方面に影響を与えた，プラグマティズムの大成者は誰か。

1 デューイ

2 伝統的哲学を批判し，プラグマティズム思想を平易に解説した彼の代表的著書を何というか。

2『哲学の改造』

3 民主主義を人びとの連帯による共同経験の様式ととらえ，その様式獲得のための重要な役割を教育に求めたデューイの著書を何というか。

3『民主主義と教育』

★ **4** 人類が道具の使用によって自然を開発し社会を発達させたように，知性や知識も，人間が環境に適応していくための道具であるという考えを何というか。

4 道具主義

★ **5** 困難や問題に遭遇した時に，既存の知識や理論を道具として用いながら未来を展望して，困難や問題を解決していく知性のあり方を何というか。

5 創造的知性（実験的知性）

6 児童・生徒に知識を獲得させるには，実生活上で困難に直面させることによって，行動の中で学ばせなければならないとする学習理論を何というか。

6 問題解決学習

4 現代のヒューマニズム

人類愛と生命への畏敬

★ **1** いかなる生命も傷つけないという原理を掲げ，インドの独立運動に生涯を捧げ，「マハトマ（偉大なる魂）」と呼ばれた思想家・政治指導者は誰か，

1 ガンディー

2 宇宙の真理を把握するという意味で，真理の把握によって民族の解放を求めた上記の人物の政治闘争の理念

2 サティヤーグラハ（真理の把持）

を何というか。

3 古代インドの伝統を踏まえてでてきたもので，生き物を傷つけたり殺したりしないことを意味する言葉を何というか。

3 アヒンサー(不殺生)

★ **4** いっさいの暴力の否定によって，人権の擁護と民族の自立をはかろうとする運動原理を何というか。

4 非暴力主義

5 肉体的欲望の抑制および憎しみや怒りなどの激しい言葉や感情の統御など，心身の浄化をはかることを意味するガンディーの言葉を何というか。

5 ブラフマチャリヤー(自己浄化)

6 イギリスに対する非暴力・不服従運動のスローガンで，自治独立を意味する言葉を何というか。

6 スワラージ

7 上と同じスローガンの一つで，インド民族資本の欲求でもあった，国産品の愛用を意味する言葉を何というか。

7 スワデーシ

★ **8** 黒人の地位の向上と差別撤廃のために「私には夢がある」という演説を行ない，非暴力主義を掲げて闘ったアメリカの牧師は誰か。

8 キング牧師

解説 上記の演説は「奴隷解放宣言」百周年を記念したワシントン大行進においてなされた。

★ **9** 黒人や少数民族が，教育・雇用・住居・選挙などの差別に抗議し，白人と同等の市民的権利を主張して行なわれた運動を何というか。

9 公民権運動

★ **10** インドのコルカタにあるスラムに「神の愛の宣教者会」を設立し，貧困やハンセン病，結核などに苦しむ人びとの救済活動を行ない，ノーベル平和賞を受けた修道女は誰か。

10 マザー＝テレサ

11 上記の彼女が中心となってインドに建てた，路上にうち捨てられて死にゆく人びとを収容してその最期を看取るための館，および路上生活の中で苦しむ子どもたちを収容する館をそれぞれ何というか。

11 「死を待つ人の家」・「子どもの家」

★ **12** アフリカのランバレネで，独自の生命観に基づく医療活動とキリスト教伝道を行なった，フランスの神学者・医師・思想家は誰か。

12 シュヴァイツァー

13 アフリカでの医療活動のかたわら，見聞したことをまとめた彼の著書を何というか。

13 『水と原生林のはざまで』

14 人間にとっての善とは，生命を維持し生きる力を促進することにあると説いたシュヴァイツァーの著書を何というか。

14『文化と倫理』

★15 命あるものすべてに対する神の愛を感じることで生まれでる，生命への限りない畏れと敬いの感情を何というか。

15 生命への畏敬

全体主義との戦い

1 抑圧された人びとの側に身をおくことで，他者の存在につねに共感を寄せ続けた，ユダヤ系フランス人の女性哲学者は誰か。

1 シモーヌ＝ヴェイユ

★2 倫理的主体としての「私」が意味をもつためには，「他者」の重みを知らなければならないとして，他者の向ける「顔」を手掛かりに近代的自我を中心とした倫理を批判したリトアニアの思想家は誰か。

2 レヴィナス

解説▶他者の示す他性こそ自己の内的世界をこえでて，「汝殺すなかれ」という命令に責任をもつ倫理的主体を生みだすとされる。

3 ハイデッガーの思想に欠けていた「他者」の問題を追究した彼の代表作は何か。

3『全体性と無限』

★4 人間の自由を生命維持のための労働，モノを生産するための仕事，公共的空間における活動に分けて論じ，私的な世界から抜けだし，公共的空間で人と人とが話しあう自由を説いた，ユダヤ系ドイツ人の哲学者は誰か。

4 ハンナ＝アーレント

5 ナチズムやスターリニズムなどの全体主義の原因を追究した彼女の著書を何というか。

5『全体主義の起源』

6 第二次世界大戦終結40周年の記念演説「荒れ野の40年」で，ナチスの記憶をとどめることの意味を語った，ドイツの大統領ヴァイツゼッカーの有名な言葉は何か。

6「過去に目をとざすものは，結局現在にも目を開かなくなります」

5 現代文明への批判と新しい知性

精神分析学からの批判

1 人間精神の無意識の領域を探究することを通して，人

1 精神分析学

間の行動や病理現象を解明しようとする理論体系を何
というか。

★ 2 人間の意識にあらわれない無意識の領域を、夢や失敗
行動を分析することで明らかにしようとした、オース
トリアの心理学者・精神科医は誰か。

2 フロイト

★ 3 人格を構成する精神領域の一つで、無意識の中に性衝
動(リビドー)と攻撃衝動として蓄えられている、快楽
追求を本質とするエネルギーを何というか。

3 イド(エス)

★ 4 上記の本能的衝動が、外界の人びととの接触によって
しだいに意識化され、現実対応を本質とする精神領域
となったものを何というか。

4 エゴ(自我)

★ 5 親の要求と禁止を内面化して形成された人格の構成要
素の一つで、自我の監視的役割を果たす良心に相当す
る精神領域を何というか。

5 スーパーエゴ(超自
我)

★ 6 意識にあらわれない心的内容のことで、混沌とした欲
動・衝動によって構成されており、夢や失敗行動とな
って表面化する精神の領域を何というか。

6 無意識

7 晩年のフロイトは、無意識の衝動に「創造的な生の本
能」と「破壊的な死の本能」の二つがあるとしたが、こ
れらを何というか。

7 エロス・タナトス

8 異性の親に対して抱く無意識の感情のうち、男児が母
親への愛情の裏返しとして父親に憎しみや反感を抱く
ことを何というか。

8 エディプス(オイデ
ィプス)=コンプレ
ックス

★ 9 フロイトの影響を受けて精神分析学を研究するが、リ
ビドー論を批判するようになり、独自の分析心理学を
創始したスイスの心理学者は誰か。

9 ユング

★10 彼は、フロイトのいう個人的無意識以外に、古来の神
話や伝説、昔話の基本的なパターンのような人類に共
通する無意識があると考えたが、この人類共通の無意
識を何というか。

10 集合的(普遍的)無意
識

11 上記の無意識の中にあって、それ自体は意識化できな
いが、人類に共通する普遍的なイメージを生みだす基
底となっているものを何というか。

11 元型(アーキタイプ
ス)

解説▶上記の例として、すべてを包み込むグレート=マザー(太
母)、隠れた自分であるシャドウ(影)、心の底にある異性の

魂である<u>アニマ・アニムス</u>などがある。

構造主義からの批判

★ **1** 個別的な事象の背後にあって，それらを成り立たせて
いる構造の発見や分析を行なおうとする，現代フラン
スを中心とする思想潮流を何というか。

1 構造主義

2 人間がもつ本来的な言語能力は，社会制度としての言
語(ラング)と個人的な場面で実際に話されている言語
(パロール)の相互依存関係において機能していると考
えた，スイスの言語学者は誰か。

2 ソシュール

★ **3** 未開社会と文明社会とにはそれぞれの社会と歴史があ
り，その意味と価値とは独自のものであるとして，そ
れまでの西欧中心の歴史観・社会観を転換させたフラ
ンスの人類学者は誰か。

3 レヴィ－ストロース

4 未開地域の人びとの思考は，近代の効率を求める「<ruby>栽<rt>さい</rt></ruby>
<ruby>培<rt>ばい</rt></ruby><ruby>化<rt>か</rt></ruby>された思考」とは異なり，象徴的・感性的な表現
によって世界を構成する思考であり，それ自体の価値
をもつと論じた彼の著書を何というか。

4 『野生の思考』

★ **5** 理性的人間を中心とする均質な人間観に批判を加え，
非理性の立場から新たな歴史認識を提示しようとし，
『言葉と物』『知の考古学』などを著したフランスの構造
主義哲学者は誰か。

5 フーコー

★ **6** 西欧近代社会は，人間を理性的存在であるとして，そ
こから逸脱するものを<u>狂気</u>として抑圧してきたと説く
彼の著作を何というか。

6 『狂気の歴史』

7 学校や病院，工場などでは，刑務所と同じように人間
が自ら進んで管理されるとし，現代社会に働く権力の
あり方に警告を発したフーコーの著書を何というか。

7 『<ruby>監獄<rt>かんごく</rt></ruby>の誕生』

★ **8** 近代的合理主義・機能主義を離れ，構造主義を批判す
るとともに，世界全体や歴史の意味といった超越的立
場を否定する，<ruby>複眼<rt>ふくがん</rt></ruby>的・重層的な発想による思想の潮
流を何というか。

8 ポスト構造主義

　解説▶リオタールは現代を「大きな物語」が終わった<u>ポストモダ
ン(脱近代)</u>の時代であるとした。

9 従来の哲学が，多様なものを同一なるものへと統合す

9 デリダ

る際に，抑圧したり取り残してきたものを，再度呼び
戻す脱構築を自らの哲学的作業と考えた，フランスの
哲学者は誰か。

フランクフルト学派からの批判

★ **1** マルクス主義とフロイトの精神分析学およびアメリカ
社会学を結合させながら，現代の疎外状況克服のため
に理性の自己批判を主張する，ドイツのフランクフル
ト大学の社会研究所を中心とする思想家グループを何
というか。

解説▶上記のグループは，社会の矛盾や課題に取り組むため，
社会を支配する思想を問いただす批判理論を展開した。

★ **2** 近代における理性の道具化を批判し，本来理性がもっ
ている自由な批判力を取り戻すことを提唱した，フラ
ンクフルト学派の中心人物は誰か。

★ **3** 「外なる自然」からの解放をもたらした啓蒙的理性が，
「内なる自然」である人間の個性を抑圧していく過程を
記した，彼とアドルノの共著を何というか。

★ **4** ホルクハイマーとともに近代理性の批判を行なうとと
もに，精神分析と世論調査の手法を用いて民衆の中に
ある潜在的ファシズムの危険性を研究した学者は誰か。

★ **5** 権力や権威には卑屈で服従的でありながら，無力な弱
者に対しては傲慢で高圧的となる，ファシズムを支え
た大衆の性格を彼は何といったか。

★ **6** 人間もモノもすべてを管理の対象とし，文明や文化の
生命を失わせて，科学・技術に隷属するだけの野蛮な
ものになり果ててしまった理性を何というか。

★ **7** アドルノとともにファシズムの研究を行ない，現代人
は多くの犠牲の上に獲得した自由の重みにあえいでい
ると指摘した，新フロイト派の心理学者は誰か。

8 歴史的に獲得してきた自由から逃れ，新たな依存を求
めていると，現代人の心理を分析した彼の著書を何と
いうか。

★ **9** 大衆を操作・管理する現代の情報社会に対処するため
に，抑圧のない自由なコミュニケーションの必要性を

1 フランクフルト学派

2 ホルクハイマー

3 『啓蒙の弁証法』

4 アドルノ

5 権威主義的性格

6 道具的理性

7 フロム

8 『自由からの逃走』

9 ハーバーマス

説いた，フランクフルト学派の哲学者は誰か。

★**10** 個人の利害のためにある道具的理性に対して，日常生活の中で人びとが理にかなったコミュニケーションを行なうための理性を彼は何といったか。

10 対話的理性（コミュニケーション的理性）

解説▶ハーバーマスは，道具的理性が人びとの生活を支配している状況を<u>生活世界の植民地化</u>であると批判した。

その他の思想家からの批判

1 宇宙に生まれた根源的な衝動を感じ取り，人類を同胞として受け入れるような「開かれた道徳」を創造していかなければならないと説いたフランスの哲学者は誰か。

1 ベルクソン

2 創造的進化をもたらす根源的な生命の躍動を彼は何といったか。

2 エラン＝ヴィタール

3 言語の分析を通して哲学上の問題を解消しようとする，ラッセルなどにはじまる哲学を何というか。

3 分析哲学

★**4** 言語分析を通して，価値の問題や世界の全体像といった問題の無意味さを批判したウィーン出身のイギリスの哲学者は誰か。

4 ウィトゲンシュタイン

解説▶彼の言葉に「<u>語り得ないものについては沈黙しなければならない</u>」がある。

★**5** 彼は人間の言語活動は生活世界の暗黙のルールに従った活動であるとして，何と表現したか。

5 言語ゲーム

6 官僚組織（ビューロクラシー）の研究を通して，組織の中の人間はかけがえのない個人ではなく，代替可能な歯車になっていることを指摘したドイツの哲学者・社会学者は誰か。

6 マックス＝ウェーバー

解説▶彼は『プロテスタンティズムの倫理と資本主義の精神』の著者としても有名である。

★**7** 主著『孤独な群衆』の中で，何を自らの行動原理とするかによって人間の社会的性格を分類し，自律的で柔らかな個人主義を求めたアメリカの社会学者は誰か。

7 リースマン

8 近代以前の社会では伝統指向型，近代では内部指向型の人間が典型的であるのに対して，現代での自らの行動基準を同時代の他者におこうとする社会的性格を彼は何といったか。

8 他人指向型人間

★ **9** 科学上の一大変革は，科学的事実の積み上げによって おこるのではなく，その時代の知の枠組みの劇的な変 換であると主張した，アメリカの科学史家は誰か。

9 クーン

★ **10** 各時代の科学者や思想家が共通して理解しているもの の見方，問題の立て方・解き方といった知の枠組みの ことを何というか。

10 パラダイム

> **解説** 事実の積み重ねという帰納法的な科学観を批判し，反証 可能性こそ科学の本質であるとしたのが，イギリスで活躍 した哲学者ポパーである。

★ **11** 功利主義にとってかわるべき実質的な社会正義の原理 を，社会契約論の仮説を用いて展開した，アメリカの 哲学者は誰か。

11 ロールズ

12 原初状態という社会契約説における自然状態を仮定し， 自らの状況を知らない無知のヴェールという条件のも とでの意見の一致による正義という議論を展開した， 彼の代表作を何というか。

12『正義論』

★ **13** 正義とは，社会において自由や富といった基本財を公 平に配分することであるとする，ロールズの正義のと らえ方を何というか。

13 公正としての正義

14 すべての人が平等に自由であるという原理を，ロール ズの正義論では何というか。

14 平等な自由の原理

15 競争や社会参加に関しては，すべての人に平等な機会 が与えられなければならないという原理を，ロールズ の正義論では何というか。

15 機会均等の原理

★ **16** 最も不利な立場にある人びとの生活を改善するという 条件の下でのみ，社会的・経済的な不平等も許される という原理を，ロールズの正義論では何というか。

16 格差原理

17 ロールズらの考える大きな政府は個人の自由や所有権 を侵害するとして，所得の再分配などを批判し，最小 限の政治権力(最小国家)以外は不要であるとするノー ジックらに代表される立場を何というか。

17 リバタリアニズム （自由至上主義）

18 ロールズの主張する普遍的な人間像を批判し，人は共 同体が善いとする価値観の中で生きていることを主張 するサンデルやマッキンタイアに代表される立場を何 というか。

18 コミュニタリアニズ ム(共同体主義)

[1]次の文章を読んで，下の問い(**問 1 〜 3**)に答えよ。

> 　現代思想の特徴の一つに，近代的自我の見直しがある。社会や歴史とは無関係な，自立した自我というものは存在するのだろうか。<u>a 近代的自我というものが一つの歴史的産物である</u>ように，人間は歴史を離れては意味をなさない存在なのではないか。同じように，人間は社会から離れて生きてゆけず，<u>b 社会に規定されて初めて存在するのではないか</u>，そのように問われるのである。その中で，改めて人間の主体性を問い直したり，他者との関わりを深めることが求められた。<u>c 現代社会を批判し，新たな社会の創出を思索した思想家たちも</u>同じような問題意識をもち続けている。

問 1 下線部 a のように，近代の理性的人間像を歴史の産物として批判した思想家にフーコーがいるが，彼の思想の説明として最も適当なものを，次の①〜④のうちから一つ選べ。

①二項対立を問い直す脱構築によって，西洋哲学の伝統自体を問い直した。

②近代的な主体性は，自ら進んで服従させる権力関係が生みだした。

③デカルト的二元論を批判し，近代が否定した人間の身体性に注目した。

④自然にもつ信念を捨て，意識にあらわれた現象から出発すべきとした。

問 2 下線部 b のような主張を社会主義がしたが，その思想を説明したものとして最も適当なものを，次の①〜④のうちから一つ選べ。

①サン゠シモンは，ファランジュと呼ばれる農業共同体を構想した。

②マルクスは，資本主義の帰結として帝国主義による世界戦争を予想した。

③レーニンは，それまでの社会主義を空想的だとして批判した。

④ベルンシュタインは，革命でなく，議会を通じた社会主義の実現を説いた。

問 3 下線部 c に関連する人物と関連する語句の組み合わせとして最も適当なものを，次の①〜④のうちから一つ選べ。

①ロールズ：「人は女に生まれない」

②セン：人間の安全保障

③サイード：公正としての正義

④ボーヴォワール：オリエンタリズム

共通テスト攻略のコツ！

共通テストでは，会話や資料などの増加もあり，文章量が圧倒的に多くなっている。限られた時間で，文章の内容を適確に把握することが求められている。そのためにも設問がどのような課題に，どのような問題意識で取り組もうとしているかを，共有することが大切になる。

[2]次の問い（**問1～3**）に答えよ。

問1 トマス＝クーンが主張した，ある時代の科学者によって共有されている理論的な枠組みを示す言葉として最も適当なものを，次の①～④のうちから一つ選べ。

　　①パラダイム　　②集合的無意識　　③言語ゲーム　　④無知のヴェール

問2 ナチスによる強制収容所を経験した思想家と著作の組み合わせとして最も適当なものを，次の①～④のうちから一つ選べ。

　　①フランクル：『人間の条件』　　②ハンナ＝アーレント：『夜と霧』

　　③フロム：『自由からの逃走』　　④レヴィナス：『全体性と無限』

問3 理性についての現代思想家の考察を説明したものとして最も適当なものを，次の①～④のうちから一つ選べ。

　　①プラグマティストであるデューイは，民主主義を支える対話的理性による社会統合こそ，生活世界の植民地化を防ぐととなえた。

　　②文化人類学者のレヴィ＝ストロースは，未開社会での創造的知性こそ具体的な問題解決に役立つのであり，科学的思考をこえると主張した。

　　③現象学をとなえたフッサールは，具体的象徴を用いる野生の思考と抽象概念を駆使する科学的思考とは本質的に違いはないとした。

　　④自然を支配し文明をもたらした道具的理性が，現代は人間の内部にある感情などの自然を操作し，人間を管理しているとアドルノは指摘した。

<hr>

解答・解説

［1］問1② この権力関係によって狂気は排除されるとする。①デリダの主張。③メルロ＝ポンティの主張。④フッサールの現象学の立場。　問2④ 社会民主主義の考え方。①ファランジュは，フーリエ。②レーニンの考え方。③マルクス・エンゲルスの考え方。　問3② 潜在能力の開発でも有名。ロールズ：公正としての正義，サイード：オリエンタリズム，ボーヴォワール：「人は女に生まれない」が正しい組み合わせ。

［2］問1① パラダイムの転換が科学革命だとされる。②③④は，それぞれユング，ウィトゲンシュタイン，ロールズの概念。　問2④ ①②は入れ替えたフランクル：『夜と霧』，ハンナ＝アーレント『人間の条件』が正しい。③フロムの著書として正しいが，フロムは強制収容所を体験していない。　問3④ ホルクハイマーとの共著『啓蒙の弁証法』の主張として正しい。①ハーバーマスの内容。②創造的知性はデューイの概念で，未開社会だけで発揮されるものでもない。③レヴィ＝ストロースの内容。

1　生命倫理

生命倫理学の基本問題

★ **1**　医療技術や生命科学の発達によって生まれた新たな状況に対して，人間がどこまで生命に操作を加えることができるのかという倫理的問題を考察する学問を何というか。

1 生命倫理学（バイオエシックス）

　2　家父長的・保護者的な権威に基づいて，医療の専門家が患者の治療や投薬を一方的に配慮するような態度のことを何というか。

2 パターナリズム

★ **3**　治療方針や具体的な治療方法などについて医師から十分な説明を受けたのち，自分の意志で同意・選択することを意味する患者側の権利を何というか。

3 インフォームド＝コンセント

　4　死が迫っている，あるいは重症の状態にある個人が，自らの治療や死の迎え方などを文書に意思表示しておくことを何というか。

4 リヴィング＝ウィル

　5　生きること自体，あるいは生命そのものを尊ぶことを何というか。

5 生命の尊厳（SOL）

★ **6**　生命や生きることはそれ自体で尊いのではなく，いかに生きるかという生き方や生活の内実を重視しようとすることを何というか。

6 生命の質（生の質，QOL）

生命の誕生と倫理

★ **1**　卵巣から卵子を取りだし，試験管内で受精させ，一定期間培養させたのちに受精卵を子宮に戻す技術を何というか。

1 体外受精（試験管ベビー）

★ **2**　受精した卵子を，妻以外の女性に代理母となってもらい出産してもらうことを何というか。

2 代理出産

　解説 1986年にアメリカで代理出産した女性が新生児の引渡しを拒み，養育権を主張したベビー—M事件がある。

★ **3** 妊婦の羊水，または血液検査などの方法によって，胎児の状態を出生の前に調べることを何というか。

3 出生前診断

4 上記の検査によって，危惧されていることは何か。

4 命の選別

5 遺伝子などを選び，親の希望する形質をもつ子どもを出産しようとすることを何というか。

5 デザイナー゠チャイルド（ベビー）

★ **6** 生殖細胞以外の細胞を操作してつくられる，その個体と全く同じ遺伝情報をもつコピーを何というか。

6 クローン

7 1997年，上記の技術による世界初の無性生殖の動物が誕生したが，その動物の名前を何というか。

7 （クローン羊）ドリー

解説▶日本では2000（平成12）年に制定されたクローン技術規制法により，クローン人間の作製が禁じられている。

現代医療と倫理

★ **1** 生物を利用して薬剤や食物をつくりだす技術であり，遺伝子工学なども加わった学問を何というか。

1 バイオテクノロジー（生命工学）

2 細胞核の染色体の中に納められている，遺伝情報が記された二重らせん状の塩基の鎖を何というか。

2 DNA

3 人間の全遺伝情報を備えた1セットのDNAの全体を何というか。

3 ヒトゲノム

4 DNAの塩基配列を組み換えることで，意図した特性をもった細胞や生物を生みだす技術を何というか。

4 遺伝子組み換え（技術）

★ **5** 発生初期の胚から取りだされる，どのような細胞にもなれる万能性をもつ細胞を何というか。

5 ES細胞（胚性幹細胞）

★ **6** 2006（平成18）年，受精卵ではなく体細胞からつくられた万能細胞で，2012（平成24）年に作製者の山中伸弥がノーベル賞を受賞する契機となった細胞を何というか。

6 iPS細胞（人工多能性幹細胞）

7 自らの細胞を培養し移植することで，機能不全に陥った臓器などの回復をめざす医療を何というか。

7 再生医療

★ **8** 1997（平成9）年に成立し，2009（平成21）年に改正された，本人に拒否の意思のない限り家族の承諾だけによっても脳死者から臓器を摘出できるとした法律を何というか。

8 臓器移植法

解説▶改正によって15歳未満の臓器移植が可能となった。

9 従来，人の死とされてきた三つの徴候を，それぞれ何

9 呼吸停止・心臓停止・

というか。

瞳孔散大

★ **10** 深い昏睡・自発的呼吸の消失・および脳幹反射の消失といった徴候を示すこと，つまり脳全体の機能が不可逆的に損なわれた状態を何というか。

10 脳死

11 臓器移植に際して，臓器や器官を提供する人のことを何というか。

11 ドナー

12 臓器移植に際して，臓器や器官の提供を受ける人を何というか。

12 レシピエント

死をめぐる倫理

★ **1** 現代医療で不治とされた病気に冒された時，いたずらな延命をはからず，人間としての尊厳をもって死ぬことを何というか。

1 尊厳死

★ **2** 不治の病で苦しんでいる患者が，苦痛から逃れるために死ぬことを望んでおり，医師もこれをやむをえないと認め，かつ倫理的にも妥当だと考えられる時に，患者を死なせようとすることを何というか。

2 安楽死

　解説 オランダやベルギーなどの国では，一定の条件下で合法化されている。日本では1995（平成 7 ）年の東海大学病院事件の横浜地裁の判例により，実質的に違法とされている。

3 瀕死の重傷で苦しむ弟を見かねて殺してしまった罪人と，彼を船で輸送する役人の会話を通して，安楽死の問題を取り上げた森鷗外の名作を何というか。

3 『高瀬舟』

4 脳に損傷を受け，脳幹が無事であった場合，外界への反応といった動物的機能をなくし，呼吸や栄養吸収といった植物的機能だけで生きている状態を何というか。

4 植物状態

5 事故によって上記の状態に陥った女性の両親が，生命維持装置を外すことを裁判所に申請したアメリカの事件を何というか。

5 カレン＝クインラン事件

6 医療の基本であり，生命を少しでも持続させることを目的として行なわれる治療行為を何というか。

6 延命治療

★ **7** 末期癌のように，死期の近い患者に対して，いたずらな延命治療は行なわず，痛みの緩和と精神的なケアを中心として行なわれる終末期の医療を何というか。

7 ターミナル＝ケア（終末期医療）

8 上記の医療を専門として，生命の質（QOL）を保ち安ら

8 ホスピス

かに死を迎えることをめざす医療機関のことを何という
か。

2 環境倫理

環境問題の現状

★ **1** 環境破壊が進行する中で，環境の保護を目的として，生態系（エコシステム）の中の生物と環境との関係や構造を研究する学問を何というか。

   2 生態系の中において，食べる・食べられるという関係によって，物質とエネルギーとが循環していくことを何というか。

   3 熊本県の水俣湾周辺でおきた，メチル水銀による公害病を何というか。

   4 環境の中に存在している化学物質で，ホルモンと同じような働きをして内分泌系を攪乱し，生物の生殖能力を減退させるとされている物質を何というか。

   5 農薬の一部や塩化ビニル系のごみ焼却物の中に含まれる物質で，非常に高い発癌性をもつとともに，生殖能力をも減退させるといわれている物質を何というか。

   6 焼き畑や薪炭の必要性，さらには木材輸出による森林伐採，過放牧，灌漑の行きすぎなどによって植物が育たなくなり，表土が流出して荒地になっていくことを何というか。

   7 大気中に放出された硫黄酸化物や窒素酸化物が雨や雪，霧となって降り注ぎ，国境をこえて森林や作物，建造物などに甚大な被害を与えているが，その原因となっている雨を何というか。

   8 ヘアスプレーや冷蔵庫などの冷却剤に使用されていたフロンによって，地上から高度20〜50kmの領域の層が破壊され，癌や白内障を引きおこす紫外線の侵入を許している環境破壊を何というか。

★ **9** 二酸化炭素やメタンガスによって，太陽で暖められた赤外線が地表から放散されることが阻害され，地球の温度が上昇する現象を何というか。

1 エコロジー

2 食物連鎖

3 水俣病

4 環境ホルモン

5 ダイオキシン

6 砂漠化

7 酸性雨

8 オゾン層の破壊

9 地球温暖化

★ **10** 二酸化炭素やメタンガスなどのような，地球の温暖化を促す物質を何というか。 | **10** 温室効果ガス

環境問題への取組み

1 地球を閉ざされた宇宙船にたとえ，地球上の人間はすべてその乗組員だと考えることで，環境問題への取組みの必要性を訴えた，アメリカの経済学者ボールディングの言葉を何というか。 | **1** 宇宙船地球号

★ **2** 『沈黙の春』において，農薬の乱用と食物連鎖によるその濃縮に警鐘を鳴らし，環境保護への関心を高めさせたアメリカの海洋学者は誰か。 | **2** レイチェル゠カーソン

★ **3** 1972年，ストックホルムで開催された，世界初の環境問題をテーマとした国際会議を何というか。 | **3** 国連人間環境会議

★ **4** 人間にとって宇宙の中でたった一つの生活の場である地球を守ろうと訴えた，上記の会議のスローガンを何というか。 | **4** 「かけがえのない地球(only one earth)」

5 環境が人間の生存や福祉にとって重要なものであることを認識し，環境保全のために積極的に行動すべきことを謳った，上記の会議で採択された宣言を何というか。 | **5** 人間環境宣言

6 上記の宣言や環境国際行動計画などを実施するために，国連に設けられた国連環境計画の略称をアルファベットで何というか。 | **6** UNEP

★ **7** 1992年，国連人間環境会議20周年を記念して，リオデジャネイロで開かれた国際会議を何というか。 | **7** 国連環境開発会議（地球サミット）

8 上記の会議でリオ宣言とともに採択された，21世紀に向けての地球環境の保全に関する行動計画を何というか。 | **8** アジェンダ21

★ **9** 将来の世代が社会的・経済的に不利益をこうむらないような形で，現代の世代が環境を利用していくことを意味する，上記の会議の理念を何というか。 | **9** 持続可能な開発(sustainable development)

10 生物の多様性を保全し，その利用に基づく利益の公正な分配，および生物資源の持続的な利用を目的とした，1993年発効の条約を何というか。 | **10** 生物多様性条約

11 「気候系に対して，危険な人為的干渉をおよぼさない | **11** 気候変動枠組条約

ような水準に，大気中の温室効果ガスの濃度を安定させる」ことを目的として，1994年に発効した条約を何というか。

★12 1997年に上記条約の締約国の第3回会議が日本で開かれた。その会議名とそこで採択されたものの名は何か。

　解説▶これ以外の環境条約として，野生動物取引を制限した<u>ワシントン条約</u>，湿地保全を定めた<u>ラムサール条約</u>がある。

12 地球温暖化防止京都会議・京都議定書

★13 従来，個別的に行なわれていた日本の公害対策や自然環境保全の枠をこえ，環境行政を総合的に推進していくために，1993(平成5)年に成立した法律を何というか。

13 環境基本法

★14 地球環境の保全，公害の防止，自然環境の保護・整備，その他良好な環境づくりなどを任務とする，2001(平成13)年に環境庁を改組して発足した行政機関は何か。

14 環境省

★15 使い捨てや無駄な消費をひかえ，資源を有効に使ってできるだけ環境に負担をかけない社会をめざす法律を何というか。

15 循環型社会形成推進基本法

16 上記社会の実現に向けての実践の一つで，過剰包装などの環境に負担をかけるおそれのあるものを断ることを英語(カタカナ)で何というか。

　解説▶それまでの3R，<u>リデュース・リユース・リサイクル</u>に加えられた。

16 リフューズ

17 資源枯渇や環境への影響が危惧される化石燃料や原子力などに対して，風力や水力，太陽光などの自然を利用したエネルギーのことを何というか。

17 再生可能エネルギー

18 大気汚染を少しでも低減させることを目的として，電気エネルギーとガソリンとを組み合わせた自動車を何というか。

18 ハイブリッド＝カー

19 イギリスに生まれて世界に広まった，自然環境や歴史的遺産の保護のために，民間基金での土地買取・管理を目的とした団体を何というか。

19 ナショナル＝トラスト

環境に関する倫理

1 人間と環境との関わりの中で，環境の保護・保全のた

1 環境倫理学

めに人間に課せられる義務や責任について研究する学問を何というか。

2 人間だけが権利の主体ではないと考える人たちのいう，自然の生き物とくに動物にもあるとされる権利のことを何というか。

2 自然(動物)の権利

★ **3** 将来世代の生存権を保証するために，現在の世代が環境の保護・保全につとめることは義務であるという考えを何というか。

3 世代間倫理

4 地球は一つの生命体であり，生態系として一つのまとまりをもっているという考え方を何というか。

4 地球全体主義

5 共有地という限界のある環境で，各人が自由に利益を追求すると，全員の最大損失という結果がもたらされるというアメリカの人類学者ハーディンがとなえた仮説を何というか。

5 共有地(コモンズ)の悲劇

3 家族と地域社会

現代日本の家族

1 家族や親族などの血縁集団，近隣や村落などの地縁集団のように，自然発生的に生まれた社会集団を何というか。

1 基礎的集団(第一次集団)

2 企業・学校・政党のように，一定の目的をもって人為的につくられた集団を何というか。

2 機能的集団(第二次集団)

3 親と既婚の子どもが同居する家族の形態を何というか。

3 拡大家族(大家族)

★ **4** 夫婦だけ，あるいは未婚の子どもが同居する家族の形態を何というか。

4 核家族(夫婦家族)

★ **5** 教育の機能は学校に，病人の看病は病院に委ねられるように，それまで家族がもっていた働きが，外部の集団に委ねられていくことを何というか。

5 家族機能の外部化(縮小)

6 家庭内暴力のうち，幼い自分の子に対して暴力を振るったり，養育を放棄したりすることを何というか。

6 児童虐待

7 家庭内暴力のことであるが，とくに夫婦の間での肉体的・精神的暴力をさす言葉を何という。

7 DV(ドメスティック＝バイオレンス)

女性の社会進出

1 教育・雇用・選挙の権利獲得を通して，女性の解放や社会的地位向上を求めた思想・運動を何というか。

1 フェミニズム

★2 自然的性ではなく，歴史的・社会的につくられてきた「男らしさ」「女らしさ」からの解放のことを何というか。

2 ジェンダー＝フリー

3 夫婦が結婚後も，それぞれ結婚前の姓(氏)を名乗ることを何というか。
解説▶法制化の試みもあるが，現在日本では認められていない。

3 夫婦別姓

4 憲法第24条の家族生活に関する条文に，個人の尊厳と並び記されているあと一つの事項を何というか。

4 両性の本質的平等

5 1979年に国連で採択された，女性に対するあらゆる形態の差別の撤廃を謳った条約を何というか。

5 女子(性)差別撤廃条約

★6 上記の条約批准のため，雇用における男女の均等な機会および待遇の確保を促進するために，1985(昭和60)年に施行され，1999(平成11)年に改正された法律を何というか。

6 男女雇用機会均等法

7 出生率の低下の原因ともされる，生涯結婚しない，あるいは結婚する年齢が遅くなっている傾向を何というか。

7 非婚・晩婚化

★8 女性の社会進出と高齢化の進展を受けて，従来からあった育児休業に加えて，介護のための休業をあわせて法制化した法律を何というか。

8 育児・介護休業法

★9 男女が人権を尊重し，責任を分担しあって社会に参画していくことを求めた，1999(平成11)年に施行された法律を何というか。

9 男女共同参画社会基本法

高齢社会と介護問題

★1 総人口に占める65歳以上人口の割合が，7％以上14％未満の社会を何というか。
解説▶14%以上を高齢社会，21%以上を超高齢社会という。

1 高齢化社会

★2 加齢にともなって心身に病気や障がいをもつ65歳以上の高齢者に，必要な医療サービスや福祉サービスを提供するための制度を何というか。

2 介護保険制度

3 高齢者や病人介護のために，法的に認められた休暇の

3 介護休暇

ことを何というか。

4 在宅の高齢者や障がいをもった人たちのために，訪問して介護サービスを提供する人を何というか。

4 ホーム＝ヘルパー

5 家族と離れたり，死別したりして一人で生活をしている高齢者を何というか。

5 独居老人

6 60歳以上の高齢者の就業ニーズに応じた，地域社会に密着した臨時的あるいは短期的な就業機会の提供を促進している公益法人を何というか。

6 シルバー人材センター

7 学校教育を終えたあとも，自らの興味や関心に応じて学習を続けることを何というか。

7 生涯学習

4 地域をめぐる課題

地域社会と連帯

1 居住地域を同じくする共同体のことで，地域社会・共同社会などと呼ばれている集団を何というか。

1 コミュニティ

2 都市計画や環境行政で，「住み心地のよさ」といった価値をあらわす言葉を何というか。

2 アメニティ

★ **3** 老人と若者，障がいをもった人と健常な人など，さまざまな人びとがともに暮らし，ともに生きる社会が普通だとする考え方を何というか。

3 ノーマライゼーション

★ **4** 高齢者や障がいをもった人が地域や家庭で生活しやすいように，障壁となるものを除くことを何というか。

4 バリアフリー

★ **5** 障がいをもっている人にも，そうでない人にもともに使いやすい製品や建物の設計，意匠のことを何というか。

5 ユニバーサル＝デザイン

解説 21世紀最初の国際的な人権条約として，障害者権利条約が2006年に国連で採択，2008年に発効している。

5 情報社会

情報化の進展

1 コンピュータを中心とした情報技術と，光ファイバーなどの通信技術とをあわせた技術を何というか。

1 ICT（情報技術）

★ **2** 多数のコンピュータを相互に結びつけたネットワーク

2 インターネット

のことで，現在では世界中に張りめぐらされているネットワークのことを何というか。

3 コンピュータに整理・保存されているデータの集合体を何というか。

3 データベース

4 インターネットやCATV，携帯電話など，音声・文字・映像などの複数の情報を統合したメディアを何というか。

4 マルチ＝メディア

★ **5** インターネットに代表されるように，情報の授受が一方的ではなく，相互に情報の発信・受信ができることを何というか。

5 双方向的(インタラクティブ)

6 インターネットを通して買い物をすることを何というか。

6 ネットショッピング

7 インターネットを通じた，商品の売買・資金の決済などの商取引のことを何というか。

7 eコマース(電子商取引)

8 外部の大型コンピュータに保存されたデータやソフトを，インターネットに接続された端末のコンピュータで利用するシステムのことを何というか。

8 クラウド

9 ある期間に日本全体のインターネットで検索された言葉の全データや，メールで送信された言葉といった巨大なデータのことを何というか。

9 ビッグ＝データ

★ **10** インターネットで多くの人びとがつながりあうシステムのサービスを何というか。

10 SNS(ソーシャル＝ネットワーキング＝サービス)

情報社会の功罪

1 新聞・ラジオ・テレビなど，多数の人びとに大量の情報を発信する媒体，およびそれらを製作する組織のことを何というか。

1 マス＝メディア

2 過激な語句や扇情的な内容によって，視聴者の関心を煽るジャーナリズムの手法を何というか。

2 センセーショナリズム(扇情主義)

★ **3** 知る権利を保障するために，公共機関が法律・条令などの規定に従って，国民・住民の要請に基づいて保有する情報を開示する制度を何というか。

3 情報公開制度

解説 近年，政府・自治体や企業などが，自らの活動や権限行使などについての説明責任(アカウンタビリティ)を求めら

れている。

★ **4** 公的機関と民間機関に個人情報の取扱いに関する義務
と責任を明確にした法律を何というか。

4 個人情報保護法

5 文化において，情報を記録したり伝達したりするメディアは，その文化の特徴を決めるのに決定的な役割を果たしてきたと語った，カナダのメディア学者は誰か。

5 マクルーハン

6 コンピュータ＝ネットワークに参加している人びとの間に生まれる仮想の共同体のことを何というか。

6 サイバー＝スペース（仮想空間）

★ **7** コンピュータ上に構築された，あたかも存在するかのような仮想の世界のことを何というか。

7 バーチャル＝リアリティ（仮想現実）

★ **8** 真実で正確な情報を見きわめる判断能力や，情報についての批判能力のことを何というか。

8 情報リテラシー

9 ネットワークを通して，他人のコンピュータに侵入してデータを盗んだり改ざんしたりする，コンピュータ技術に秀でた人びとを何というか。

9 ハッカー

★**10** 情報機器を所有しインターネットに接続できる環境で生活する人と，そうでない人との間に生じる経済的・社会的格差のことを何というか。

10 デジタル＝デバイド（情報格差）

6 異文化理解

国際化と異文化理解

1 本来は境界のないことを意味し，人・モノ・情報が国境をこえて行き来することを何というか。

1 ボーダレス化

2 経済分野にはじまった，事柄が地球規模に拡大していくことを何というか。

2 グローバル化

★ **3** 自民族や自文化こそが優秀であり，他民族やその文化は劣っているとして，それを排斥しようとする考え方を何というか。

3 エスノセントリズム（自民族〈自文化〉中心主義）

4 アジアの開明を待たず，欧米列強の側にたつことを主張した，福沢諭吉の言葉を何というか。

4 脱亜入欧

5 1990年代初頭にはじまるユーゴスラビア内戦に際して，セルビア人・クロアチア人・イスラム教徒などが相互に民族の純粋性を求めて他民族を排除しようとした出来事を，アメリカはその空爆を正当化するために

5 民族浄化

何と呼んで批判したか。

★ 6 西洋は東洋に後進的・受動的・非合理的といった負の
イメージを与えることで自らのアイデンティティを形
成し，東洋支配を正当化してきたと評した，アメリカ
の文芸批評家サイードの主著は何か。

★ 7 日本人は礼儀正しいなどといった，ある集団を固定的
なイメージでとらえる，紋切り型の見方をアメリカの
評論家リップマンは何といったか。

8 世界各地の社会や文化には，それぞれ固有の価値や意
味があり，一つの価値基準で文化の善し悪しをはかる
ことは間違いであるという考え方を何というか。

9 異なる文化に出会った時に受ける衝撃のことを何とい
うか。

10 人間を肌の色や頭髪などの生物学的特徴によって分類
する人種に対して，言語・生活様式・宗教などの文化
的要素によって分類した集団を何というか。

11 ある国家において人口比率が少ない民族集団で，しば
しば差別や権利侵害を受けてきた人びとを何というか。

12 かつて東北地方からサハリンにかけて居住していた人
びとで，現在は主に北海道に居住している日本の先住
マイノリティを何というか。

★13 1国の中の多数派民族が，少数民族の文化を自らの文
化に変えさせようとする考えを何というか。

14 日本が朝鮮半島を支配していた時，皇民化政策の一環
として，朝鮮の人びとに日本の氏名を名乗らせようと
した政策を何というか。

★15 同化主義に対して，自国内に居住する複数の民族の言
語や文化の独自性を尊重し，共存していこうとする考
えあるいは政策を何というか。

16 マイノリティや女性など，社会的に不利益をこうむっ
ている人びとに，教育や就職などの機会を保障する積
極的格差是正措置のことを何というか。

6『オリエンタリズム』

7 ステレオタイプ

8 文化相対主義

9 カルチャー゠ショック

10 民族（ネイション）

11 マイノリティ（少数民族）

12 アイヌ

13 同化主義

14 創氏改名

15 多文化（共生）主義（マルチ゠カルチュラリズム）

16 アファーマティブ゠アクション

7 人類の福祉

平和への努力

★ **1** 国連の専門機関である「国連教育科学文化機関」の目的と活動を記した憲章を何というか。

1 ユネスコ憲章

★ **2** イギリスの哲学者ラッセルとアメリカの物理学者アインシュタインらが, 核廃絶を世界に訴えた宣言を何というか。

2 ラッセル＝アインシュタイン宣言

3 上記の宣言を受けて, 核廃絶を求めてカナダの町で発足した科学者たちの会議を何というか。

3 パグウォッシュ会議

4 1972年発効の「世界遺産条約」によって, 国際的に保護の必要性が認められた自然および文化財のうち, 後者の遺産を何というか。

4 世界文化遺産

5 戦争の悲惨と平和への願いを込めて, 日本の原爆ドームと並んで上記の遺産に登録された, 旧ナチスによって建てられた南ポーランドにある収容所を何というか。

5 アウシュヴィッツ（強制）収容所

★ **6** 上記の収容所から生還し, その体験を著者『夜と霧』に綴ったオーストリアの精神分析学者は誰か。

6 フランクル

7 世界平和や人権擁護に貢献した人に与えられるノーベル賞を何というか。

7 ノーベル平和賞

人権・福祉と国際協力

★ **1** 福祉の基準は自らの生き方を選択する自由の度合いであると考え, 独自の福祉論を展開してノーベル経済学賞を受賞したインドの経済学者は誰か。

1 アマーティア（アマルティア）＝セン

★ **2** 健康・教育・自尊心など, 人が生きるために必要とする状態や行動の総体を彼は何と呼んだか。

2 潜在能力（ケイパビリティ）

★ **3** 国家のため, 多くの国民の命が失われたり多量の難民が発生するなどの矛盾を指摘し, 国家の安全保障にかわってセンが提唱したことは何か。

3 人間の安全保障

4 工業生産よりも管理・事務・サービスに社会の重心が移行した, 工業化社会のあとに到来した社会をダニエル＝ベルは何と呼んだか。

4 脱工業化社会

5 商品の間の差異を記号的につくりだすことによって,

5 ボードリヤール

人びとの消費への欲望を際限なく生みだしていく，現代の消費社会の姿を描いたフランスの社会学者は誰か。

6 かつてのアメリカの黒人差別，オーストラリアの白豪主義，南アフリカの人種隔離政策（アパルトヘイト）など，人種の違いを理由に社会的不平等を強要することを何というか。

7 内戦などが長期化する開発途上国などで，兵士に仕立てあげられた少年兵のことを英語で何というか。

★ **8** 世界の児童に対して，給食やワクチン注射などの保健衛生活動や教育・職業訓練活動などを行なっている，国連経済社会理事会の下部機関を何というか。

9 ユネスコ教育活動の力点の一つで，自己の価値を尊ぶ心を何というか。

10 ユネスコ教育活動の力点の一つで，相互尊重の人間関係作りのことを何というか。

★ **11** 国家利益に拘束されず，国境をこえてさまざまな連携運動を展開している，民間の営利を目的としない国際協力団体のことを何というか。

12 紛争や自然災害などの時，国境をこえて緊急医療活動を行なうフランスに拠点をおく国際ボランティアの医師団を何というか。

解説▶国際NGOとしては，政治犯などの人権保護を訴えるアムネスティ＝インターナショナルや，オタワ条約成立に貢献した地雷禁止国際キャンペーン（ICBL）などがある。

★ **13** 福祉や環境問題に取り組んでいる営利を目的としない民間団体を何というか。

14 先進国の政府から開発途上国に送られる，贈与・借款・賠償・技術援助などを何というか。

15 国際協力機構（JICA）を母体として，開発途上国の国づくりに対して奉仕的援助活動をする青年たちを何というか。

16 先進国に有利な貿易条件を正し，開発途上国の自立や公正な交易をめざす考え方を何というか。

---

6 人種差別

7 チャイルド＝ソルジャー

8 ユニセフ（UNICEF，国連児童基金）

9 セルフ＝エスティーム（自己尊重）

10 アサーティヴネス

11 非政府組織（NGO）

12 国境なき医師団（MSF）

13 非営利組織（NPO）

14 政府開発援助（ODA）

15 青年海外協力隊

16 フェアトレード

[1]次の問い（**問1～7**）に答えよ。

問1 次の用語とその説明の組み合わせとして最も適当なものを，次の①～④のうちから一つ選べ。

①インフォームド＝コンセント：治療の目的や方法について十分な説明を医師から受けた上での，その治療方法や方針に対する同意のこと。

②リヴィング＝ウィル：すべての生き物の生きようとする意志であり，シュヴァイツァーが生命に対する畏敬の源であるとした意志のこと。

③パターナリズム：単なる延命をはかるのではなく，その人の生命の質の高さをいかに保つかを主目的とした医療の考え方のこと。

④デザイナー＝ベビー：クローン技術によって親とまったく同じ遺伝子をもって生まれる子どものこと。

問2 1972年に開催された国連人間環境会議のスローガンとして最も適当なものを，次の①～④のうちから一つ選べ。

①「持続可能な開発」　　　②「宇宙船地球号」

③「かけがえのない地球」　④「地球規模で考え，足元から行動を」

問3 次のア～ウを時代の順に並べたものとして最も適当なものを，下の①～⑥のうちから一つ選べ。

ア　男女共同参画社会基本法の制定

イ　女子差別撤廃条約の国連採択

ウ　男女雇用機会均等法の制定

①ア→イ→ウ　　②ア→ウ→イ　　③イ→ア→ウ

④イ→ウ→ア　　⑤ウ→ア→イ　　⑥ウ→イ→ア

問4 次の用語のうち，障がいをもつ人もそうでない人も同じように生活できる社会をめざす理念として最も適当なものを，次の①～④のうちから一つ選べ。

①ノーマライゼーション　　②ユニバーサルデザイン

③バリアフリー　　　　　　④アメニティ

問5 次の人物とその人物に関連する語句の組み合わせとして最も適当なものを，次の①～④のうちから一つ選べ。

①マクルーハン：脱工業化社会

②リップマン：ステレオタイプ

③ブーアスティン：感覚の拡大としてのメディア

④ダニエル＝ベル：疑似イベント

共通テスト攻略のコツ！

共通テストでは，課題研究やディベート，調べ学習，ポスター発表などの具体的な学習の場面を設定して，問題の流れが組み立てられることが多い。実際にそのような学習を経験していなくても，どのような学習なのか理解しておくと，設問の理解が容易となる。

問6 次のア～ウの考え方のうち，現在一般に批判されているものに×，推奨(すいしょう)されているものに○をつけたものとして最も適当なものを，次の①～⑧のうちから一つ選べ。

ア　エスノセントリズム

イ　同化主義

ウ　マルチカルチュラリズム

①ア－○　イ－○　ウ－○　　②ア－○　イ－○　ウ－×

③ア－○　イ－×　ウ－○　　④ア－○　イ－×　ウ－×

⑤ア－×　イ－○　ウ－○　　⑥ア－×　イ－○　ウ－×

⑦ア－×　イ－×　ウ－○　　⑧ア－×　イ－×　ウ－×

問7 次の略語のうち，国際協力やボランティアなどと**関係のないもの**を，次の①～④のうちから一つ選べ。

①NGO　　②ODA　　③NPO　　④QOL

解答・解説

［1］問1① インフォームド＝チョイスともいう。②終末期の医療について本人の希望を書き残したもので，生前に発効する遺言とされる。③父権主義とも訳され，父親が子どもを保護・後見・指導するような関係をよしとする考え方で，かつての医師がそうだったとされる。④親と同じ遺伝子ではなく，生殖医療技術を駆使して親が望む形質をもたされた子どもをいう。　問2③ "Only One Earth"というスローガンでストックホルムで開催された「国連人間環境会議」である。①1992年のリオデジャネイロ開催の「国連環境開発会議」のスローガン。②アメリカのボールディングがとなえた言葉。④環境運動でよくいわれる"Think Globally, Act Locally"の訳。　問3④ 男女共同参画社会基本法の制定は1999(平成11)年，女子差別撤廃条約の国連採択は1979年，男女雇用機会均等法の制定は1989(平成元)年。　問4① ノーマライゼーションとは，ノーマル化＝健常化ではなく，健常でない人も普通に生活できる社会こそ，ノーマル(正常)であるという理念である。②障がい者に役立つデザインは健常者にとっても優しいという考えからすべての人に普遍的に有用なデザインのこと。③障がいは社会が産みだしているとして，バリア(障がい)がない(フリー)ことを意味する言葉。④住み心地のよさを意味する言葉，とくに地域社会などについていわれる。　問5② ステレオタイプとは，紋切り型の画一的なものの見方のこと。①マクルーハン：感覚の拡大としてのメディア，③ブーアスティン：疑似イベント，④ダニエル＝ベル：脱工業化社会がそれぞれ正しい組合せ。　問6⑦ エスノセントリズムは，自民族(自文化)中心主義とも訳され，批判される考え方である。同化主義は，多数派の文化を少数派に強制し，少数派の文化を否定するもので，これも批判の対象とされることが多い。マルチカルチュラリズムは多文化(共生)主義と訳され，文化相対主義とともに，異文化との共生に欠かせない概念である。　問7④ 生命の質と訳され，医療などの分野での概念。①非政府組織，②政府開発援助，③非営利組織はそれぞれ国際協力などに関連する言葉である。

第II部 政治・経済

1 政治と国家と法

政治と国家

1 家族や地域など人間が生きていく上で，必ず参加する
生活共同体を何というか。

1 社会

2 「人間は社会的(ポリス的，政治的)動物」であると，人
間は一人だけでは生きていけず，多様な人びとによっ
て構成される社会で，互いに依存しあって生きている
ことを示した古代ギリシアの哲学者は誰か。

2 アリストテレス

3 自己の意思を他人に強制し，服従させようとして使う
力を何というか。

3 権力

4 人間が所属するさまざまな集団の中で生じる利害の対
立や意見の衝突を，強制力(＝政治権力)を用いて調
整・統合し，社会秩序を維持する働きを何というか。

4 政治

★ **5** 現在，人間が所属する社会の中でもっとも高度な政治
組織体である国家がもつ，政府・官僚機構，軍隊や警
察などの国内で最高の政治権力を何というか。

5 国家権力

★ **6** 国家における最高意思を決定する権力であり，他の国
から独立性をもつ権力以外に，国家権力そのもの(＝
統治権)の意味がある国家の権力を何というか。

> **解説** 初めて主権概念を位置づけたのは，16世紀フランスの法
> 学者ボーダンである。

6 主権

★ **7** 自由放任主義の時代の政府の活動を警察や軍事・外交
などに限定した政府のことをドイツの社会学者ラッサ
ールはどう言って批判したか。

> **解説** このような政府は「安価な政府」とも呼ばれる。

7 夜警国家

法

1 国民生活を規律するため，国家によって強制される社
会規範を法というが，国会(議会)で制定された法を何

1 法律

というか。

2 法以外の社会規範としては，人間の良心に支えられた
道徳があるが，社会の間で長年受け継がれて，人びと
の行動の基準となったものを何というか。

解説▶違反者には，法では刑罰など，道徳では良心の呵責など，
慣習では村八分などの社会的制裁を受けることになる。

2 習慣

★ **3** 国家の基本的構造を定める法であり，統治機構と基本
的人権の保障が定められ，「最高法規」にして，「根本法」
である法を何というか。

3 憲法

4 民法などのように私人相互の関係を規律する私法に対
して，刑法などのように国家と私人との関係を規律す
るものを何というか。

解説▶労働法などのように本来自由である私人間の契約に国家
が規制を加えるものを社会法という。

4 公法

★ **5** 国会で制定される法律のように，文章の形式をとった
ものを成文法というのに対し，慣習や判例の積み重ね
によって規範化されたものを何というか。

解説▶中世のイギリスで判例法として蓄積された慣習法の体系
をコモン゠ローという。

5 不文法

6 憲法に基づいて政治を行うことで，憲法によって国家
権力が制限されなければならないとする考え方を何と
いうか。

6 立憲主義

2 民主政治の原理と歴史

近代民主政治の原理

★ **1** ギリシア語の"demos（人民）"の"kratia（支配）"を語源
とする，国民の意思に従って行なわれる政治体制を何
というか。

1 民主主義（デモクラ
シー），民主政治

★ **2** リンカーン米国大統領が1863年，南北戦争で最大の
激戦地のペンシルバニア州ゲティスバーグの演説で行
なった民主主義の理想を簡潔に表現した言葉は何か。

2「人民の，人民によ
る，人民のための政
治」

3 人間が生来もつ，侵すことも譲ることもできない，普
遍的な人権を尊重する民主政治の原理を何というか。

3 基本的人権の尊重

★ **4** フランス人権宣言第3条の「あらゆる主権の原理は，

4 国民主権

本来, 国民のうちにある。」に示された民主政治の原理を何というか。

5 国民が直接政治に参加する直接民主制ではなく, 国民が自ら選出した代表者を通じて国民の意思を政治に反映させる民主主義のしくみを何というか。

5 間接民主制(代表民主制)

6 意思決定にかかわる者の多数を占める者の意見をその全体の意思として決定するしくみを何というか。

6 多数決の原理

解説 多数決の原理には, 「討論の自由」と「少数意見の尊重」が保障されなければ, 多数の専制に陥ることになる。

★ **7** 民主主義のしくみの一つである三権分立(国家権力を立法, 行政, 司法に分け, 権力相互間に抑制と均衡を保たせ, 権力の濫用を防ぐ)を主張したフランスの啓蒙思想家は誰か。

7 モンテスキュー

★ **8** 権力者の恣意的支配(＝人の支配)を否定し, 統治者も国民と同様に, 法によって拘束されるとするイギリスで発展した考え方を何というか。

8 法の支配

9 17世紀の裁判官エドワード＝コーク(クック)が王権神授説の立場に立つジェームズ1世に対して批判するために用いた13世紀イギリスの法学者ブラクトンの言葉を何というか。

9「国王といえども神と法の下にある」

★**10** 国民の代表機関である議会が制定した法律にもとづき, 国家権力の行使が行なわなければならないとするドイツで発達した考えで, 形式・手続きの適法性が重視されるものを何というか。

10 法治主義

近代民主政治の思想

★ **1** 社会や国家の成立以前の自然状態で, 自然法(人間がいつでもどこでも従うべき普遍的な法)によって根拠づけられた権利を何というか。

1 自然権

解説 人間が生まれながらにもっているものとされ, 生命・自由・幸福の追求などの権利が含まれる。

★ **2** 人びとが自らの権利を守るために, 社会の成立を認める契約(＝社会契約)によって国家がつくられたとする16～18世紀のヨーロッパで展開された政治思想を何というか。

2 社会契約説

3 人間が自然状態で自己保存のために行動すると，「万人の万人に対する闘争」になるので，国家に自然権を譲渡することで，自己保存をはかろうとして，結果として絶対主義を擁護したイギリスの思想家は誰か。

3 ホッブズ

解説▶主著に国家を旧約聖書に登場する巨大な怪獣にたとえて，その名を題名とした『リヴァイアサン』がある。

★**4** 人民が生命・自由・財産などの自然権を保障するために，自然権の一部を委託して国家がつくられたと考え，政府が人民の信託に反して人民の権利を侵害した場合，政府に抵抗し変更してもよいとする革命権・抵抗権を主張し，名誉革命の理論づけを行なったイギリスの社会思想家は誰か。

4 ロック

解説▶主著に『市民政府二論』があり，アメリカの独立革命に大きな影響を与えた。

★**5** ロックの社会契約説を発展させて，個々の利己心をこえた公共の利益をめざす人民の意志(=一般意志)にもとづく直接民主制をとなえて人民主権論を展開し，フランス革命の理論的根拠を与えたフランスの啓蒙思想家は誰か。

5 ルソー

解説▶主著に『社会契約論』がある。

近代民主政治の成立と展開

1 1215年，イギリスのジョン王による専制的な支配に対して，恣意的な課税を禁止し，不当な逮捕・監禁など人身の自由の侵害をしないことなど，貴族たちの主張を認めさせた文書を何というか。

1 マグナ＝カルタ

★**2** 中世から近代への移行期に，ヨーロッパにみられた国王が優秀な官僚と強力な常備軍を支えとして，中央集権化をはかった強大な権力政治を何というか。

2 絶対主義(絶対王政)

解説▶フランスのボシュエ，イギリスのフィルマーなどが提唱した君主のもつ統治権力が神から保障されたとする王権神授説が理論的支柱となった。

★**3** 17～18世紀に欧米でみられた，商工業者(市民階級：ブルジョアジー)が国王・貴族などの支配階級を倒した社会変革を何というか。

3 市民革命

★ 4 1628年にイギリスの国王チャールズ1世の専制政治に対し，課税と逮捕に対する議会の同意などを認めさせた，エドワード＝コークが起草した文書は何か。

4 権利請願

★ 5 1648年にイギリスで，クロムウェルを指導者とする議会が国王チャールズ1世を打倒し，共和制を樹立した市民革命を何というか。

5 ピューリタン革命（清教徒革命）

★ 6 1688年，イギリスで国王が議会を無視した専制政治を行なったため，国王をフランスに追放し，オレンジ公ウィリアムを新国王に迎えた名誉革命の後に国王に認めさせた権利宣言を何というか。

6 権利章典

★ 7 1775〜83年にアメリカの13州の植民地が，本国のイギリスに対して独立するためにおこした戦いで，同時にアメリカ社会における市民革命の性格をもったものを何というか。

7 アメリカ独立革命

★ 8 アメリカ独立革命進行中の1776年に採択されたバージニア州憲法の人権保障部分で，明確に天賦人権の思想が示され，革命権をも規定している人権保障の先駆けをなすものを何というか。

8 バージニア権利章典

★ 9 1776年にアメリカでジェファーソンの起草により発表された宣言で，革命権に言及して独立運動の正当性を表明するなど，ロックの思想的影響が見られる宣言を何というか。

9 アメリカ独立宣言

★ 10 1789年に自由・平等・博愛をスローガンとして，王制を打倒して共和制を樹立した，フランスでおこった市民革命を何というか。

10 フランス革命

★ 11 フランス革命で採択された，人間の自由と平等，国民主権，自然権の保持，財産権の不可侵や権力の分立などを謳った人権宣言を何というか。

11 フランス人権宣言

3 主要国の政治体制

イギリスの政治制度

1 憲法に従って君主が統治する政治体制を何というか。

1 立憲君主制

2 形式的には大きな権限をもつが，政治上の実権をもたない，イギリスの国王を象徴する言葉は何か。

2 「君臨すれども統治せず」

★ **3** 議会の下院の信任に基づいて内閣が組織され，内閣は連帯して議会に責任を負い，下院の多数党の党首が首相に選ばれる，イギリスで採用されている政治制度を何というか。	**3** 議院内閣制
解説▶議会に対して内閣が責任を負うことを責任内閣制という。	
4 18歳以上の国民による直接選挙で，任期5年，定数650名の議員が小選挙区制により選ばれ，解散もある一院を何というか。	**4** 下院（庶民院）
5 国民から直接選出されない貴族や聖職者などの議員で構成され，定数は不定で任期が終身の一院を何というか。	**5** 上院（貴族院）
★ **6** 1911年の議会法によって上院の権限を大きく制限して確立されたイギリス議会の原則を何というか。	**6** 下院優越の原則（下院優位の原則）
7 トーリー党から発展した保守的な自由主義政党を何というか。	**7** 保守党
8 穏健な社会民主主義を主張する政党を何というか。	**8** 労働党
★ **9** イギリスにおいて，政権を担っていない政党（＝野党）が，政権交代に備えて内閣の閣僚に見合ったポストで作る組織を何というか。	**9** 影の内閣（シャドー＝キャビネット）
★ **10** 上院から司法の機能を分離して，2009年に新設されたイギリスの最高司法機関を何というか。	**10** 連合王国最高裁判所

アメリカの政治制度

★ **1** 国家元首を国民の選挙で選ぶ政治形態を何というか。	**1** 共和制
★ **2** 行政府の長が，議員とは別に国民の選挙によって選出され，議会に対して独立性が高いアメリカの政治制度を何というか。	**2** 大統領制
3 アメリカのように，独自の政府，憲法，法律，議会や裁判所など広い自治権が認められている州が統合して一つの国家を作る制度を何というか。	**3** 連邦制
解説▶外交や軍事力などは連邦政府の権限である。	
★ **4** 大統領に法案提出権が認められていないため，大統領は，年頭の国政報告に加え，予算や法律の制定勧告文書を議会へ送付する。これらの文書を何というか。	**4** 教書
★ **5** 連邦議会が可決した法案を成立させるには，大統領の	**5** 法案拒否権

署名が必要であるが，法案に署名せずに議会に再審議を求めることができる大統領の権限を何というか。

解説 連邦議会が3分の2以上の多数で再可決すると法案は成立する。

★ 6 大統領は，国民投票で直接選出されるのではなく，憲法の規定では，各州の選挙人（上下両院の議員数）を選ぶ間接選挙である。ほとんどの州の選挙人は選挙結果で一票でも多く獲得した候補者に投票するが，この選挙人を何というか。

6 大統領選挙人

7 上院は条約の承認，高級官僚の任命同意権，下院には予算先議権をもつが，憲法では上下両院の権限は対等である米国の立法機関を何というか。

7 連邦議会

8 アメリカの2大政党の一つで，リベラルな政策を展開し，南部を中心に支持を集める政党を何というか。

8 民主党

9 アメリカの2大政党の一つで，保守的な政策を選択することが多く，北部や東部の資本家層の支持が強い政党を何というか。

9 共和党

10 18世紀の初めに判例により違憲立法審査権が認められている米国の最上位の裁判所を何というか。

10 連邦最高裁判所

★11 ジェファーソンらが起草し，1787年に制定され翌年に発効した憲法で，統治機構では厳格な三権分立を規定し，修正条項として権利章典（1791年），大統領の三選禁止（1951年）などが追加された世界最初の成文憲法は何か。

11 アメリカ合衆国憲法

中国の政治制度

★ 1 権力分立制を否定し，人民を代表する議会に国家の全権力が集中する社会主義国における政治制度を何というか。

1 権力集中制（民主集中制）

解説 事実上は国家機関と一体化している中国共産党によって指導されている。

★ 2 省・自治区・軍隊などから選出された代表約3,000名が参加する一院制の立法機関で，毎年一回開催される，中国の国家権力の最高機関を何というか。

2 全国人民代表大会（全人代）

解説 実際には，全人代の機能を代行する常設機関である常務委員会に，権力が集中することになる。

★ **3** 上記の大会によって選出される，任期5年の中国の国家元首を何というか。

3 国家主席

解説 2018年3月の憲法改正により，国家主席の任期を2期10年までに制限する規定が撤廃された。

4 全国人民代表大会によって選出される，内閣に相当する国家行政機関を何というか。

4 国務院

解説 国務院の長である国務院総理（首相）は，国家主席が指名し，全人代の承認を経て国家主席が任命する。

5 全国人民代表大会によって長官や裁判官が選出される中国の最高司法機関を何というか。

5 最高人民法院

その他の政治制度

★ **1** 1917年に帝政ロシアを打倒するとともに，1922年に世界で最初の社会主義国家ソヴィエト連邦を成立させた革命を何というか。

1 ロシア革命

★ **2** 第一次世界大戦後の資本主義の危機的状況で，独裁者や独裁政党が権力をもち，個人より全体を優先させて，国民の自由や権利を抑圧しようとする全体主義的な思想を何というか。

2 ファシズム

解説 もともとはイタリアのムッソリーニが率いるファシスタ党による独裁政治をさした。

★ **3** 第一次世界大戦後のドイツにおいて，党首ヒトラーのもとで，民族主義・反ユダヤ主義を掲げて成立し，1933年に独裁政権を確立した政党を何というか。

3 ナチ党（国家社会主義ドイツ労働者党）

★ **4** 開発途上国において，経済開発を優先して，軍事政権や一党支配により議会制民主主義を否定もしくは形骸化させた強権的独裁政治を何というか。

4 開発独裁

解説 韓国の朴正煕政権，フィリピンのマルコス政権，インドネシアのスハルト政権が典型である。

演 習 問 題 ─────────────────────────── 1

次の問い（問1～7）に答えよ。

　政治は，a人間が集団で暮らす限り，いろいろな時代，いろいろな場所で行なわれてきた。それをルール化したのがb法であった。人間一人一人の権利が認められるようになった近代民主政治が展開されるのは，欧米でのc市民革命によってである。そこで勝ち取られた人権宣言を通して，d国民主権，基本的人権の尊重，権力分立，議会制民主主義，法の支配などが確立してきた。

　現在，民主政治を実現するために，いろいろな政治体制がある。eイギリスの議院内閣制，アメリカの大統領制，f中国の民主集中制などである。

問1 下線部aに関連して，「人間は社会的動物である」と指摘した古代ギリシアの哲学者を，次の①～④のうちから一つ選べ。

　①ボーダン　　②ラッサール　　③マキャヴェリ　　④アリストテレス

問2 下線部bに関して，次の①～④のうちから，最も適当なものを一つ選べ。

　①国または地方公共団体と国民との間の法律関係を定める法を社会法という。

　②イギリスの裁判官ブラクトンは，「国王といえども神と法のもとにある」というコーク（クック）の言葉を引用して国王を批判した。

　③モンテスキューは，国の権力を，法律をつくる立法と法律を執行する行政と，法律を解釈する司法の三権に分立し，相互に抑制と均衡を保たせようとした。

　④為政者が議会で制定された法律に基づく政治を行なう法治主義は，アメリカにおいて発達した。

問3 下線部cを支えた社会契約説をとなえた次のa～cの人物とその主張であるア～ウの組み合わせとして最も適当なものを，下の①～⑥のうちから一つ選べ。

　a　ルソー　　　b　ロック　　　c　ホッブズ

　ア　自然状態では「万人の万人に対する闘争」がおきるから，自然権を統治者に全面的に譲渡しなければならないと主張した。

　イ　人民は，自然権を保障しない統治者を改廃して，新たな政府を組織する革命権を有すると主張した。

　ウ　「一般意思」に基づく直接民主制を主張して，人民主権論を展開した。

①a－ア　b－イ　c－ウ　②a－ア　b－ウ　c－イ
③a－イ　b－ア　c－ウ　④a－イ　b－ウ　c－ア
⑤a－ウ　b－ア　c－イ　⑥a－ウ　b－イ　c－ア

問4 下線部 d に関して，リンカーンは，「ゲティスバーグの演説」で民主主義を簡潔に表現しているが，次のa～cの三つの言葉とア～ウの内容の組み合わせとして最も適当なものを，下の①～⑥のうちから一つ選べ。

　　a　人民の政治　　　b　人民による政治　　　c　人民のための政治
　　ア　国民主権　　　イ　国民受益　　　ウ　代議政治

　　①a－ア　b－イ　c－ウ　②a－ア　b－ウ　c－イ
　　③a－イ　b－ア　c－ウ　④a－イ　b－ウ　c－ア
　　⑤a－ウ　b－ア　c－イ　⑥a－ウ　b－イ　c－ア

問5 下線部 e に関して，イギリスやアメリカの政治制度について**適当でないもの**を，次の①～④のうちから一つ選べ。

①イギリスの国会は，上院に対する下院の優位の原則が確立している。

②イギリスの内閣は，下院に対して連帯して責任を負う。

③アメリカの大統領には，法案提出権がないので法案拒否権が認められている。

④アメリカの小選挙区制の上院とは異なり，下院は比例代表で選出される。

問6 下線部 f に関して，どの機関に権限が集中すると憲法に規定されているか，最も適当なものを，次の①～④のうちから一つ選べ。

①国家元首である国家主席　　　②毎年数日間開かれる全国人民代表大会
③首相である国務院総理　　　④中国共産党主席

問7 アメリカ以外で大統領制を採用する国では，大統領と首相が併存する場合が多いが，次の①～④のうち，大統領よりも首相の権限が強い国はどれか。

①韓国　　②ドイツ　　③フランス　　④ロシア

解答・解説

[1] 問1④　ボーダンは主権，ラッサールは「夜警国家」，マキャヴェリは「権力政治」　問2③　①は公法，②はコークとブラクトンが入れ替わり，④の法治主義はドイツで発達。　問3⑥　ホッブズの「万人の万人に対する闘争」，ロックの「革命権」，ルソーの「一般意志」がキーワード。　問4②　人民の，人民による，人民のための政治の意味をおさえる。　問5④　アメリカの上院は各州二人ずつ選出されて100人で構成され，任期は6年で，2年ごとに3分の1ずつ改選される。下院は435人で構成され，小選挙区制で2年ごとに全議員が改選される。　問6②　実際の権限は，共産党総書記を兼ねる国家主席にあるが，憲法上は全国人民代表大会。　問7②　ドイツは大統領は象徴的存在で，行政権は内閣にある。

1　日本国憲法の制定と基本原理

大日本帝国憲法と戦前の政治

★ **1** 1874年の民撰議院設立の建白書の提出を契機として，憲法の制定と国会の開設を要求した，明治時代の民主主義的政治運動を何というか。

1 自由民権運動

2 国会開設の詔を受けて作成された私擬憲法（民間の憲法試案）の中で，植木枝盛が起草したものを何というか。

解説▶主権在民の立場に立ち，普通選挙権，一院制，抵抗権などを保障していた。

2 東洋大日本国国憲按

★ **3** 君主の権力が強いプロイセン憲法を手本に伊藤博文を中心に起草され，1889（明治22）年2月11日に公布，翌90年に施行されたアジア最初の成文憲法を何というか。

3 大日本帝国憲法（明治憲法）

★ **4** 主権者である君主が制定して，国民に与えた憲法を何というか。

解説▶国民主権に基づき，国民又は国民から直接選出された代表者によって制定された憲法を民定憲法という。

4 欽定憲法

5 大日本帝国憲法の第1条で「大日本帝国ハ万世一系ノ天皇之ヲ統治ス」，第4条の「天皇ハ国ノ元首ニシテ統治権ヲ総攬シ」と定められているように，国家の最高意思を最終的に決定する権力が天皇にあるとする考え方を何というか。

解説▶元首とは，対外的に国家を代表する地位にある機関で，行政府の長である。民選の衆議院と官選の貴族院の二院からなる帝国議会は，天皇の立法権の協賛機関であるが，内閣の各国務大臣は天皇の行政権の輔弼機関である。裁判所は天皇の名に於いて裁判を行ない，最高裁は大審院である。

5 天皇主権

★ **6** 大日本帝国憲法で天皇のみに認められた広汎な統治の

6 統帥権の独立

権限を天皇大権というが，天皇が軍隊の指揮または編制をする権力が，政府も帝国議会も関与できなかった。これを何というか。

解説▶天皇大権の一つとして，帝国議会の閉会中に法律と同じ効力をもつとされる緊急勅令(きんきゅうちょくれい)を天皇が発することができる。

★ **7** 大日本帝国憲法における人権保障は，「臣民(しんみん)の権利」と規定されているが，法律に基づけば個人の自由や権利を制限，侵害できた。これを何というか。

7 法律の留保

8 護憲運動や普通選挙の実現を求めた大正デモクラシーの指導理論の一つであり，東京帝国大学教授吉野作造(よしのさくぞう)が，国民主権などを意味する民主主義と区別して用いた語を何というか。

8 民本主義

9 1900(明治33)年に集会・結社・言論の自由や労働運動を制限するために制定された法律を何というか。

9 治安警察法

★**10** 1925(大正14)年に普通選挙法とあわせて，「国体の変革」と「私有財産制度の否認」を目的として結社を組織する者を取り締まるため制定された法律を何というか。

10 治安維持法

解説▶日本の場合，国体とは，とくに戦前の明治憲法における伝統的・超国家的権威(けんい)に基づく天皇制をいう。1927(昭和2)年の緊急勅令で「国体ノ変革」については最高刑が死刑まで引き上げられた。

日本国憲法の成立

★ **1** 1945年7月，米国・英国・ソ連・中国が，日本に対して無条件降伏(こうふく)を勧告し，日本が8月14日に受諾(じゅだく)して降伏することになった宣言を何というか。

1 ポツダム宣言

2 戦後，日本の占領行政を担当した機関を連合国軍最高司令官総司令部(GHQ)というが，連合国軍最高司令官として，戦後日本の民主化・非軍事化を進め，憲法制定などの改革を行なったアメリカ軍人は誰か。

2 マッカーサー

★ **3** 幣原喜重郎(しではらきじゅうろう)内閣の下で大日本帝国憲法改正のために設けられ，松本案をまとめた委員会(委員長は松本烝治(じょうじ))を何というか。

3 憲法問題調査委員会

解説▶松本案は天皇主権の国体護持を目的とするもので，占領軍から民間草案より最も遅れた保守的なものと評価された。

★ **4** 日本政府が作成した憲法改正案(松本案)は大日本帝国憲法の修正にすぎなかったため，GHQが自ら作成した憲法草案を何というか。

> 解説▶マッカーサーにより示されたマッカーサー三原則(天皇象徴化，戦争の放棄，封建制の廃止)に基づき，天皇を象徴とする憲法研究会案を参考にして逐条で作成された。

4 マッカーサー(草)案

5 1946(昭和21)年5月に召集され，女性に選挙権を認めた新しい選挙法で選ばれた衆議院と貴族院で，憲法改正草案が審議され，可決された最後の帝国議会を何というか。

5 第90回帝国議会

★ **6** 1946(昭和21)年11月3日公布，1947(昭和22)年5月3日施行，大日本帝国憲法の改正という手続きで制定された，現在の日本の憲法を何というか。

6 日本国憲法

7 日本国憲法の制定の由来や三大基本原理などを宣言した日本国憲法の前書きにあたるものを何というか。

7 憲法前文

国民主権と象徴天皇制

1 日本国憲法では，前文の第一段落に国民主権が謳われているが，憲法の本文で国民主権が規定されているのは第何条か。

1 日本国憲法第1条

★ **2** 日本国憲法第1条で「日本国の象徴であり日本国民統合の象徴」とされた戦後の天皇制を何というか。

2 象徴天皇制

★ **3** 天皇は国政に関する権能を有しないが，日本国憲法第6条・7条で定められた国家機関としての天皇が行なう，形式的・儀礼的行為を何というか。

3 国事行為

★ **4** 天皇の国事行為に対して，内閣が行なう事前の進言や事後の同意を何というか。

4 内閣の助言と承認

憲法改正

1 日本の憲法は一般の法律の改正より厳格な手続きをとるが，このような憲法を何というか。

> 解説▶一般の法律と同様の改正手続きをとる憲法を軟性憲法という。

1 硬性憲法

★ **2** 日本国憲法の基本原理(日本国憲法の三大原則)を三つあげよ。

2 基本的人権の尊重，国民主権，平和主義

★ 3 2005（平成17）年に憲法調査会が最終報告を行ったが，憲法発議や憲法改正案の審査を行うために，2007（平成19）年に衆参両院に設けられた機関を何というか。

3 憲法審査会

★ 4 憲法改正の国会発議を受けて実施される国民投票について，具体的な手続きを示したもので，2007（平成19）年に制定された法律を何というか。

4 国民投票法

解説▶国民投票の投票権年齢は18歳以上である。選挙権や成年の年齢を18歳に引き下げるまでは20歳以上とされていたが，2014（平成26）年の改正で施行後4年が経過した2018（平成30）年からは18歳以上が投票に参加できることになった。

2 自由権的基本権と法の下の平等

基本的人権の保障

★ 1 日本国憲法が「侵すことのできない永久の権利」（第11条）で，「立法その他の国政の上で，最大の尊重を必要とする」（第13条）と規定している国家活動の指導原理を何というか。

1 基本的人権の保障

2 日本国憲法第13条と第24条で規定された，個人の人格に最高の価値を認め，最大限尊重されるべきであるということをあらわす言葉は何か。

2 個人の尊厳（個人の尊重）

★ 3 日本国憲法第13条後段で規定された，「生命，自由及び幸福追求に対する国民の権利」を何というか。

3 幸福追求権

4 日本国憲法第22条で保障された，人が自らの意思で国籍を離れる自由を何というか。

4 国籍離脱の自由

解説▶国籍条項（公務員には日本国籍が必要）は，内閣法制局見解(1953年)に由来するが，地方公務員法には明文規定がない。

★ 5 国家権力の介入や干渉により，個人の自由や権利を侵害されない権利で，18世紀的権利や「国家からの自由」とも呼ばれるものを何というか。

5 自由権的基本権（自由権）

精神の自由

★ 1 思想および良心，信教などの内心の自由，それを外部にあらわす表現の自由，学問の自由，信教の自由を総称して何というか。

1 精神の自由（精神的自由権）

★ **2** 個人の内心における思想や信条などが，権力によって侵害されない自由（憲法第19条）を何というか。

解説▶三菱樹脂訴訟では，思想・信条を理由とする解雇の正当性が争われたが，最高裁は会社と従業員の私人間では適用されないとの判断を示した。

2 思想・良心の自由

★ **3** 日本国憲法第20条で保障された，信仰や布教や宗教結社などの宗教活動の自由などを総称して信教の自由というが，国家が特定の宗教およびその団体を支持または弾圧せずに，非宗教的で宗教的に中立である原則を何というか。

解説▶最高裁判所は，津地鎮祭訴訟（1977年）では合憲判決をだしたが，愛媛玉ぐし料訴訟（1997年，愛媛県知事が靖国神社などの玉ぐし料を公費で負担），砂川政教分離訴訟（2010年，市有地を神社に無償提供）では違憲判決をだした。

3 政教分離（の原則）

★ **4** 個人や集団が，外部に自らの思想・主張・意見などを表現する自由を何というか。

解説▶集会・結社の自由とは，日本国憲法第21条で保障された，多数の人が共同の目的のために一時的に一定の場所に集まったり，継続的に団体を結成する自由をいう。言論・出版の自由とは，日本国憲法第21条で保障された，言語や印刷などによって，自らの思想・信条を外部に発表する自由をいう。

4 表現の自由

5 公権力が言論・出版などの表現内容を，発表される前に審査したり，発表を禁止することを何というか。

5 検閲

★ **6** 日本国憲法第21条第2項で保障された，手紙や電話などの通信内容について，公権力による不当な調査や漏洩を禁止することを何というか。

解説▶通信傍受法の制定によって，重要な組織犯罪捜査のため，裁判所の発行する令状に基づいて，電話などが傍受できるようになった。

6 通信の秘密

7 新聞・放送などの報道機関が，情報伝達を行なうことに関わる自由を何というか。

7 報道の自由

8 日本国憲法第23条で保障された，研究の自由，研究成果発表の自由，教授の自由を何というか。

解説▶大学の人事・施設・学生の管理がその構成員の意思により自主的に行なわれることを大学の自治という。

8 学問の自由

9 主権は国家にあり，天皇はその一機関であるという美濃部達吉の学説が日本の国体に反するとして問題になり，その著書が発売禁止となった事件を何というか。

9 天皇機関説事件

人身の自由

★ 1 正当な理由なく身体を拘束されない自由を何というか。

1 身体の自由（人身の自由）

解説▶戦前の強制労働の反省を込めて，日本国憲法第18条で奴隷的拘束及び苦役からの自由を規定している。

★ 2 日本国憲法第31条に規定のある，公権力の刑罰権の濫用を防ぐために，法律による適正な手続きによらなければ，逮捕されたり，刑罰を科せられないことを何というか。

2 法定手続きの保障（適法手続きの保障）

3 刑事事件の容疑者で，まだ起訴されていない者を法律上何というか。

3 被疑者

4 刑事事件で検察官により裁判所に起訴されていて，裁判が確定していない者を何というか。

4 被告人

解説▶裁判で有罪と確定するまでは，被疑者・被告人は無罪の推定を受ける「疑わしきは被告人の利益に」は刑事裁判の原則である。

★ 5 どのような行為が犯罪であり，その犯罪にどのような刑罰が科せられるかは，あらかじめ法律によって定められていなければならないという原則を何というか。

5 罪刑法定主義

★ 6 犯罪捜査のための逮捕・拘留，捜索・押収などには，裁判官が発行した令状を必要とするという原則を何というか。

6 令状主義

7 日本国憲法第36条で保障された，被疑者又は被告人に対して，自白を得るために肉体的な苦痛を与える拷問や，むごたらしい刑罰を科することを禁じる原則を何というか。

7 拷問・残虐な刑罰の禁止

解説▶死刑は最高裁判決（1948年）で残虐な刑罰にあたらないとされており，1989年に国連で採択された死刑廃止条約を日本は批准していない。

★ 8 日本国憲法第38条で保障された，被疑者や被告人が自己に不利益な供述（自白）を強要されない権利を何というか。

8 黙秘権

★ **9** 日本国憲法第37条で規定された，刑事被告人自身が弁護人をつけることができない場合に，国の費用で弁護人をつける制度を何というか。

9 国選弁護人

解説▶死刑または無期，もしくは3年以上の懲役または禁錮にあたる事件については，被疑者の段階で国費の弁護人をつける制度が法制化されている。

★**10** 日本国憲法第39条で規定された，ある行為をした時点ではそれを罰する法律がなかったのに，あとで定めた法律でその行為を罰してはならないという原則を何というか。

10 遡及処罰の禁止

★**11** 日本国憲法第39条で規定された，裁判で一度確定した事件を，再び裁判をしてはならないという原則を何というか。

11 一事不再理

解説▶被告人に有利な再審を妨げるものではない。また，一度処罰を受けた行為について重ねて処罰されない(二重処罰の禁止)。

経済活動の自由

★ **1** 資本主義社会に不可欠な，国民の経済生活，経済活動，財産に関する自由を保障する権利を何というか。

1 経済的自由権

2 日本国憲法第22条に保障された，人がどこに住み，どこに移るかについては，公共の福祉に反しない限り自由であるという権利を何というか。

2 居住・移転の自由

解説▶公共の福祉は，社会全体の利益と幸福をさす。日本国憲法では人権の総則の第12，13条と，経済的自由権の第22，29条に規定されている。権利の濫用を禁止することから基本的人権を制約する要因とされる場合がある。

★ **3** 日本国憲法第22条に保障された，選択した職業を自由に営める営業の自由を含め，人がどのような職業に就くかは自由であるとする権利を何というか。

3 職業選択の自由

★ **4** 日本国憲法第29条に保障された，公共の福祉に反しない限り，個人が自らの財産権を公権力によって侵害されないことを何というか。

4 財産権の不可侵

平等権

★ **1** 日本国憲法第14条で保障された, 人種, 信条, 性別
　　などで差別されない権利であり, 法適用の平等だけで
　　なく, 法内容の平等をも求める原則を何というか。

2 近代以前の社会の人民を分断支配するため設けられた
　　上下・貴賤（きせん）の関係にある固定的・世襲的な地位を何と
　　いうか。
　　解説▶門地（もんち）とは家柄や出生によって決定される社会的地位のこ
　　とである。

★ **3** 父母などを殺害する尊属殺人罪（そんぞくさつじん）を, 普通の殺人罪より
　　重く罰する刑法第200条を, 法の下の平等に反すると
　　して最高裁が初めて違憲判決をだした事件は何か。

4 日本国憲法第24条で規定された両性の本質的平等に
　　基づき, 男女の性別で差別がないことを何というか。

★ **5** 男女平等を推進するために, 男女が社会の対等な構成
　　員として, 互いに人権を尊重しつつ, 能力を十分発揮
　　できる社会の実現を目的として1999（平成11）年に制
　　定された法律は何か。

★ **6** 権力による民衆の分断・支配のために, 近世から近代
　　にかけて作られた被差別部落民に対する差別を何とい
　　うか。

7 1922年に結成された被差別部落の解放を目的として
　　作られた運動組織を何というか。

8 部落差別によっておこっている人権侵害による社会問
　　題を何というか。

9 同和対策審議会答申に基づいて, 差別による不利益を
　　こうむっている地域の生活環境の改善と社会福祉の向
　　上をはかるために1969（昭和44）年につくられた法律
　　を何というか。
　　解説▶10年間の時限立法であったが, 1978（昭和53）年に3年間
　　延長され, 1982（昭和57）年には地域改善対策特別措置法,
　　さらに1987（昭和62）年に地域改善対策特定事業財政特別措
　　置法が制定されたが, 2002（平成14）年に法律による措置は
　　終了した。

---

1 法の下の平等

2 身分

3 尊属殺重罰規定違憲
事件

4 男女平等

5 男女共同参画社会基
本法

6 部落差別

7 全国水平社

8 同和問題（部落問題）

9 同和対策事業特別措
置法

★**10** アイヌ民族への差別を克服するため，北海道旧土人保護法を廃止して1997（平成9）年にアイヌ文化振興法が制定されたが，2019年に制定されたアイヌを先住民として明記した法律は何か。

> 解説▶2007年に国連で「先住民族の権利に関する宣言」，2008年には国会で「アイヌ民族を先住民族とすることを求める決議」が採択されている。

10 アイヌ施策推進法

★**11** 戦前，日本に強制連行されたりして，現在，日本社会の中で在日外国人として居住している韓国・朝鮮系の人びとに対する差別を何というか。

11 在日韓国・朝鮮人差別

★**12** 健常者との共生がはかられている社会で，身体または精神に障がいがある人びとに対する差別を何というか。

12 障がい者差別

3 社会権的基本権と参政権・請求権

社会権的基本権

★**1** 自由権的基本権に対して，国家の積極的な介入により，経済的弱者にも実質的な自由と平等を実現する権利で，「20世紀的権利」や「国家による自由」と呼ばれるものを何というか。

1 社会権（社会権的基本権）

★**2** 自由権的基本権のうち，経済の自由に制限を加え，社会権的基本権を初めて盛り込んだ，1919年に制定されたドイツ共和国憲法を何というか。

2 ワイマール憲法

★**3** 日本国憲法第25条に保障された，健康で文化的な最低限度の生活を営む権利で，国家に対してその実現を要求する権利を何というか。

3 生存権

★**4** 朝日訴訟の最高裁の判決に示された，日本国憲法第25条は直接個々の国民に対して，国家に対して実現を要求できる具体的な権利を賦与したものではなく，国家の将来的な努力目標を責務として宣言したものであるとする考え方を何というか。

> 解説▶朝日訴訟では国の生活保護の給付内容の不十分さが争われたが，堀木訴訟では障害福祉年金と児童扶養手当の併給の禁止をめぐって争われた。

4 プログラム規定

5 日本国憲法第26条に保障された，すべての国民が「そ

5 教育を受ける権利

の能力に応じて，ひとしく教育を受ける」ことができ
る権利を何というか。

解説▶小学校・中学校の義務教育について，無償とすることが
憲法で謳われている。

6 1947(昭和22)年に制定され，2006(平成18)年に大幅
に改正された，日本国憲法の精神にのっとり，教育の
目的・方針，教育の機会均等，義務教育，男女共学な
ど教育の基本的なあり方を定めた法律を何というか。

6 教育基本法

★**7** 憲法に保障されている勤労権と，団結権・団体交渉権・
団体行動権の労働三権を総称して何というか。

7 労働基本権

★**8** 日本国憲法第27条で保障された，労働の能力を有し
ながら就職の機会を得られない場合，それを国家に要
求することのできる権利を何というか。

8 勤労権(勤労の権利)

★**9** 労働者が労働組合を組織し，加入する権利を何という
か。

9 団結権

★**10** 労働者が労働条件の維持・改善について労働組合の代
表者を通じて，使用者と交渉する権利を何というか。

10 団体交渉権

★**11** 労働者が労働条件の維持・改善を実現するために，ス
トライキなどの争議行為をする権利を何というか。

11 団体行動権(争議権)

参政権・請求権

★**1** 国民主権の原理を具体化させるために，国民が自らの
意思を国政に反映させるため，国の政治に参加する権
利を何というか。

解説▶日本における普通選挙権は，男子は1925(大正14)年，女
子については1945(昭和20)年に認められた。

1 参政権

2 日本国憲法第15条で保障された，国民の手で公務員
を選んだり，やめさせることができる権利は何か。

2 公務員の選定・罷免
権

3 国又は地方公共団体に対し，国民が基本的人権の侵害
を排除したり，損害賠償を求める権利を何というか。

3 請求権

★**4** 日本国憲法第32条に保障された，自由・権利を侵害
された国民が，救済を求めて裁判に訴えることのでき
る権利を何というか。

4 裁判を受ける権利

★**5** 日本国憲法第17条で保障された，公務員の不法行為
によって損害を受けた国民が，国または地方公共団体

5 国家賠償請求権

に対して損害賠償を求めることのできる権利を何というか。

★ 6 日本国憲法第40条で保障された，抑留または拘禁されたのちに無罪が確定した場合，国に対して金銭補償を求めることのできる権利を何というか。

6 刑事補償請求権

★ 7 日本国憲法第16条で保障された，国民が国や地方公共団体に対して希望を表明する権利を何というか。

7 請願権

8 日本国憲法で規定されている国民の三大義務のうち，教育を受けさせる義務や納税の義務と並ぶ，もう一つの義務を何というか。

8 勤労の義務

4 新しい人権と人権の国際化

新しい人権

★ 1 社会の急激な変化により人間らしく生きるために，憲法に具体的には規定されていないが新たに認められつつある権利を総称して何というか。

1 新しい人権

★ 2 表現の自由を受け手の側からみたもので，国民が必要とする情報を自由に入手する権利を何というか。

2 知る権利

3 言論の自由を確保するために，意見広告や反論記事の掲載など国民がマス＝メディアを利用して自己の意見を表明する権利を何というか。

3 アクセス権

★ 4 政府の説明責任を明らかにし，中央官庁の行政文書の公開を義務づける法律（1999年制定，2001年施行）を何というか。

4 情報公開法

解説 外国人などにも文書の開示を認めている。ただし，個人情報や国の安全に関する情報などは公開の対象となっていない。1982（昭和57）年に山形県最上郡金山町で公文書公開条例が初めて制定されて以来，各地方公共団体に情報公開条例が広まった。

★ 5 日本の安全保障に著しく支障を与えるおそれがあるため，とくに秘匿することが必要であるものを「特定秘密」に指定し，取扱者の適正評価を実施し，漏洩した場合の罰則を定めた法律を何というか。

5 特定秘密保護法

★ 6 「一人で放っておかれる権利」または「私生活をみだり

6 プライバシーの権利

に公開されない権利」から「自己の情報をコントロールする権利」ととらえられるようになった権利を何というか。

解説▶プライバシー権が法的権利と確認されたのは三島由紀夫の小説の『宴のあと』事件(1964年)である。『石に泳ぐ魚』事件(2002年)では，最高裁は作者の柳美里に出版差し止めと損害賠償を命じた。

7 2016(平成28)年から利用が始まった，全国民に割り振った12桁の個人番号で，社会保障や納税に関する情報を管理する制度を何というか。

7 マイナンバー制度

解説▶政府は，行政の効率化が実現できるとするが，国民総背番号制で個人情報が把握されるとの批判もある。

★**8** 「良好な環境を享受する権利」，「人間が健康で快適な生活を営む権利」といわれる権利を何というか。

8 環境権

解説▶環境権として主張されている権利には，日照権，静穏権，眺望権，嫌煙権などがある。

★**9** 個人が，どのように生きてどのように行動するかを他人に干渉されずに決定できる権利を何というか。

9 自己決定権

解説▶自己決定権の一つとして，回復の見込みのない患者が自らの意思で延命治療を中止し，自然死を迎える尊厳死がある。

★**10** 患者が，医師から医療行為の内容，その結果など治療法について十分な説明を受けた上で，医療行為に自己決定権に基づいて同意することを何というか。

10 インフォームド＝コ ンセント

11 生命・身体，精神，生活に関する人格の尊厳を維持するために有する人格的諸権利を総称して何というか。

11 人格権

12 新しい人権の一つである，憲法前文の「恐怖と欠乏から免れ，平和のうちに生存する権利」を何というか。

12 平和的生存権

解説▶自衛隊イラク派遣差止訴訟で，平和的生存権の権利性を認め，憲法第9条1項違反とする名古屋高裁判決が確定(2008年)。

5 日本の安全保障

憲法第9条

★**1** 平和憲法といわれる日本国憲法では，第9条1項では，何を放棄すると定めているか。

1 戦争放棄

解説▶戦争とは，宣戦布告による外国の軍隊と自国の軍隊との戦闘である。自衛戦争とは異なり，侵略戦争は国際法上違法である。

★ **2** 日本国憲法第9条2項では何を保持しないと定めているのか。

2 戦力の不保持

解説▶戦力とは，日本が対外的な戦闘を行なうための人的・物的能力をいい，日本政府は自衛のための必要最小限度の実力を保持することは認められるとしている。

3 日本国憲法第9条2項では何を否認しているのか。

3 交戦権の否認

解説▶交戦権とは，国家が戦争を行なう権利であるが，国家が交戦する上でもつ権利との考えもある。

4 外国からの急迫・不正の侵害に対して，これを排除するため，国が必要最小限度の実力を行使しうる権利を何というか。

4 自衛権

★ **5** 自国と同盟関係にある国が武力攻撃を受けたときに，その武力攻撃を自国の安全に関する脅威とみなして共同防衛する自衛権を何というか。

5 集団的自衛権

解説▶国連憲章第51条では，自国だけで防衛する権利である個別的自衛権とともに認められている。日本政府は，集団的自衛権は認められないとしてきたが，2014（平成26）年，安倍晋三内閣は憲法解釈の変更による集団的自衛権を認める閣議決定を行なったうえ，法制化も実現した。

自衛隊

★ **1** 1950年に朝鮮戦争が勃発した際に，連合国軍総司令部の命令によって，国内の治安維持を目的として設置された実力組織を何というか。

1 警察予備隊

★ **2** 1952年の，サンフランシスコ平和条約の発効にともない，自衛力の強化を求めるアメリカの要請を受けて，警察予備隊が改組されて設けられた実力組織を何というか。

2 保安隊

★ **3** 1954（昭和29）年の自衛隊法の成立により保安隊が改組されて，日本の安全と独立を守り，侵略に対して日本の安全を守るために設けられた実力組織を何というか。

3 自衛隊

4 2007（平成19）年に省に昇格した，国土防衛，治安維持，

4 防衛省

災害救助などを目的とする行政機関を何というか。

解説 昇格前の防衛庁は，内閣府の外局として設置されていた。

★ 5 1962（昭和37）年，北海道恵庭町で発生した，牧場経営者が自衛隊の通信線を切断した事件をめぐって，自衛隊の違憲・合憲が争われ，第一審の札幌地裁で被告が無罪となって確定した訴訟を何というか。

5 恵庭事件

★ 6 1968（昭和43）年，北海道長沼町において自衛隊のナイキ基地建設をめぐって争われ，一審では自衛隊の違憲判決が出されたが，二審，最高裁では，統治行為論を用いて憲法判断を回避した訴訟を何というか。

6 長沼ナイキ訴訟

★ 7 1977（昭和52）年，茨城県航空自衛隊百里基地の建設予定地の土地所有をめぐって争われ，一審では統治行為論が適用されて自衛隊が合憲とされ，二審，最高裁では自衛隊への憲法判断を回避した訴訟を何というか。

7 百里基地訴訟

★ 8 国防に関する重要事項などの緊急事態の対処などを審議するため，内閣に設置された安全保障会議は，2013（平成25）年の法改正により変更された名称を何というか。

8 国家安全保障会議

★ 9 文民（軍人でない者）である内閣総理大臣が自衛隊の最高指揮権をもち，同じく文民の防衛大臣と国防を統制するという，民主主義に欠かせないシステムを何というか。

9 文民統制

★10 1968（昭和43）年，佐藤栄作首相が国会で表明した，「持たず，作らず，持ち込ませず」という核に関する三つの原則を何というか。

10 非核三原則

11 1967（昭和42）年，佐藤栄作内閣が表明した武器輸出三原則は，2014（平成26）年の安倍晋三内閣で変更されたが，これを何というか。

11 防衛装備移転三原則

★12 相手国の武力攻撃を受けて初めて自国を防衛するという日本の防衛方針を何というか。

12 専守防衛

★13 防衛費の増大を抑えるため，1976（昭和51）年の三木武夫内閣の時に閣議決定された方針を何というか。

13 GNP 1 ％枠

解説 1976（昭和51）年以降，4次にわたる防衛力整備計画で自衛隊の強化がはかられた。1987（昭和62）年の中曽根康弘内閣の際にこの方針は撤廃されたが，おおむね1％の枠内におさまっている。

日米安全保障条約

★ **1** 1951年のサンフランシスコ平和条約と同時に締結され，日本の独立後に米軍の日本駐留と基地利用を認めた条約を何というか。

1 日米安全保障条約

★ **2** 1960(昭和35)年に安保闘争という激しい反対闘争の中で，1951(昭和26)年の条約が改定されて，米軍の日本防衛義務が明記され，事前協議などが規定された条約を何というか。

2 新日米安全保障条約

> 解説▶事前協議とは，新日米安保条約6条の交換公文に基づき，在日米軍の配備や装備の重要な変更，日本の基地からの米軍の作戦行動について，日米両政府が事前に行なう協議。

★ **3** 従来の日米行政協定が改定され，新日米安全保障条約に基づいて，在日米軍への基地の提供，米軍人の裁判権や基地経費の分担などを定めた協定を何というか。

3 日米地位協定

★ **4** 在日米軍基地縮小を求める沖縄県民の声の高まりによって，1996(平成8)年に名護市辺野古沖に基地を移設し，日本に返還することが決まった基地は何か。

4 普天間基地

★ **5** 第一審の東京地裁では米軍駐留を違憲としたが，1959(昭和34)年の最高裁では日米安保条約の違憲判断を統治行為論により司法審査の範囲外とした在日米軍砂川基地の拡張をめぐる事件を何というか。

5 砂川事件

> 解説▶統治行為論とは，高度に政治性の高い国家の行為については，裁判所の司法審査の対象にならないという考え方。

★ **6** 在日米軍の負担すべき駐留経費を，1978(昭和53)年から日本側が負担している予算を何というか。

6 思いやり予算

冷戦後の安全保障

1 1996(平成8)年，冷戦後の日米安保体制のあり方を再定義し，「アジア太平洋地域の平和と安定」に寄与し，日米防衛協力を，極東を含めた「日本周辺有事」に転換した宣言を何というか。

1 日米安全保障共同宣言

★ **2** 1978(昭和53)年につくられた日米防衛協力のための指針(ガイドライン)が全面的に見直され，1997年に周辺事態という新しい概念が取り入れられた指針を何

2 改定ガイドライン

というか。

★ **3** 日本周辺地域で武力紛争が発生した場合，上記の指針に基づいて，自衛隊の米軍への後方支援や捜索救援活動の枠組みなどを定めた，1999（平成11年）年に制定された法律を何というか。

3 周辺事態法

解説 ガイドライン関連法としては，邦人救出のための自衛隊艦船を派遣する「改正自衛隊法」，周辺事態に対応する活動を追加した「改正日米物品役務相互援助協定」も成立した。

★ **4** 2001年のアメリカ同時多発テロを受けて，国連憲章の目的達成のため諸外国が行なう活動に，日本が支援できるよう，自衛隊の海外派遣を可能とするために制定された法律を何というか。

4 テロ対策特別措置法

解説 2年間の時限立法であったが，2003（平成15）年のイラク戦争を受けて延長，2007（平成19）年の失効後，2008（平成20）年に補給支援特別措置法に受け継がれたが，2010（平成22）年に失効した。これらの法律により，海上自衛隊がインド洋での給油活動を展開した。

★ **5** イラクの復興支援のため，相手国の同意を必要とせずに非戦闘地域の外国領土への自衛隊派遣を可能にした，2003（平成15）年に制定された法律を何というか。

5 イラク復興支援特別措置法

6 改定ガイドラインを受けて，在日米軍や自衛隊の活動を円滑に進める有事法制が整備されたが，2003（平成15）年に制定された武力攻撃事態対処法などに加え，2004（平成16）年に制定された，有事における国民の権利を制限する法律を何というか。

6 国民保護法

7 2009（平成21）年に制定され，海賊が多発するアフリカのソマリア沖において，日本のみならず外国の船舶も日本の海上自衛隊の艦船が護衛できることを定めた法律を何というか。

7 海賊対処法

8 中国の台頭を受けて平時から有事までの「切れ目のない対応」を受けて改定ガイドラインが2015年に再改定されたものを何というか。

8 新ガイドライン

解説 これを受けて，政府は周辺事態法を重要影響事態法に改正し，国際平和支援法を新たに制定するなど安保法制（安全保障関連11法）を成立させた。

[1]次の問い(**問1〜5**)の問いに答えよ。

問1 日本国憲法に規定する人身の自由や請求権に関して最も適当なものを，次の①〜④のうちから一つ選べ。

①逮捕には，現行犯逮捕以外では，検察官の発する令状が必要である。

②裁判で一度確定した事件は，再び裁判できない遡及処罰の原則がある。

③被疑者や被告人には，国選弁護人が認められると規定している。

④抑留や拘禁されたのち裁判で無罪が確定した場合，刑事補償を請求できる。

問2 精神の自由に関する裁判のうち，最高裁判所で違憲判決が出たものとして**適当でないもの**を，次の①〜④のうちから一つ選べ。

①会社による思想信条の差別が争われた三菱樹脂訴訟。

②尊属殺人罪が普通殺人罪より重いことが争われた尊属殺重罰訴訟。

③政教分離をめぐって争われた愛媛玉ぐし料訴訟。

④薬局開設の申請が却下された事が争われた薬事法距離制限違憲訴訟。

問3 日本国憲法で条文に「公共の福祉」が明記されている人権として，適当なものの組み合わせを，次の①〜⑥のうちから一つ選べ。

a　勤労権　　b　居住・移転の自由　　c　生存権　　d　財産権

①aとb　　②aとc　　③aとd　　④bとc

⑤bとd　　⑥cとd

問4「石に泳ぐ魚」出版差し止め訴訟で最高裁が認めた新しい人権として最も適当なものを，次の①〜④のうちから一つ選べ。

①アクセス権　　②自己決定権　　③知る権利　　④プライバシー権

問5 国際的な人権保障のため，結ばれた条約や宣言に関して，最も適当なものを，次の①〜④のうちから一つ選べ。

①世界人権宣言は，法的拘束力をもつものとして国連総会で採択された。

②日本は，国際人権規約については死刑廃止条約も含めて，留保することなく批准している。

③日本は，女子差別撤廃条約批准の際，男女雇用機会均等法を制定した。

④難民条約を批准して，国籍法が改正され，父母いずれかが日本人であれば，日本国籍が取得できるようになった。

［2］次の問い（**問1～2**）に答えよ。

問1 憲法第9条に関して，最も適当なものを，次の①～④のうちから一つ選べ。

　①自衛隊のナイキ基地建設をめぐって争われた砂川事件では，一審で違憲判決が出された。

　②自衛隊のシビリアン＝コントロールを実現するため，自衛隊の最高指揮監督権は内閣総理大臣にある。

　③安倍内閣が集団的自衛権について閣議で承認を得たことで，日本の領域における日米共同防衛が可能となった。

　④日本の防衛費は，国家予算の1％の枠内にとどめることが自衛隊法で決められている。

問2 次のa～cの法律とア～ウの自衛隊の海外派遣された地域との組み合わせとして最も適当なものを，下の①～⑥のうちから一つ選べ。

　a　PKO協力法　　b　海賊対処法　　c　テロ対策特別措置法

　ア　インド洋　　イ　カンボジア　　ウ　ソマリア沖

　①a－ア　　b－イ　　c－ウ　　②a－ア　　b－ウ　　c－イ

　③a－イ　　b－ア　　c－ウ　　④a－イ　　b－ウ　　c－ア

　⑤a－ウ　　b－ア　　c－イ　　⑥a－ウ　　b－イ　　c－ア

解答・解説

［1］**問1**④　①令状（逮捕状）は検察官ではなく裁判官が発行する。②遡及処罰の禁止ではなく，一事不再理の原則のことである。③国選弁護人が，重大な犯罪の被疑者にも付されることが法制化されたが，憲法で規定されているのは被告人のみである。　**問2**①　三菱樹脂訴訟の最高裁判決では，思想・信条の自由と会社の契約の自由を衡量し，経済活動の自由を憲法上で保障していることから会社側の主張を認めた。**問3**⑤　日本国憲法で「公共の福祉」の語句が規定されているのは，人権の総則規定である憲法12，13条と経済的自由権である第22条の居住・移転及び職業選択の自由，第29条の財産権である。　**問4**④　著書のモデルからプライバシー権の侵害があるとの訴えで，最高裁判所で著書の発禁と慰謝料の支払いが認められた。　**問5**③　①世界人権宣言に法的拘束力はない。②日本は国際人権規約について，中等教育の無償化，祝日の有給化，公務員のスト権に関しては留保して批准した（中等教育の無償化はその後留保を撤回）。さらに選択議定書は批准しておらず，第二選択議定書と呼ばれる死刑廃止条約についても批准していない。④国籍法が改正されたのは，難民条約の批准時ではなく，女子差別撤廃条約の批准時である。

［2］**問1**②　①はナイキ基地建設で自衛隊の合憲性が争われたのは長沼ナイキ事件。砂川事件は米軍基地拡充で安保条約の合憲性が争われた。両者とも一審で違憲判決が出されている。③1960（昭和35）年に改定された安保条約で日本の領域における日米いずれかの攻撃に対して，日米が共同防衛することが明記された。集団的自衛権では，アメリカ領域における共同防衛が可能となる。④防衛費は三木内閣で予算ではなくGNP1％の枠内とされており，現在ではGDPのほぼ1％程度におさまっている。　**問2**④　aのPKO協力法の成立により，カンボジアに自衛隊員が派遣された。米英主導の多国籍軍によるアフガニスタンでの戦闘に協力するため，cのテロ対策特別措置法に基づき，インド洋で燃料の給油などを行なった。ソマリア沖に出没する海賊船からすべての国の船舶を守るため，当初は自衛隊法で海上自衛隊の艦艇が出動したが，現在ではbの海賊対処法に基づき行なわれている。

第3章 日本の政治制度

1 国会

国会の運営と組織

★ **1** 日本の国会は，日本国憲法第41条で「唯一の立法機関」であると規定され，さらに，国会が国家の中枢機関であることを示すものとして，何と規定しているか。

| **1** 国権の最高機関

2 日本の国会は，衆議院と参議院の二院制をとっているが，各議院の総議員で構成される本会議のほかに，衆参各院に17の常任委員会と，会期ごとに設けられる特別委員会がある。国会での審議は委員会が中心となっている制度を何というか。

| **2** 委員会制度

解説▶公聴会とは，常任委員会で利害関係者や学識経験者から意見を聞く制度であり，予算など重要な歳入法案では必ず開かれる。

3 毎年1月中に召集され，会期が150日で来年度予算の審議を主な議題とする国会を何というか。

| **3** 通常国会（常会）

解説▶そのほかの国会の種類として，内閣が必要と認めたとき，または衆参各院の総議員の4分の1以上の要求があったときに開かれる臨時国会，衆議院の総選挙後30日以内に開かれ，内閣総理大臣の指名がおもな議題となる特別国会，衆議院解散中に，緊急の必要がある場合に内閣が参議院に開催を求め，そこで決められた措置は，次の国会で衆議院の同意を必要とする緊急集会がある。

★ **4** 国会議員に認められた議員特権について，一般職の公務員の最高給料額より少なくない額を歳費として受け取る歳費特権以外に，会期中は所属する院の許諾がない限り，現行犯以外では逮捕されないという特権を何というか。

| **4** 不逮捕特権

★ **5** 院内での発言・討論・票決について，院外で民事上，刑事上の責任を問われないという特権を何というか。

| **5** 免責特権

解説▶院内では懲罰委員会にかけられて，責任を問われること

もある。

国会の権限と機能

★ **1** 法律案・予算の議決，条約の承認，内閣総理大臣の指
名，内閣不信任決議などで，衆議院の議決が参議院よ
り優先されることを何というか。

1 衆議院の優越

★ **2** 予算の議決，条約の承認，内閣総理大臣の指名の議決
が，衆議院と参議院で異なった場合，両院の意見調整
のために開かれる会議を何というか。
　解説▶両院協議会で意見が不一致の場合，衆議院の議決がその
　まま国会の議決となる。

2 両院協議会

　3 衆議院で可決した予算の議決，条約の承認を，参議院
で何日以内に議決しない場合，衆議院の議決がそのま
ま国会の議決となるか。
　解説▶内閣総理大臣の指名の議決の場合は10日以内である。

3 30日以内

　4 法律案の議決が，衆議院と参議院で異なった場合，ま
たは衆議院が可決した法案を参議院が60日以内に議
決をしない場合，衆議院の議決がそのまま国会の議決
になるためには，衆議院の再可決に必要な条件は何か。

4 衆議院の出席議員の
　3分の2以上の多数
　で再可決

★ **5** 内閣を信任しないという，衆議院のみに与えられた決
議を何というか。
　解説▶衆議院の予算先議権も，衆議院のみに与えられている。

5 内閣不信任決議

　6 国会議員が立案し，提出する法律案，成立した法律を
何というか。

6 議員立法

★ **7** 行政権に対する国会の民主的統制のため，証人喚問な
ど国会が国政全般について衆参両院がそれぞれ調査を
行なう権限を何というか。

7 国政調査権

★ **8** 衆参両院で選挙された各7人の議員で構成され，訴追
委員会（衆参両院の議員10名で構成）で訴追を受けた
裁判官を罷免する裁判を行なう機関を何というか。

8 弾劾裁判所

★ **9** イギリスにならって，1999（平成11）年に成立した国
会審議活性化法に基づき，衆参両院に設置された国家
基本政策委員会で行なわれているものは何か。

9 党首討論（クエスチ
　ョン＝タイム）

　10 国会が憲法改正の発議には，憲法第96条で規定された，
衆参各議院での表決の条件は何か。

10 各議院の総議員の3
　分の2以上の賛成

② 内閣

内閣の組織と運営

★ **1** 文民であり，国会議員の中から国会の指名を受けて，天皇により任命される内閣の首長を何というか。
> 解説 文民とは軍人でない人をさす。

1 内閣総理大臣（首相）

★ **2** 文民であり，過半数を国会議員の中から内閣総理大臣が任命し，天皇が認証する，府・省庁などの最高責任者を何というか。

2 国務大臣

3 内閣総理大臣とその他の国務大臣で構成され，内閣総理大臣が主宰して全会一致制をとる会議を何というか。
> 解説 日本国憲法第66条では，内閣は行政権の行使について，国会に対して連帯責任を負うと規定している。

3 閣議

4 2001（平成13）年，中央省庁はこれまでの1府22省庁からどのように改編されたか。
> 解説 2007（平成19）年に防衛庁が省に格上げ，2009（平成21）年に観光庁，2012（平成24）年に復興庁，原子力規制委員会が新設された。

4 1府12省庁

★ **5** 国務大臣を助けるために2001（平成13）年に政務官とともに設けられ，内閣総理大臣が各省庁に国会議員を任命し，天皇が認証する役職を何というか。

5 副大臣

★ **6** 内閣不信任案可決後10日以内に衆議院を解散しないときなど，内閣総理大臣と国務大臣の全員が辞職することを何というか。
> 解説 そのほかに，内閣総理大臣が欠けたとき，衆議院総選挙後に特別国会が召集されたときも総辞職する。

6 内閣総辞職

内閣のしくみと行政権の拡大

★ **1** 法律の執行と国務の総理，外交関係の処理，予算の作成などの権限をもつのは内閣総理大臣か，内閣か。

1 内閣

★ **2** 衆議院の全議員に対して，任期終了前に衆議院議員の身分を失わせることを何というか。
> 解説 日本国憲法第69条には内閣不信任に対抗して，内閣が衆議院を解散できると認められているが，多くは憲法第7条

2 衆議院の解散

に基づいて解散が行なわれてきた。

3 各省大臣が制定する法令を省令というが，内閣が制定する法令を何というか。　　3 政令

★ **4** 内閣が，条約に署名し，国会で条約の承認を得てから，内閣が行なう条約発効のための当事国の最終的な同意・確認の手続を何というか。　　4 （条約の）批准

5 行政権によって，公訴をやめたり，司法権が確定した刑罰を軽くすることを何というか。　　5 恩赦

行政権の課題

★ **1** 行政部を行使する内閣や官僚の権限が強くなり，国民の代表者で構成される国会よりもそれらの権限が上回るような状況を何というか。　　1 行政権の優越

★ **2** 国会の法律で大綱のみ定め，具体的な内容は法律の委任に基づき，行政府が法規を定めることを何というか。　　2 委任立法

★ **3** 行政機関が，指導・助言・勧告などの法律的強制力をともなわない手段により，行政目的を達成しようとすることを何というか。　　3 行政指導

解説▶行政機関がもつ許可・認可権の拡大は，行政権の肥大化をもたらす。

4 合理的・能率的な事務処理にすぐれているが，権威主義やセクショナリズムなどの欠点があり，ピラミッド型の階層構造をもつ行政組織の管理体制を何というか。　　4 官僚制（ビューロクラシー）

5 高級官僚が退職後，それまでの職務と関係の深い政府関係機関や民間企業に幹部として再就職することを何というか。　　5 天下り

★ **6** 人事院，国家公安委員会，公正取引委員会，中央労働委員会などのように，他の行政機関から独立して設置される行政機関を何というか。　　6 行政委員会

★ **7** 国民の行政に対する苦情を受けつけて，行政を監視し，是正措置を講じて問題解決をはかる制度を何というか。　　7 オンブズマン（行政監察官）

解説▶19世紀初め，スウェーデンで創設された。日本では自治体レベルで1990（平成2）年に川崎市が導入したが，国政レベルでは導入されていない。

★ **8** 根拠のあいまいな行政指導を排するために，行政運営　　8 行政手続法

の公正・透明性の確保を目的に，1993（平成5）年に
成立した法律を何というか。

3 司法

司法の組織と運営

1 社会生活において生じた争いごと（＝訴訟）について，
事実を確定し，法を適用して裁定する司法権を行使す
る国家機関と，日本国憲法第76条で定められた機関
は何か。

1 裁判所

★ 2 最高裁判所は，長官と14人の裁判官で構成され，日
本の司法権の最高機関で，司法の最終判断を行なう裁
判所であるが，このような裁判所を何というか。

2 終審裁判所

3 最高裁判所を除く下級裁判所のうち，最上位で全国に
8カ所設置されている高等裁判所の中で，特許に代表
される知的財産権に関する訴訟を専門的に扱う知財高
等裁判所が設置されているのはどこか。

3 東京高等裁判所

4 原則的には第一審裁判所で，各都府県に1カ所，北海
道に4カ所設置されている裁判所を何というか。

4 地方裁判所

★ 5 地方裁判所と同格で，同じ所在地におかれ，家庭事件
の調停や審判，少年法に定める保護を扱うために設け
られた裁判所を何というか。

5 家庭裁判所

★ 6 少額・軽微な事件の第一審を扱う，最下級の裁判所を
何というか。

6 簡易裁判所

★ 7 行政裁判所や軍法会議，皇室裁判所など特別な身分の
人について裁判を行なう司法系列以外の裁判所を設け
ることは憲法で禁じられているが，これを総称して何
というか。

7 特別裁判所

8 刑罰が適用される犯罪行為を行なった刑事被告人に対
して，検察官が公訴を提起（＝起訴）する裁判を刑事裁
判というが，私人間の利害や衝突・紛争について，当
事者のどちらか一方の訴えによって開始される裁判を
何というか。

8 民事裁判（民事訴訟）

解説 行政裁判は，不当または違法な行政処分によって，直接
権利や利益を侵害された人が，訴える裁判である。

9 最高裁判所の長官は内閣が指名し，天皇が任命するが，他の最高裁判所の判事を任命するのは誰か。

解説▶最高裁判所の長官以外の判事と，高等裁判所長官は天皇が認証する。下級裁判所の裁判官は，最高裁判所の任命した名簿により，10年ごとに内閣が任命する。

9 内閣

★10 最高裁判所裁判官任命後初めておよび10年経過後に行なわれる総選挙で，多数が賛成した場合に罷免される，国民に認められたリコールの一つを何というか。

10 国民審査

★11 審級の異なる裁判を3回受けることができる制度を何というか。

11 三審制

★12 裁判所の判決に不服な場合，上級裁判所に訴えることを一般的に上訴というが，第一審判決に対して，第二審の裁判所に上訴することを何というか。

12 控訴

★13 同様に一般的に第二審判決に対して，第三審の裁判所に上訴することを何というか。

解説▶刑事裁判で，第一審で違憲判決が出た場合，控訴を省略して最高裁判所に上告することを跳躍上告という。民事裁判の場合は飛躍上告という。

13 上告

14 判決以外の裁判所の決定や命令に対して，不服を申し立て審査を求めることを抗告というが，憲法違反や憲法解釈の誤りを理由に，最高裁判所へ抗告することを何というか。

14 特別抗告

★15 公正な裁判所における公平で迅速な公開裁判を受ける権利が日本国憲法第37条で保障されているが，裁判の対審および判決は公開法廷で行なうという原則を何というか。

15 裁判の公開の原則

★16 確定した判決に対して，重大な誤りがあることを理由に，判決取り消しを求めて再び裁判を請求することを何というか。

解説▶死刑囚として再審請求が認められ，冤罪として無罪判決をかち取った事件に免田事件，財田川事件，松山事件などがある。

16 再審

17 死刑制度に関連して，1989年に国連で採択され，日本が2014(平成26)年現在，未批准の条約は何か。

解説▶最高裁判所は，日本の絞首刑による死刑制度は残虐な刑罰にあたらず合憲であるとしている。

17 死刑廃止条約

裁判所の権限と機能

★ **1** 公正な裁判によって国民の権利を守る司法権が，政治性の強い立法権や行政権から分離・独立していることを何というか。

1 司法権の独立

★ **2** 1891(明治24)年，ロシア皇太子が滋賀県大津町(現大津市)で負傷した事件を裁く裁判官に対し，政府が死刑にするよう圧力を加えたが，大審院長児島惟謙がこれに屈せず，普通殺人にするよう主張し，司法権の独立の基礎を築いた事件は何か。

2 大津事件

★ **3** 日本国憲法第76条で保障された「良心に従ひ独立してその職権を行ひ，この憲法及び法律にのみ拘束される」という裁判官の職権の独立をさして何というか。

3 裁判官の独立

4 裁判官の身分保障は徹底されており，裁判官が懲戒を受ける場合や，心身の故障で職務をとることができないと判断をするための裁判を何というか。

> **解説▶**裁判官の身分保障としては，報酬が在任中減額されないこと(日本国憲法第79，80条)，裁判により，心身の故障のために職務を執ることができないと決定された場合を除いては，公の弾劾によらなければ罷免されないことがある。

4 分限裁判

5 日本国憲法第77条で最高裁判所に認められている訴訟手続，裁判所の内部規律などの規則を制定する権限を何というか。

5 規則制定権

★ **6** 刑事事件で公訴を提起する権限をもつ検察官が不起訴処分とした事件について，その処分が適当であったかどうかを審査する機関を何というか。

6 検察審査会

★ **7** 最高裁判所が，法律の規定に対して1973(昭和48)年に初めて違憲判決を下した事件は何か。

> **解説▶**最高裁判所が違憲判決を下した事件としては，営業の自由を侵害するとした薬事法距離制限訴訟(1975年)，政教分離をめぐって争われた愛媛玉ぐし料違憲訴訟(1997年)などが有名である。

7 尊属殺重罰規定違憲事件

8 日本での違憲立法審査権は，すべての裁判所に与えられており，具体的な事件を通して行使されることになっているが，憲法判断の終審裁判所であることから最

8 憲法の番人

高裁判所は何と呼ばれるか。

解説 フランスやドイツなどでは，議会が制定した法律に対し直接憲法判断を行なうための憲法裁判所が，特別に設置されている。

★ **9** 日本で2009（平成21）年から導入された，一般の人が職業裁判官とともに合議体を形成して裁判に参加する制度を何というか。

9 裁判員制度

解説 上記の日本の制度は参審制の一種で，量刑まで行なう。アメリカなどの陪審制では，事実の認定や起訴の可否，有罪・無罪の評決などを行なう。

10 司法制度改革が行なわれ，国民の司法参加として裁判員制度の導入がはかられたが，司法試験改革やロー＝スクール（法科大学院）設置などを通して，裁判官・検察官・弁護士など法律の実務にあたる人を増やそうとした。この人たちを何というか。

10 法曹

4 地方自治

地方自治の組織と運営

★ **1** イギリスの政治学者ブライスの述べた，民主主義を理解するには地方自治への政治参加の経験が役に立ち，さらに国や中央の政治が民主主義の実現につながるということを意味する言葉は何か。

1「地方自治は民主主義の学校」

★ **2** 日本国憲法第92条では「地方公共団体の組織及び運営に関する事項」は何に基づいて法律で定めるとしているか。

2 地方自治の本旨

★ **3** 国から独立した地方公共団体が設けられ，予算の作成や条例制定を行ない，その地方の行政をこの団体の権限で行なうことを何というか。

3 団体自治

★ **4** 地方の首長や議員の選出や直接請求権など，地方の行政は住民自らの意思と責任に基づいて行なわれるという原則を何というか。

4 住民自治

5 都道府県議会・市町村議会のように，住民から直接選出される地方公共団体の議事機関を地方議会というが，国の定める法律の範囲内で，地方議会がその自治のた

5 条例

めに制定する地方公共団体の自主法を何というか。

6 地方議会で可決した条例などに対して，都道府県知事，市町村長などの長は再議に付すことができるが，地方議会がこれを再可決するためにはどれだけの賛成が必要とされるか。

7 地方議会が地方公共団体の長を不信任した場合，首長は辞職する以外にどのような対抗手段をもつか。
解説▶不信任議決には，総議員の3分の2以上の出席で4分の3以上の賛成が必要である。

★ **8** 日本国憲法第95条に定められている，一の地方公共団体のみに適用される法律を国会が制定するには，地方公共団体の住民投票で過半数の同意が必要である。この法律を何というか。

★ **9** 住民の意思を地方自治に反映させるため憲法や地方自治法で認められた，住民が直接政治に参加する権利を総称して何というか。

★**10** 住民の意思を直接反映させるレファレンダム（住民投票）として，日本国憲法第95条が規定するものは何か。
解説▶原発建設，産廃処分所建設など地方公共団体の重要な問題には住民投票条例を制定して，住民投票が行なわれるケースも多くなった。投票結果に法的拘束力はないが，未成年者や外国人にも投票権を与える地方公共団体も出てきた。

★**11** 地方公共団体の首長や議員などの解職請求権のほかにリコールとして何が認められているか。

★**12** 住民発案を意味するイニシアチブとして何が認められているか。
解説▶地方公共団体の機関または団体に対し，疑いをもった住民が，それを明らかにするため，監査請求することも認められている。

地方自治の現状と財政

★ **1** 1995（平成7）年に地方分権推進法の制定に続き，地方分権をさらにおし進めるため，1999（平成11）年に成立した，地方自治法など関連法をまとめて改正した法律名を何というか。

6 出席議員の3分の2以上の賛成	
7 議会の解散	
8 地方特別法	
9 直接請求権	
10 地方特別法の住民投票	
11 地方議会の解散請求権	
12 条例の制定・改廃請求	
1 地方分権一括法	

★**2** 平成に入って，市町村の財政の効率化などをはかるために行なわれ，1万をこえる市町村が3000以下に減ったが，これを何というか。

★**3** 都市計画や学級編成基準など，地方公共団体が地域の実態に応じて，法律の範囲内で自主的に行なう事務を何というか。

★**4** 国政選挙やパスポートの交付など本来は国が果たすべき事務であるが，適正な処理を確保するために，法律や政令で地方公共団体に委任した事務を何というか。

★**5** 地方公共団体が事務や財源の面で，中央の強い権力によって制限され，不十分であることを象徴する言葉を何というか。

★**6** 都道府県民税や市町村税の住民税，固定資産税や事業税などのように，地方公共団体自らが徴収し課税する税を何というか。

★**7** 国税の法人税，酒税，消費税，たばこ税の収入の一定割合を，地方財政の格差是正のために国が配分するものを何というか。

★**8** 「補助金」とも呼ばれ，公共事業，社会保障や義務教育費などの費用の全部または一部を，使途を特定して地方公共団体に交付されるものを何というか

★**9** 地方公共団体の財政収入不足や特定の事業資金の調達のために行なう借入金を何というか。
　　解説▶発行には，議会の議決が必要だが，2006（平成18）年から総務大臣と知事の同意を得るだけの事前協議制に移行した。

★**10** 地方交付税，地方譲与税や国庫支出金など国に依存する財源（依存財源）ではなく，地方税などのように地方公共団体が徴収し，自らの判断で使用できる財源を何というか。
　　解説▶地方税，地方交付税交付金，地方譲与税は，地方公共団体が自由に使途を決定できる一般財源といい，国庫支出金や地方債など，使途が特定されているものは特定財源という。

★**11** 国庫支出金の削減，税源の移譲，地方交付税交付金改革を，一体として行なおうとした改革を何というか。

2 市町村合併（平成の大合併）

3 自治事務

4 法定受託事務

5 三割自治

6 地方税

7 地方交付税交付金

8 国庫支出金

9 地方債

10 自主財源

11 三位一体の改革

次の問い(**問1～8**)に答えよ。

問1 国会に関する説明として最も適当なものを，次の①～④のうちから一つ選べ。

①国会改革の一つとして，政務次官制度が廃止され，副大臣や政務官が新設されている。

②国政調査権の行使で証人喚問された場合，証人は証言を拒否できるが，出頭を拒否することはできない。

③国会議員には，会期中でなくても不逮捕特権が認められている。

④国会議員には，院内の発言や表決について，院の内外で責任を問われない。

問2 衆議院のみに認められている権能として適当なものの組み合わせを，次の①～④のうちから一つ選べ。

a　内閣不信任の決議

b　緊急集会の同意

c　内閣総理大臣の指名

d　条約の承認

①aとb　　②aとc　　③aとd　　④bとc　　⑤bとd　　⑥cとd

問3 内閣または内閣総理大臣に関する説明として最も適当なものを，次の①～④のうちから一つ選べ。

①内閣総理大臣は，衆議院議員でなければならない。

②国務大臣は，文民でなければならない。

③内閣総理大臣は，最高裁判所長官を指名する。

④閣議は，内閣の構成員の多数決で決定される。

問4 肥大化する行政に関する説明として最も適当なものを，次の①～④のうちから一つ選べ。

①議員提出法案は内閣提出法案よりも多く，成立率も高い。

②行政監察官であるオンブズマンが，人事院に設けられている。

③21世紀に入ってから行なわれた省庁再編で，環境庁が省に昇格した。

④行政指導が問題となり，行政の許認可権が全廃された。

問5 裁判官が免職となる場合の組み合わせとして最も適当なものを，次の①～⑦のうちから一つ選べ。

a　国会の弾劾裁判所で罷免の宣告を受けた場合

b　最高裁判所裁判官が国民審査で，信任票が過半数に達しなかった場合

c　心身の故障のため職務が行なえないと，裁判で決定された場合

①a　　②b　　③c　　④aとb　　⑤aとc

⑥bとc　　⑦aとbとc

問6 裁判所や裁判に関する説明として最も適当なものを，次の①～④のうちから一つ選べ。

①一審が家庭裁判所や簡易裁判所の場合，第二審は高等裁判所である。

②知財高等裁判所は，全国の八つの高等裁判所に設置されている。

③検察審査会は，不当な起訴を審査するための機関である。

④裁判員裁判の場合，裁判員と裁判官の全員一致で判決を行なう。

問7 現在地方公共団体が処理する事務のうち，地方公共団体がそれぞれの判断で仕事ができる自治事務にあたるものを，次の①～④のうちから一つ選べ。

①戸籍事務　　②生活保護の決定　　③国政選挙　　④都市計画

問8 地方自治法に認められている必要署名数が有権者の50分の1以上で，地方公共団体の長が受理することになっている直接請求を，次の①～④のうちから一つ選べ。

①監査請求

②議会の解散請求

③地方特別法の住民投票請求

④条例の制定・改廃請求

解答・解説

問1① ②証言拒否も出頭拒否も認められない。③不逮捕特権は，会期中のみ。④院内の発言は院外で問われないが，院内では懲罰されることもある。　問2① 内閣総理大臣の指名，条約の承認は衆議院の優越が認められているが，参議院でも行なえる。　問3② ①内閣総理大臣は国会議員であればよい。③最高裁長官の指名は内閣の権能。④閣議は全会一致である。　問4③ ①内閣提出法案は議員提出法案よりはるかに多く，成立率も高い。②オンブズマンは国家レベルでは設置されていない。④行政の許認可権の中には国民の生活を守る上で必要なものもあり全廃されることはない。　問5⑤ b最高裁判所裁判官の国民審査は罷免を可とするものが過半数をこえた場合に罷免されるので，罷免を可とする場合には審査用紙に×と記入する。信任のつもりで○をつけると無効票となる。　問6① ②知財高等裁判所は一つで東京高裁に設置されている。③検察審査会は不当な不起訴をチェックする。④裁判員裁判では多数決が採用されているが，賛成に裁判官と裁判員を必ず一人以上含む必要がある。　問7④ ①②③は法定受託事務。問8④ ①受理機関は監査委員，②必要署名数は原則として3分の1以上，提出先は選挙管理委員会，③地方特別法は憲法で住民投票による同意が必要と決められているので請求の問題は生じない。

1 政党政治の展開

★ 1 政治上の主義・主張を同じくする同士が，目標・方針を綱領にまとめ，選挙の際に政策を公約として国民に示し，政権獲得をめざす政治集団を何というか。

1 政党

2 近代議会成立期に，財産・教養のある地方の名士たち（名望家）によって形成された政党を何というか。

2 名望家政党

★ 3 普通選挙制が導入されて，大衆とその組織の支持に基づいて，形成された政党を何というか。

3 大衆政党

4 主に現状の政治状況の維持を政策の基本とする政党を何というか。

4 保守政党

5 旧来の政治状況の変革を主張する政党を何というか。

5 革新政党

★ 6 アメリカの共和党と民主党のように，二つの有力な政党が政権獲得を競う政党政治を何というか。

6 二大政党制

★ 7 議会において主導権を握る大きな政党がなく，多数の政党が存在する政党政治を何というか。

7 多党制（小党分立制）

★ 8 政権を担当している政党を何というか。

8 与党

★ 9 政権を担当していない政党を何というか。

9 野党

★10 1955（昭和30）年に，日本社会党の左派と右派の統一をきっかけとして，日本民主党と自由党の保守合同により，自由民主党が結成された。この二つの政党が対立する政治体制を何というか。

10 55年体制

解説▶社会党の議席は自民党の半数にすぎず，「1と2分の1政党制」と呼ばれた。

★11 従来の自社両党と日本共産党に加えて，1960（昭和35）年に民社党，64（昭和39）年に公明党，76（昭和51）年に新自由クラブなどが結成されたように，政党が増加した現象を何というか。

11 多党化

★12 特定分野における省庁・政府での政策決定過程に強い影響力をもつ議員のことを何というか。

12 族議員

解説▶政治家の利害・思想などによって結ばれた政党内の小集

団を派閥という。

★**13** 1976(昭和51)年に表面化した，アメリカの航空機製造会社の旅客機売り込みのため，日本の政府高官に賄賂を渡した汚職事件を何というか。

> 解説▶上記の事件は田中角栄元首相の逮捕につながったが，そのほか竹下登首相が退陣した1989(平成元)年のリクルート事件，金丸信自民党副総裁が辞職した1992(平成4)年の東京佐川急便事件などにより，金権政治への批判が高まった。

13 ロッキード事件

14 1993(平成5)年の自民党分裂後の総選挙で自民党は過半数を割り，共産党を除く社会党・新生党・公明党・日本新党・民社党・新党さきがけなどの政党が連立した細川護煕を首班とする政権を何というか。

14 非自民非共産連立政権

★**15** 政党や政治団体に，政治活動に関する収支活動の報告を義務づけ，公表を義務づけた法律を何というか。

> 解説▶1994(平成6)年の改正で企業・団体による政治家個人への政治献金が禁止された。

15 政治資金規正法

★**16** 1994(平成6)年に制定され，政治資金の透明化をはかるために，政党の政治活動費の一部を国が政党交付金として交付することを定めた法律を何というか。

16 政党助成法

17 1996(平成8)年に，新進党，新党さきがけや社会民主党が参加して結成され，98(平成10)年に再出発して，2009(平成21)年に政権を獲得した政党は何か。

17 民主党

★**18** 2001(平成13)年に成立し，構造改革のスローガンを掲げて「三位一体の改革」に着手し，「郵政民営化」を実現した内閣を何というか。

18 小泉純一郎内閣

2 選挙

1 人種・信条・性別・社会的身分・学歴・納税額などによって制限される制限選挙ではなく，一定の年齢に達したすべての人に選挙権・被選挙権が与えられる制度を何というか。

> 解説▶日本では，1925(大正14)年に男子普通選挙，1945(昭和20)年に男女普通選挙，2015(平成27)年に18歳選挙権が実現した。

1 普通選挙

★**2** 有権者が一人一票をもって選挙権を行使する，投票の価値が平等な選挙制度を何というか。

2 平等選挙

★**3** 有権者が，中間の選挙人を選ぶ間接選挙ではなく，直接候補者を選ぶ選挙制度を何というか。

3 直接選挙

★**4** 誰が誰に投票したかわかる記名投票ではなく，投票の秘密が守られる選挙制度を何というか。

4 秘密選挙

★**5** 各政党の得票数に応じて，議席数を配分する選挙方法を何というか。

5 比例代表制

★**6** 1選挙区から複数名の議員を選ぶ制度を何というか。

6 大選挙区制

解説▶日本の衆議院議員総選挙で以前採用されていた選挙制度は，一つの選挙区から3〜5名の議員を選出する中選挙区制で，これは大選挙区制の一つとされている。

★**7** 1選挙区から1名の議員を選ぶ制度を何というか。

7 小選挙区制

★**8** 当選者以外の落選者に投票された票を何というか。

8 死票

★**9** 1994（平成6）年の公職選挙法改正で衆議院議員選挙に導入された，一部を比例代表制，一部を小選挙区制で議員を選出する制度を何というか。

9 小選挙区比例代表並立制

解説▶衆議院議員選挙で，小選挙区に立候補しつつ，比例代表選挙の名簿にも登載でき，小選挙区で落選しても比例選挙で当選できる重複立候補制が導入されている。

★**10** 現在，衆議院議員選挙で採用されている，政党があらかじめ作成した候補者名簿の順位に従って，政党別の得票数に応じて当選者を決定するしくみを何というか。

10 拘束名簿式比例代表制

★**11** 現在，参議院議員選挙の比例代表で採用されている，当選の順位が定められていない名簿の候補者名か政党名のいずれかを書いて投票し，両者の投票数の合計数に応じて，当選者を決定するしくみを何というか。

11 非拘束名簿式比例代表制

★**12** 比例代表制で，各政党の得票数を1から順に整数で除し，その商の多い順に定数まで議席を配分する方法を何というか。

12 ドント方式

★**13** 1950（昭和25）年に成立した，選挙権，被選挙権，選挙区，選挙の管理方法，選挙違反など，選挙制度の基本を定めている法律を何というか。

13 公職選挙法

解説▶上記の法律では，選挙運動における事前運動の禁止・戸別訪問の禁止や選挙費用の上限などを定めている。

★**14** 候補者の関係者が選挙違反を犯し，禁錮刑以上の罪に処せられた場合，候補者の立候補を無効とし，その選

14 連座制

挙区での立候補を制限する制度を何というか。

★ **15** 選挙区の議員定数に著しい不均衡があるため，国民が行使する選挙権の価値に軽重があることを何というか。

15 一票の格差（議員定数の不均衡）

解説 参議院選挙区は，2015（平成27）年，鳥取と島根，徳島と高知が合区とされた。

3 世論と政治参加

★ **1** 不特定多数の個人の集まりである「大衆」が主権者として政治参加することを，制度的に保障している現代民主主義のことを何というか。

1 大衆民主主義

★ **2** 政治・経済・文化などの問題に関して，社会で多数の人々に合意されている共通意見のことを何というか。

2 世論

解説 投票行動，景気動向，国民の意識など，政府やマス＝メディアが世論調査を行なう。

★ **3** 新聞・雑誌・ラジオ・テレビなど大衆に情報を伝達し，国民の世論形成に重要な役割を果たしており，「第四の権力」とも呼ばれる機関を何というか。

3 マス＝メディア

解説 マス＝メディアを媒体（ばいたい）として，大衆に大量に情報を伝達する過程をマス＝コミュニケーションという。

★ **4** メディアからのメッセージを主体的・批判的に読み解く能力を何というか。

4 メディア＝リテラシー

★ **5** 主権者としての国民が，政治に興味・関心をもたないことを何というか。

5 政治的無関心

★ **6** 既成政党への不信感をもち「支持政党なし」とするが，政治に関心を失ってはいない有権者層を何というか。

6 無党派層

★ **7** 経営者団体・業界団体・労働団体など，政府・議会・行政官庁・政党などに圧力をかけ，固有の利益を実現しようとする団体を何というか。

7 圧力団体

解説 圧力団体の利益のために，議会内のロビーなどで活動する人びとをロビイストという。

★ **8** 政治権力などの情報提供者が，事実をゆがめたり，特定の部分を強調するなどマス＝メディアを利用して，一定の方向に世論を導こうとすることを何というか。

8 世論操作

9 マス＝メディアの選挙情勢を予測する報道が，有権者の投票行動に影響を与えることを何というか。

9 アナウンスメント効果

次の問い（問1〜8）に答えよ。

問1 a・bの選挙区制度とア〜ウの選挙制度の特徴の組み合わせとして最も適当なものを，下の①〜⑥のうちから一つ選べ。

a　小選挙区制　　b　大選挙区制

ア　候補者の選出に結びつかない死票が少なくなる。

イ　現役に有利となり，新人が進出しにくい。

ウ　少数政党の候補者に有利となる。

エ　ゲリマンダーの危険性がある。

①a：アとイ　b：ウとエ　　②a：アとウ　b：イとエ

③a：アとエ　b：イとウ　　④a：イとウ　b：アとエ

⑤a：イとエ　b：アとウ　　⑥a：ウとエ　b：アとイ

問2 衆議院と参議院の選挙制度について最も適当なものを，次の①〜④のうちから一つ選べ。

①衆議院の小選挙区制では，政党名を記入して投票する。

②衆議院の比例代表では，拘束名簿式を採用している。

③参議院の選挙区では，比例代表に重複立候補することができる。

④参議院の比例代表区では，全国を11ブロックに分けられている。

問3 公職選挙法に関する説明として最も適当なものを，次の①〜④のうちから一つ選べ。

①選挙ビラには制限がなくなり，戸別訪問が解禁された。

②投票率の上昇をはかるため，投票時間が延長された。

③在外邦人の国政選挙では，比例代表のみ投票できない。

④国会は，最高裁判所の議員定数不均衡違憲判決に対し，定数を変更していない。

問4 55年体制のもとで存在しなかった政党を，次の①〜④のうちから一つあげよ。

①共産党　　②公明党　　③自由民主党　　④民主党

問5 a〜cの政党政治の形態とア〜ウの代表的な国との組み合わせとして最も適当なものを，下の①〜⑥のうちから一つ選べ。

a　小党分立制　　b　二大政党制　　c　一党制

ア　アメリカ　　イ　イタリア　　ウ　朝鮮民主主義人民共和国

①a：ア　b：イ　c：ウ　　②a：ア　b：ウ　c：イ

③a：イ　b：ア　c：ウ　　④a：イ　b：ウ　c：ア

⑤ a：ウ　b：ア　c：イ　　⑥ a：ウ　b：イ　c：ア

問6 政治資金規正法や政党助成法についての説明として最も適当なものを，次の①〜④のうちから一つ選べ。

　①政治家個人への企業からの献金は認められている。

　②個人の政党への寄付は，認められていない。

　③政党交付金は，所属する国会議員がいない党には交付されない。

　④日本の政党の多くは，党員の納める党費が収入の大半を占めている。

問7 田中角栄元首相がおこした汚職事件を，次の①〜④のうちから一つ選べ。

　①リクルート事件　　　　②ロッキード事件

　③東京佐川急便事件　　　④造船疑獄事件

問8 メディア＝リテラシーの意味として適当なものを，次の①〜④のうちから一つ選べ。

　①メディアを批判的に読み解く能力。

　②マスコミが，立法，行政，司法に次ぐ四つ目の権力をもつこと。

　③マス＝メディアが，選挙結果の予測報道をすることにより選挙の結果が変化すること。

　④マス＝メディアなどを使って，一定の方向に世論を誘導すること。

解答・解説

問1⑤　小選挙区制は1選挙区に定数一人であるため，現役に比べ新人が勝利するのは困難となる。また，支持者の多い地域で選挙区を作ろうとするとゲリマンダーになる危険性が高くなる。逆に，大選挙区では1選挙区に定数が複数名であるため，少数政党の候補者に有利となる。また，小選挙区に比べ，死票が少なくなる。　**問2②**　衆議院選挙では，投票は小選挙区では候補者名，比例代表では政党名を記入する（①は誤り）。小選挙区と比例代表の重複立候補が認められている。比例代表では全国11ブロックに分けられ，拘束名簿式である。参議院では，投票は選挙区では候補者名，比例代表では候補者名か政党名のいずれかを記入する。重複立候補は認められておらず（③は誤り），比例代表では全国1区で非拘束名簿式である（④は誤り）。　**問3②**　①選挙法定ビラには制限があり，戸別訪問は禁止されている。③最高裁判決で，在外邦人にも国政選挙には比例代表のみならず選挙区でも投票を認められるようになった。④違憲，違憲状態の判決がでた場合は，その状態を放置すれば，選挙そのものの正当性が問われるので不十分ながら改正されてきた。　**問4④**　社会党の右派と左派の統一と保守合同で自民党が結成されて，1955年体制がスタートする前に，保守政党として民主党という名の政党が存在したが，現在の民主党は55年体制崩壊後に結成された。②の公明党は1964（昭和39）年に結成された。　**問5③**　一党制は社会主義体制の国で採用されている。　**問6③**　所属する国会議員が5名以上か，所属する国会議員が1名以上で，かつ，直近の選挙の得票率が2％を占めている政党に交付される。①政治資金規正法で企業・団体の寄付は禁止されている。②政党への個人の寄付は認められている。④公明党と共産党も事業費の割合が大きく，党費のみでまかなえている政党はない。　**問7②**　リクルート事件は竹下内閣，東京佐川急便事件は金丸自民党副総裁，造船疑獄事件は吉田内閣での事件。　**問8①**　②四つ目の権力と呼ばれるマスコミ，③アナウンスメント効果，④世論操作である。

第5章 国際政治

1 国際関係の基本的要因

★ **1** 1648年，三十年戦争の講和のためにドイツで開かれた国際会議で近代国際社会が成立したとされるが，この会議を何というか。

1 ウェストファリア会議

★ **2** 国内の領域と国民を支配する権力（対内的な意味での主権）と，他国の干渉や支配を受けない独立の権力（対外的な意味での主権）をもつ国家を何というか。

2 主権国家

★ **3** 18〜19世紀に西欧に誕生し，国民的な一体感のある近代国家を何というか。

3 国民国家

★ **4** 国家の成立条件として領域（領土・領海・領空）をもち，その領土に住む国民が存在し，主権を有する，の三つがあげられるが，これを何というか。

4 国家の三要素

> **解説** 領海は沿岸から12海里であり，領空は大気圏までで許可なく他国の航空機は飛行できない。宇宙には領有権はおよばない。

★ **5** 沿岸から200海里までの，沿岸国の漁業資源，鉱物資源の支配権を認める水域を何というか。

5 排他的経済水域

> **解説** 1958年，大陸棚条約で大陸棚の沿岸国の権利が認められた。

★ **6** 各国の主権が及ばない海域を何というか。

6 公海

> **解説** 領海，排他的経済水域，公海自由の原則は，1982年に採択された国連海洋法条約で認められた。

★ **7** 19世紀では国民国家成立の原動力となった国民主義，20世紀前半ではファシズムを支えるイデオロギーとして国家主義，第二次世界大戦後では植民地独立運動を支える民族主義として主張された考え方を何というか。

7 ナショナリズム

8 国際紛争の要因となる領土，資源，貿易，宗教，イデオロギーなどの国家がもっている独自の利益を何というか。

8 国益（ナショナル＝インタレスト）

★ **9** 著書の『戦争と平和の法』で初めて自然法に基づく国際法の存在を主張し，「国際法の父」と呼ばれるオランダの法学者は誰か。

解説▶彼はその著『海洋自由論』で公海自由の原則を主張した。

9 グロティウス（グロチウス）

★ **10** 国際社会において長い間，諸国家がそれを守ることが各国の義務と認められた暗黙の合意（＝慣習法）であり，すべての国家を拘束する国際法を何というか。

10 国際慣習法（慣習国際法）

★ **11** 協定・規約・憲章などさまざまな名称が用いられ，文書によって明示され，締約国を拘束する国家間の合意を何というか。

11 条約

★ **12** 対立する国家間の力のつり合いを維持することで，互いに相手を攻撃しない状況を作り，安全を保とうとする考え方やその状況を何というか。

12 勢力均衡（力の均衡，バランス＝オブ＝パワー）

★ **13** 『永久平和のために』を著し，常備軍の全廃や国際平和機構の構想を主張したドイツの哲学者は誰か。

13 カント

2 国際機関の役割

★ **1** 敵対する国家を含めた関係国がすべて国際組織に参加し，相互に武力行使をしないことを約束して，違反者には集団で対処する体制を何というか。

1 集団安全保障

★ **2** アメリカのウィルソン大統領が提唱した平和原則14カ条に基づき，第一次世界大戦後のヴェルサイユ条約によって1920年に設立された史上初の集団安全保障機関を何というか。

解説▶アメリカの不参加やドイツやロシアの参加の遅れ，日本・ドイツ・イタリアの脱退など，大国がそろわず，制裁は経済制裁のみで武力制裁できないという弱点を抱えていた。

2 国際連盟

★ **3** 1921年にオランダのハーグに設置された国際連盟の司法機関を何というか。

解説▶1899年のハーグ国際平和会議で国際紛争解決を目的に，オランダのハーグに常設仲裁裁判所が設立された。

3 常設国際司法裁判所

4 一国一票主義を採用していた国際連盟の総会と理事会の議決はどのような方式であったか。

4 全会一致の原則

★ **5** 国際連盟では，戦争の禁止が不徹底であったため，1928年に結ばれた国際紛争を解決する手段としての

5 不戦条約

戦争を放棄することを定めた条約を何というか。

★ **6** 1945年，第二次世界大戦の終結を前にして，サンフランシスコ会議で国際連合憲章を採択して，51カ国を原加盟国として1945年に発足した，国際社会の安全と国際平和維持を目的とする国際機関を何というか。

6 国際連合

7 全加盟国によって構成される，国連の最も中心的な機関で，一国一票の投票権をもち，多数決制をとっている国連の主要機関を何というか。

7 国際連合総会（国連総会）

解説▶国連総会の機関として，国連難民高等弁務官事務所（UNHCR）や国連児童基金（UNICEF）などがある。

★ **8** 1950年に採択された「平和のための結集決議」により，安全保障理事会の9カ国の賛成，または加盟国の過半数の要請により，開かれる特別総会を何というか。

8 国連緊急特別総会

★ **9** 国連は通常総会以外に，特定の問題を集中的に審議するための総会を開くことができるが，1978年，1982年，1988年の3回にわたって軍縮問題について討議された会を何というか。

9 国連軍縮特別総会

★**10** 国際の平和と安全の維持を主たる任務とする国際連合の主要機関を何というか。

10 安全保障理事会（安保理）

★**11** 安全保障理事会で，米国，英国，フランス，ロシア，中国の5常任理事国の一国でも反対すれば，決議は不成立となる権利を何というか。

11 拒否権

解説▶9カ国の非常任理事国は，任期2年で半数ずつ地域別に選出される。

★**12** 経済・社会・文化・教育・人類の福祉などに関する国際問題について勧告する国際連合の主要機関を何というか。

12 経済社会理事会

解説▶上記の機関と協力する専門機関として，国連教育科学文化機関（UNESCO）や世界保健機関（WHO），国連児童基金（UNICEF）などがある。また，経済社会理事会はアムネスティ＝インターナショナルや国境なき医師団などのNGO（非政府組織）とも協議資格制度を認め，連携を深めている。また，利益を追求しないNPO（民間非営利団体）の活動も注目されている。

★**13** 信託統治地域の監督と独立の援助を目的としたが，1994年のパラオの独立を最後に活動を停止している

13 信託統治理事会

国連の機関を何というか。

★**14** 国連を運営する一切の事務を担当する国連の主要機関を何というか。

14 国連事務局

★**15** 国際連合の加盟国は，その支払い能力に応じて国連の経費を負担するが，これを何というか。

15 国連分担金

解説▶アメリカに次いで日本は2番目に高い分担率である。また，分担金の滞納額はアメリカが最も多い。

★**16** 国際連合による武力制裁のために，国連憲章第7章に基づき，安保理の決議を受けて各国から協定により提供され，国連が指揮権をもつ軍隊を何というか。

16 国連軍（UNF）

★**17** 1991年にイラクがクウェートに侵攻した湾岸戦争で，正規の国連軍ではなく，安保理の武力行使容認決議を受けた28カ国の連合軍を何というか。

17 多国籍軍

★**18** 国連が紛争地域に，停戦監視，兵力引き離し，選挙監視などの非武装の監視団を国連加盟国の提供により派遣して平和を維持しようとする活動を何というか。

18 国連平和維持活動（PKO）

解説▶局地的な紛争を収拾する武装の国連平和維持軍（PKF）なども，国連平和維持活動の一つである。

★**19** 1948年，国連人権委員会が起草し，国連総会で採択された加盟国が達成すべき共通の人権基準の宣言を何というか。

19 世界人権宣言

★**20** 1966年に国連総会で採択された，世界人権宣言を具体化し，その実現を義務づけるために法的拘束力をもたせた，人権に関する国際条約を何というか。

20 国際人権規約

解説▶国際人権規約は，「経済的，社会的および文化的権利に関する規約」（A規約，社会権規約）と「市民的および政治的権利に関する規約」（B規約，自由権規約）とB規約に関する二つの選択議定書からなる（国連の人権救済委員会に直接救済を申し立てできる第一選択議定書と，1989年に採択された死刑廃止条約とも呼ばれる第二選択議定書）。日本は，公務員のスト権，祝祭日の給与保障，高校・大学教育の無償化の三つを留保して1978年に批准した。二つの選択議定書については批准していない。なお，高校・大学教育の無償化については，2012年に留保を撤回した。

★**21** 1951年に採択された，戦争や政治的・宗教的な迫害により外国に逃れざるを得なかった難民の権利の保障

21 難民の地位に関する条約（難民条約）

を定めた条約を何というか。

★22 1989年に国連総会で採択された，児童を市民的自由 22 児童の権利条約（子
の権利を行使する主体として認めた，児童の人権を包 どもの権利条約）
括的に定めた条約を何というか。

3 国際政治の動向

★1 第二次世界大戦後に生じた，軍拡競争やイデオロギー 1 冷戦（冷たい戦争）
対立など，軍事衝突に至らない，アメリカとソ連を頂
点とする西側資本主義陣営と東側社会主義陣営の東西
対立ともいわれる緊張状態を何というか。

解説▶1946年，チャーチル英国元首相が，アメリカのフルトン
で行なった反ソ演説で，「バルト海のシュチェチンからアド
リア海のトリエステまで，鉄のカーテンがおろされている」
とソ連の閉鎖性を非難した。

★2 第二次世界大戦後，アメリカの大統領が発表した社会 2 トルーマン＝ドクト
主義勢力の封じ込め政策を何というか リン

解説▶これに対抗して，社会主義陣営はソ連が中心となってコ
ミンフォルム（共産党・労働者党情報局）を設けた。

★3 1947年，アメリカの国務長官が発表した，ヨーロッ 3 経済相互援助会議
パ経済援助計画であるマーシャル＝プランに対抗して （COMECON）
結成された，社会主義陣営の国際分業を推進する経済
協力機関を何というか。

4 西側の北大西洋条約機構（NATO，1949～）や東側のワ 4 地域的集団安全保障
ルシャワ条約機構（WTO，1955～1991）のように地域
的取り決めによって，地域紛争を平和的に解決しよう
とする考え方を何というか。

★5 1961年に東西ベルリンの交通を遮断するために，東 5 ベルリンの壁
ドイツが築いたもので，1989年に市民の手で撤去さ
れた壁を何というか。

★6 資本主義陣営と社会主義陣営とが平和的に対外関係を 6 平和共存
進めるために，1950年代後半の動きを何というか。

解説▶1970年代には，東西対立が緩み平和的な友好関係が芽ば
えた。この状況をさしてフランス語で「緊張緩和」を意味す
るデタントという言葉が使われた。

★7 1962年，キューバにおけるソ連のミサイル基地建設 7 キューバ危機

を知ったアメリカのケネディ大統領が，海上封鎖で対抗したことから米ソ核戦争の危機に陥った事件を何というか。

> **解説** 上記の事件は，ソ連のフルシチョフ書記長がミサイル撤去を命じたことにより危機は回避されたが，その教訓から米ソ間にホットライン(直接対話を目的とする直通電話回線)が設けられた。

★ **8** 1965~1975年の南ベトナム政府軍，米軍対南ベトナム解放民族戦線，北ベトナム軍の戦いで，1973年のパリ和平協定で米軍が撤退した戦争を何というか。

8 ベトナム戦争

★ **9** 1960年以降，東西陣営で米ソ二国の指導力が低下し，西側ではフランスの独自路線や西ドイツ・日本の経済的台頭がみられ，東側では中ソ対立などが生まれた状況を何というか。

9 多極化

10 1979年のソ連のアフガニスタン侵攻によりはじまった新たな東西対立を何というか。

10 新冷戦

★ **11** 1989年，アメリカのブッシュ大統領とソ連のゴルバチョフ書記長が，冷戦の終結を宣言した会談を何というか。

11 マルタ会談

> **解説** 1985年にソ連共産党書記長に就任したゴルバチョフは，ソ連の社会主義を再生するため，ペレストロイカ(改革)やグラスノスチ(情報公開)をスローガンに，新思考外交をとなえて冷戦終結に貢献した。

★ **12** 1949年の東西ドイツが成立して以来分裂していたドイツが，1990年，東ドイツが西ドイツに吸収される形で一つになったが，これを何というか。

12 東西ドイツ統一

13 1975年，全欧安全保障協力会議(CSCE)が開かれ，ヘルシンキ宣言が採択されたが，1995年にこれを発展し常設化された組織を何というか。

13 欧州安全保障協力機構(OSCE)

★ **14** 1954年，インドのネルー首相と中国の周恩来首相との間で確認された，領土主権の尊重，相互不可侵，内政不干渉，平等互恵，平和共存の五原則を何というか。

14 平和五原則

★ **15** 1955年，インドネシアのバンドンで開かれ，平和十原則を宣言した，歴史上初めてアジア・アフリカ諸国による国際会議を何というか。

15 バンドン会議(第一回アジア゠アフリカ会議)

★16 1961年，東西いずれの陣営にも参加しない非同盟主義を外交原則として，ユーゴスラビアのベオグラードで28カ国が参加して開かれた会議を何というか。

> **解説** 1960年の国連総会で植民地独立付与宣言が採択され，アフリカに17の独立国が誕生した。

16 非同盟諸国首脳会議

★17 西側の第一世界，東側の第二世界に対して，1950年代に台頭したアジア・アフリカ・ラテンアメリカの新興諸国をさして何というか。

17 第三世界

★18 一国家，あるいは複数国家にまたがる地域における宗教・民族・領土などの要因による紛争を何というか。

18 民族紛争

19 ある民族が他の民族や国家の干渉を受けずに，自らの意思で政治のあり方を決することを何というか。

> **解説** 民族とは言語・地域・経済生活・文化の共通性の中にあらわれた心理状態の共通性を基礎として，歴史的に形成された人びとの強固な結合体をいう。

19 民族自立

★20 パレスチナをめぐるユダヤ人(ユダヤ教)とパレスチナ人(イスラーム)の民族対立と抗争で，1948年のユダヤ人国家イスラエルの建国により，先住のパレスチナ人や周辺のアラブ諸国との間で4次におよぶ中東戦争が発生した問題を何というか。

20 パレスチナ問題

21 1980年，イラン革命の国内波及を嫌ったイラクがおこし，1988年に停戦した戦争を何というか。

21 イラン・イラク戦争

★22 1990年のイラクのクウェート侵攻に対し，アメリカを中心とする多国籍軍が，国連の武力行使容認決議を受けて翌年にイラクを攻撃してはじまった戦争を何というか。

22 湾岸戦争

★23 2001年，アメリカがアフガニスタンを攻撃してタリバン政権を崩壊させるきっかけとなった，ビン=ラーディン率いるイスラーム原理主義アル=カーイダの犯行とされた米国でおきたテロ事件を何というか。

23 同時多発テロ

★24 2003年，フセイン政権による大量破壊兵器の保有を主な理由として，米英を中心とする連合軍が軍事侵攻した事件を何というか。

24 イラク戦争

25 国際連合の安全保障理事会がアメリカを中心とした平和執行部隊を派遣したが失敗した，1991年から続く

25 ソマリア内戦

東アフリカでの紛争を何というか。

解説 アフリカでは，多数派のフツ族と少数派のツチ族との対立により多数の難民を出したルワンダ内戦や，スーダンでおこったダルフール紛争などがある。

★26 1991年の旧ユーゴスラビア解体後，独立を宣言したことによりセルビア人，クロアチア人，イスラーム教徒の間ではじまった内戦を何というか。

26 ボスニア＝ヘルツェゴビナ紛争

解説 セルビアからアルバニア系自治州が2008年に独立を宣言したことからコソボ紛争がおきた。

27 2011年から始まったアサド政権と反政府軍，ISIL，クルド人が対抗し，ロシアとイラン，アメリカやフランスなど諸外国を巻き込んだ中東における紛争を何というか。

27 シリア内戦

4 核兵器と軍縮問題

★1 さまざまな部分的措置をとることで，軍事的バランスを保つことで軍備拡張競争を抑制しようとする考え方を何というか。

1 軍備管理

★2 軍事力を縮小し，最終的には全廃しようという考え方を何というか。

2 軍縮

★3 1963年にアメリカ・イギリス・ソ連が調印した，地下核実験を除く大気圏内・宇宙空間・水中における核実験を禁止した条約を何というか。

3 部分的核実験禁止条約（PTBT）

★4 1968年に国連総会で調印された，核保有国をアメリカ・ソ連・イギリス・フランス・中国に限定し，それ以外に拡大させないことを定めた条約を何というか。

4 核拡散防止条約（NPT）

解説 非核保有国は，国際原子力機関（IAEA）による核査察を受ける義務を負う。核拡散防止条約は，1995年に無期限延長が決定された。

★5 1969年からはじまった米ソ間における戦略兵器の数量を制限する交渉により，1972年に結ばれた各運搬手段数が凍結された条約を何というか。

5 SALT Ⅰ（第一次戦略兵器制限条約）

解説 上記の第二次交渉で，1979年に結ばれた各運搬手段の上限を決めた条約が結ばれたが未発効であった。

★6 1987年に，米ソ間で調印された，中距離核戦力（INF）の全面的廃棄を決めた初めての軍縮条約であったが，

6 中距離核戦力（INF）全廃条約

2019年に廃止となった。これを何というか。

★ **7** 1991年に米国とソ連が合意した，史上初の核弾頭の廃棄と核運搬手段を半減することを決めた，戦略兵器を削減するという条約を何というか。

> **解説** ソ連崩壊後の1993年にアメリカとロシアの間で調印されたSTARTⅡ（第二次戦略兵器削減条約）は戦略兵器の核弾頭を保有量の3分の1まで削減することが決められていたが，発効しなかった。

7 STARTⅠ（第一次戦略兵器削減条約）

★ **8** 1996年に国連総会で採択された，調印国すべてに地下実験を含むあらゆる核爆発実験を禁止する条約を何というか。

8 包括的核実験禁止条約（CTBT）

9 核兵器の生産・保有などをせず，核保有国が攻撃や配備しないことを条約で定めた地域を何というか。

> **解説** トラテロルコ条約（1967年，中南米），ラロトンガ条約（1985年，南太平洋），バンコク条約（1995年，東南アジア），ペリンダバ条約（1996年，アフリカ）などがある。

9 非核地帯

★ **10** 国際NGOである地雷禁止国際キャンペーン（ICBL）の活躍により，1997年に調印された，対人地雷の使用・開発・生産・貯蔵などの禁止や埋設地雷の撤去を定めた条約を何というか。

> **解説** 核兵器以外の通常兵器の禁止条約（採択年）には，対人地雷以外に，生物兵器禁止条約（BWC，1972年），化学兵器禁止条約（CWC，1993年），クラスター爆弾禁止条約（2008年）などがある。

10 対人地雷全面禁止条約

★ **11** 2017年に，核兵器の全廃と根絶を目的として，国連で採択された条約を何というか。

> **解説** 50カ国以上が批准すれば，90日後に発効するが，核保有国はすべて不参加であり，日本やNATO加盟国も不参加である。

11 核兵器禁止条約

★ **12** 1955年の核兵器廃絶を訴えるラッセル＝アインシュタイン宣言を受けて，1957年にカナダで世界の著名な科学者が集まって開催された会議を何というか。

> **解説** 1950年に，平和擁護世界大会で核兵器禁止を求めるストックホルム＝アピールが決議された。また，1954年の第五福竜丸事件をきっかけに核兵器の開発や使用禁止を求める反核運動は高揚し，1955年の第1回原水爆禁止世界大会開催につながった。

12 パグウォッシュ会議

★ **1** 1951年，日本と連合国との間で結ばれた講和条約を何というか。

1 サンフランシスコ平和（講和）条約

★ **2** 1956年，鳩山一郎首相が訪ソして，日本とソ連との間で調印された戦争終結宣言を何というか。この結果，日ソ国交が回復され，日本の国連加盟が実現した。

2 日ソ共同宣言

★ **3** 日本と韓国との間で，日韓国交正常化をはかるために，1965年に調印された条約を何というか。

3 日韓基本条約

★ **4** 1972年，ニクソン訪中の後を受けて，田中角栄首相が訪中して，日本と中国の間で国交正常化を約束した声明を何というか。

4 日中共同声明

★ **5** 1978年に調印された日中の平和と友好関係を継続させるために締結された平和条約を何というか。

5 日中平和友好条約

6 2002年，日本と北朝鮮の首脳会談で日朝平壌宣言が合意されたが，北朝鮮の核開発問題のほかに，両国間で懸案（けんあん）となっている問題は何か。

6 日本人拉致問題

7 1956年，外務省が発表した外交三原則は，「自由主義諸国との協調」，「アジアの一員として立場の堅持（けんじ）」とあと一つは何か。

7 国連中心主義

★ **8** 第二次世界大戦後も，ロシア（旧ソ連）によって占拠されている国後島（くなしり），択捉島（えとろふ），歯舞群島（はぼまい），色丹島（しこたん）の返還問題を何というか。

8 北方領土問題

解説 日ソ共同宣言では，平和条約締結時に歯舞群島と色丹島の日本返還が示されていた。

★ **9** 沖縄県石垣島に属する島で，日本固有の領土であるが，石油資源や天然ガスが埋蔵されていることから，中国・台湾との間でしばしば問題となる島を何というか。

9 尖閣諸島

解説 島根県隠岐島の北西にある竹島は韓国が実効支配しており，領有をめぐり日韓間で問題となっている。

10 第二次世界大戦時に，日本は中国・朝鮮・東南アジア諸国に大きな損害を与えたが，これに対する日本政府が抱える補償問題を何というか。

10 戦後処理問題

解説 中国や朝鮮における強制連行・徴用や慰安婦問題について，中国や台湾，韓国の人びとからの補償要求は強い。

 演 習 問 題 ────────── **5**

次の問い（問1～8）に答えよ。

問1 国際法に関して**適当でないもの**を，次の①～④のうちから一つ選べ。

①グロティウスは，「戦争と平和の法」を著し，国際法の必要性を説いた。

②条約と異なり，国際慣習法はすべての国を拘束する。

③国際司法裁判所は，関係当事国の合意がなくても，訴訟を開始できる。

④国際刑事裁判所は，国際社会の懸念となる犯罪の個人の責任を問う。

問2 国際連合に関して最も適当なものを，次の①～④のうちから一つ選べ。

①アメリカのウィルソン大統領の14カ条の提案にこたえて結成された。

②総会での採決は，加盟国を一票とする全会一致を原則としている。

③信託統治理事会はその役割を終え，人権理事会に改組された。

④経済社会理事会には，国際労働機関などが専門機関として設けられている。

問3 国際連合は集団安全保障体制をとっているが，国際連合の紛争処理システムに関して**適当でないもの**を，次の①～④のうちから一つ選べ。

①安全保障理事会の決定は，加盟国に対して拘束力をもつ。

②安全保障理事会の常任理事国には，拒否権が認められている。

③緊急特別総会で3分の2以上の賛成があれば，集団的措置を勧告できる。

④武力紛争解決にはPKOを派遣すると，国際連合規約に規定されている。

問4 a～cの冷戦後の出来事と関わる人との組み合わせとして適当なものを，次の①～⑥のうちから一つ選べ。

a　マルタ会談　　　b　「鉄のカーテン」演説　　　c　非同盟主義

ア　チャーチル　　イ　ゴルバチョフ　　　　　ウ　ネルー

①a－ア　b－イ　c－ウ　　②a－ア　b－ウ　c－イ

③a－イ　b－ア　c－ウ　　④a－イ　b－ウ　c－ア

⑤a－ウ　b－ア　c－イ　　⑥a－ウ　b－イ　c－ア

問5 21世紀のアメリカ大統領ブッシュに関わることがらとして**適当でないもの**を，次の①～④のうちから一つ選べ。

①イラク戦争　　②同時多発テロ　　③ユニラテラリズム

④湾岸戦争

問6 軍縮に関して最も適当なものを，次の①～④のうちから一つ選べ。

①核不拡散条約（NPT）は，包括的核実験禁止条約（CTBT）が発効したため，失効することになった。

②中距離核戦力（INF）全廃条約によって，核保有国のアメリカ，ソ連，イ

　　ギリス，フランス，中国が初めて核兵器を廃棄することになった。

　　③対人地雷全廃条約やクラスター爆弾禁止条約などにより，通常兵器の制限がかけられるようになった。

　　④新START条約が締結され，アメリカとロシアは国際原子力機関（IAEA）の査察を受けることになった。

問7 1991年の旧ユーゴスラビア解体後，独立を宣言したことによりセルビア人，クロアチア人，イスラム教徒の間ではじまった内戦として適当なものを，次の①～④のうちから一つ選べ。

　　①パレスチナ問題　　　　　　　②チェチェン問題

　　③ボスニア・ヘルツェゴビナ紛争　　④ソマリア内戦

問8 日本の戦後外交は，サンフランシスコ平和条約で講和が成立していない国との国交回復が課題となった。独立後の日本がこれらの国と結んだ条約などの①～④について，時代順に3番目になるものを一つ選べ。

　　①日韓基本条約

　　②日朝平壌宣言

　　③日ソ共同宣言

　　④日中平和友好条約

解答・解説

問1③　国際司法裁判所は，関係当事国双方の合意がなければ訴訟を開始できない。　問2④　①ウィルソン大統領の14カ条は国際連盟結成に大きな役割を果たした。②国際連盟の弱点を乗りこえるため，国際連合では多数決を原則としている。③信託統治理事会はその役割を終えたが廃止されてはいない。　問3④　6章半の活動といわれるPKOは国際連合憲章には明記されていない。　問4③　冷戦の開始を示した「鉄のカーテン」演説，多極化の中で台頭した非同盟主義，冷戦の終結を告げるマルタ会談。　問5④　湾岸戦争時の大統領は，第41代のブッシュ大統領である。　問6③　①1995年に核不拡散条約は無期限延長された。②INF全廃条約はアメリカとソ連の二国間条約である。④IAEAの査察は核不拡散条約に参加した非核保有国に対して行なわれるもので，核保有国である米国やロシアは査察されない。　問7③　①イスラエルとパレスチナとの紛争，②ロシアのチェチェン共和国の独立問題，④政府に対する反政府軍との内戦　問8④　日ソ共同宣言は1956年，日韓基本条約は1965年，日中平和友好条約は1978年，日朝平壌宣言は2002年である。

1　資本主義経済体制の成立と発展

1 外国貿易などによって蓄えられた，資本主義の初期的
段階で形成された資本を何というか。

1 商業資本

2 絶対主義国家のもとで行なわれた，国家が貿易を保
護・統制し，国家の富を蓄えようとする政策を何とい
うか。

2 重商主義政策

3 イギリスで15～17世紀におこった，労働者創出につ
ながった有力地主の私有地拡張によって土地の生産性
を上げようとする運動を何というか。

3 エンクロージャー
（土地囲い込み）

4 17世紀頃から発達した，工場での熟練工による手工
業生産を何というか。

4 マニュファクチュア
（工場制手工業）

5 イギリスでは綿織物の分野で1770年代からはじまっ
た，機械制大工業の生産様式の飛躍的な変化を何とい
うか。

5 産業革命

★ **6** 古典派経済学の創始者とされ，主著の『諸国民の富（国
富論）』で自由主義経済を主張した18世紀イギリスの
経済学者は誰か。

6 アダム＝スミス

7 上記の経済学者は，重商主義における国家の経済介入
を批判し，国富増大のためにどのような考え方を主張
したか。

7 自由放任（レッセ＝
フェール）

解説▶アダム＝スミスは，世の中の資源が「（神の）見えざる手」
（＝市場のメカニズム）に導かれて，最適配分されると考えた。

8 『人口論』を著し，幾何級数的な人口の増加と算術級数
的な食料生産の増加の格差が，貧困と罪悪発生の必然
的原因であるととらえた18世紀イギリスの経済学者
は誰か。

8 マルサス

9 1870年代頃から少数の大企業が一産業部門や多部門
を支配するようになるが，このような段階の資本主義
を何というか。

9 独占資本主義

★ **10** 独占の一形態で，高い利潤を確保するために同業種の

10 カルテル（企業連合）

企業間で結ばれる価格・生産量・販路などの協定を何というか。

11 戦前の日本の財閥のように，異業種にわたる複数の企業がピラミッド型に結合した独占形態を何というか。

解説 戦前には，三井・三菱・住友・安田などの財閥があった。財閥は同族が支配し，本社(親会社)は傘下の企業の持ち株会社であった。

11 コンツェルン(企業連携)

12 日本では独占禁止法で禁止されている，同一産業，業種で企業が合併することを何というか。

12 トラスト

★13 『雇用・利子及び貨幣の一般理論』を著し，不況期には政府の経済活動への積極的な介入により，完全雇用を達成すべきであると主張したイギリスの経済学者は誰か。

13 ケインズ

★14 上記の経済学者は，一国の雇用水準や国民所得水準は，国全体の貨幣支出をともなう需要の大きさで決まると考えたが，このような需要を何というか。

解説 近代経済学の創始者であるケインズは，経済学に革命をもたらしたといわれる。

14 有効需要

15 1929年10月にアメリカのニューヨークにあるウォール街の株価大暴落に端を発した，世界的な経済恐慌を何というか。

解説 ニューヨーク株式市場で株価が大暴落した1929年10月24日の木曜日を「暗黒の木曜日」と呼ぶ。

15 世界恐慌(大恐慌)

★16 世界恐慌期に，アメリカ大統領ローズヴェルトが政府機能の拡大，強化をとおして実施した一連の景気回復策を何というか。

16 ニューディール政策

17 上記の政策の一環として1935年に制定された，労働者の権利を保護する法律を何というか。

17 ワグナー法

18 世界恐慌以降，市場経済に政府が介入するなど公的部門の役割が重視されるようになった。このように私的部門(民間部門)と公的部門が併存するような体制を何経済というか。

18 (公私)混合経済

★19 1970年代末からイギリスやアメリカ，日本で誕生した新自由主義政権が掲げた，減税や支出削減を推進する政府のあり方を何というか。

19 小さな政府

解説▶日本では1980年代の中曽根改革がこの考え方で，国鉄など三公社の民営化を進めた。

20 イギリスでこの時期に政権をとった，上記のような方針をもった首相は誰か。

20 サッチャー

21 1980年代のアメリカでは，レーガノミクスと呼ばれる大胆な財政・金融政策が実施されたが，この時期に増大した財政赤字と貿易赤字は，あわせて何と呼ばれたか。

21 双子の赤字

22 アメリカの経済学者フリードマンに代表される，経済的問題を貨幣供給量からとらえる経済学の考え方を何というか。

22 マネタリズム

2 社会主義経済体制の成立と発展

★**1** 『資本論』を著し，労働者の貧困は資本主義の構造的な欠陥が原因であるととらえ，社会主義の必然性を論じたドイツの経済学者は誰か。

1 マルクス

解説▶エンゲルスは，上記 **1** の人物とともに『共産党宣言』を共同で執筆し，彼の死後『資本論』を完成させた。彼らの思想は科学的社会主義と呼ばれる。

2 上記の経済学者は，剰余価値説の中で，商品化された労働力は，資本家の搾取によってつねにどのような状態で取り引き(交換)されていると考えたか。

2 不等価交換

3 マルクスの考え方を発展させ，ロシア革命で実践した指導者は誰か。

3 レーニン

4 上記の指導者は，19世紀末から20世紀にかけて欧米列強に見られた，国内で金融資本が形成され，その輸出先を武力で獲得し植民地争奪戦を展開する状況を何主義としたか。

4 帝国主義

5 工場改革運動などを行なったロバート＝オーエンらの穏健的な社会主義は，マルクスやレーニンらの科学的社会主義に対して何と呼ばれるか。

5 空想的社会主義

6 社会主義経済のもとでは，土地・機械設備・原材料などの生産手段はどのような形で所有されるか。

6 社会的所有(共同所有)

7 資本主義の市場経済に対して，政府が決めた方針に基づいて生産活動が行なわれる社会主義の経済運営を何

7 計画経済

というか。

8 中国で1978年から導入された，人民公社を解体するとともに，沿岸部に経済特区をつくり，外国の資本や技術を導入するなどの政策を何というか。

解説▶鄧小平（とうしょうへい）によって進められたこの政策が，中国の市場経済化へのきっかけとなった。

8 改革・開放政策

9 1992年の中国共産党大会で決定され，それまでの計画経済を改め，新たに市場経済システムを導入するという経済体制を何というか。

9 社会主義市場経済

10 1990年代末に中国に返還された香港やマカオで，当分の間は資本主義経済を継続するという中国の体制を何というか。

10 一国二制度

11 ベトナムで1986年に採用された，「刷新（さっしん）」を意味する市場経済を導入した新しい経済政策を何というか。

11 ドイモイ

12 中国は2001年に加盟し，ロシアは2012年に加盟した，世界の自由貿易を推進する組織は何か。

解説▶かつての社会主義国や現在の社会主義国もこの組織に多数加盟している。

12 WTO（世界貿易機関）

次の文章を読んで，下の問い（**問1～7**）に答えよ。

> 　資本主義は18～19世紀の産業革命期に確立され，この時期に経済学の父と呼ばれる a アダム＝スミスも登場した。しかし，資本主義の発展にともなって労働者の貧困が社会問題となり，それが社会主義という新たな b 経済学の出現をもたらした。さらに，19世紀後半からは独占資本の形成が進むとともに，欧米列強は帝国主義政策を展開し，アフリカや東南アジア，南太平洋などでの植民地分割が行なわれた。一方，1929年にはじまる c 世界恐慌は新たな問題を提起し，資本主義を修正する d ケインズ経済学も登場した。
>
> 　第二次世界大戦後，「大きな政府」を主流とする各国で財政赤字が増大し，1970年代の石油危機の時期にそれが深刻化した。その反動から，1980年代には e「小さな政府」を掲げる f 新自由主義政権も誕生し，その後は財政のあり方をめぐる考え方が対立するようになった。
>
> 　一方，第二次世界大戦後，多くの社会主義国が誕生したが，g 冷戦終結後は社会主義国の体制は大きく変容した。

問1 下線部 a の考え方とは**一致しないもの**を，次の①～④のうちから一つ選べ。
　①夜警国家観　　②重商主義　　③安価な政府　　④自由放任主義

問2 下線部 b について，次のA～Cの経済学者とア～ウの考え方との組み合わせとして適当なものを，下の①～⑥のうちから一つ選べ。
　　A　マルクス　　　B　リスト　　　C　シュンペーター
　ア　後進国は自国産業を育てるために保護貿易が必要である。
　イ　企業家によるイノベーションは経済発展の原動力である。
　ウ　資本家による搾取が労働者の貧困の原因である。
　①A－ア　B－イ　C－ウ　　②A－ア　B－ウ　C－イ
　③A－イ　B－ア　C－ウ　　④A－イ　B－ウ　C－ア
　⑤A－ウ　B－ア　C－イ　　⑥A－ウ　B－イ　C－ア

問3 下線部 c の時期に実施されたアメリカのニューディール政策に含まれるものを，次の①～④のうちから一つ選べ。
　①友好国との間で経済同盟を結成し，域内関税を撤廃した。
　②計画経済を導入し，第一次5カ年計画を実施した。
　③農業の生産調整を行ない，農家に政府が補助金を給付した。

共通テスト攻略のコツ！

共通テストへの移行をつうじて，今後は「覚えて解く問題」から「考えて解く問題」へとかわっていくだろう。しかし，考えるための基礎的な知識はこれまで同様に必要である。基礎的な学習をおろそかにしないようにしよう。

④公共事業を縮小し，放漫財政から緊縮財政に転換した。

問4 下線部 d の考え方と一致するものを，次の①〜④のうちから一つ選べ。

①有効需要の原理 ②マネタリズム

③比較生産費説 ④ゲームの理論

問5 下線部 e の政策と一致するものを，次の①〜④のうちから一つ選べ。

①社会保障の充実 ②省庁の許認可権の拡大

③公企業の民営化 ④赤字国債の増発

問6 下線部 f に該当するアメリカとイギリスの政権の組み合わせを，次の①〜④のうちから一つ選べ。

①クリントン／サッチャー ②クリントン／ブレア

③レーガン ／サッチャー ④レーガン ／ブレア

問7 下線部 g に関連して，冷戦終結後の中国の動向について正しいものを，次の①〜④のうちから一つ選べ。

①返還後の香港は，資本主義体制の継続を認めていない。

②市場経済に移行したが，株式会社は認めていない。

③経済協力開発機構（OECD）に加盟し，積極的に対途上国援助を行なっている。

④世界貿易機関（WTO）に加盟し，世界の自由貿易体制に参加している。

解答・解説

問1② アダム＝スミスは絶対主義国家の重商主義を批判した。 問2⑤ Aのマルクスは剰余価値説，Bのリストは保護貿易論を展開，Cのシュンペーターはイノベーションから判断。 問3③ ニューディールは政府による有効需要の拡大策。①のブロック経済はイギリスやフランス，②の計画経済は社会主義国のソ連の政策。④テネシー川開発公社を設立して公共事業を拡大した。 問4① ケインズは不況期は政府の積極的政策によって不況脱出をはかるべきだと考えた。②はフリードマンなど，③はリカードの学説で自由貿易の原理，④にはナッシュの理論などがある。 問5③ 小さな政府は，行政の役割や財政の規模を小さくすること。 問6③ イギリスのサッチャー政権，アメリカのレーガン政権，日本の中曽根政権などがこれにあたる。 問7④ 中国は2001年にWTOに加盟した。①1997年の返還時に香港には50年間資本主義体制を認める一国二制度を採用した。②中国は株式会社を認めている。③2014年12月現在，中国はOECDに加盟していない。

1 経済主体と経済循環

1 生産・流通・消費という活動における三つの経済主体は，企業・家計ともう一つは何か。

  1 政府

2 企業活動において，総収入から生産のための費用を差し引いた残りを何というか。企業活動の目的は，これを獲得することにある。

  2 利潤

3 企業が納める税で，企業所得に対して課せられるものを何というか。

  3 法人税

4 企業が生産設備の拡充や入替えのために行なう資本投資を何というか。

  4 設備投資

★ **5** 生産の拡大にともない単位当たりのコストが低下していくことによって生まれる利益のことを一般に何というか。

  5 規模の利益（スケール＝メリット）

6 家計の消費支出に占める食料費の割合のことを何というか。

  6 エンゲル係数

7 日本では高度経済成長期から普及した，家電製品・自動車などの中長期的に使える消費財を何というか。

  7 耐久消費財

8 個人の所得から，税や社会保険料を差し引いたあとの所得を何というか。

  8 可処分所得

9 所得は，消費または貯蓄にあてられるが，この貯蓄に回される割合を何というか。

  9 貯蓄性向

10 家計のもつ土地や株の価格の上昇が貯蓄が増えたことと同じ効果をもたらすことから，消費や投資が活発になることを何効果というか。

  10 資産効果

2 現代の市場と企業

現代の市場

1 売り手・買い手が無数に存在する，財が同質で財に関する情報が完全であるなどの条件を満たし，市場メカ

  1 完全競争市場

ニズムが完全に機能する状態の市場を何というか。

2 下の図について答えよ。

①Xは，需要曲線，供給曲線のどちらか。

②P_0のときの価格を何というか。

③価格P_1のときに発生しているのは，超過需要，超過供給のどちらか。

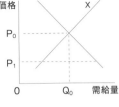

3 生活必需品とぜいたく品を比べた場合，一般に，需要の価格弾力性(需要の変化率÷価格の変化率)が大きいのはどちらか。

4 少数の大企業によって生産や販売が支配される市場を何というか。

解説▶ビール，自動車，パソコン，宅配便，携帯電話などは典型的な寡占市場である。

★ **5** 上記の市場では，一般に価格の下方硬直性が見られ，広告・宣伝や，デザイン・容器などの差別化による競争が激しくなる。このような競争を何というか。

★ **6** 上記の市場では価格支配力のある企業に他社が追随するために，横並びの価格が形成されることがあるが，このような価格を何というか。

7 上のケースのように，市場で価格を牽引する役割を果たす有力企業を何というか。

8 自由に競争が行なわれている市場において，需要と供給のバランスが崩れたとしても，価格が変化して，需給は一致する方向に動くことを何というか。

9 経済学者ガルブレイスは，豊かな社会になると，消費者の欲望は企業の販売戦略によって，実は管理・操作されるようになると指摘したが，これを何効果というか。

10 業界全体の売上高に占める，各企業の売上高の割合を何というか。

11 市場は決して万能ではなく，さまざまな欠陥がある。このような市場機構の限界をあらわす言葉は何か。

2 ①供給曲線

②均衡価格

③超過需要

3 ぜいたく品

4 寡占市場

5 非価格競争

6 管理価格

7 プライス＝リーダー(価格先導者)

8 価格の自動調節機能

9 依存効果

10 マーケット＝シェア(市場占有率)

11 市場の失敗

★12 上記の一例として，公害や環境破壊のように，ある経済主体の活動がその市場の外側で，直接に多くの人びとなどの社会に対して不利益や損失をもたらすことを何というか。

12 外部不経済

13 消費者は情報が少ないために，質の悪いものや高いものを逆に選択してしまうことの原因となる，生産者（販売者）と消費者との情報の格差のことを何というか。

解説▶独占・寡占，公共財，外部不経済，情報の非対称性などは，市場の失敗の例である。

13 情報の非対称性

14 アメリカで1890年に制定された，トラスト（企業合同）を規制する法律を何というか。

14 シャーマン法

15 日本で1947（昭和22）年に制定された，私的独占の禁止と公正取り引きの確保に関する法律を，一般に何というか。

15 独占禁止法

★16 上記の法律を管理・運営する，内閣から独立して権限を行使する行政委員会は何か。

16 公正取引委員会

17 品質の低下などを避けるため独占禁止法で認められた例外的な措置で，現在，本やCDなどに適用されている，メーカーが小売価格を決め，小売店にそれを守らせる制度を何というか。

17 再販売価格維持制度（再販制度）

18 独占禁止法で，1953（昭和28）年に適用除外とされ，1999（平成11）年に廃止されたのはどのようなカルテルか。

18 不況カルテル・合理化カルテル

★19 独占禁止法の1997（平成9）年の改正で，戦後禁止されてきた会社が解禁になった。これはどのような役割の会社か。

解説▶他の会社の株式を所有して，その会社を実質的に支配することを目的としている。

19 持ち株会社

現代の企業

1 かつてあった郵政・林野・印刷・造幣の4現業の中で，現在，唯一民営化されずに国営企業であるものはどれか。

1 （国有）林野

★2 国立病院や国立博物館などの国の機関は，2000年代以降，何という形態に移行したか。

2 独立行政法人

3 小泉内閣の構造改革のもとで民営化が進められた，公益性の高い事業法人を何というか。

3 特殊法人

★ 4 2006（平成18）年に施行された会社法によって，既存のものは存続できるが，新設はできなくなった会社の形態は何か。

4 有限会社

★ 5 会社法で設立が新たに認められるようになった会社の形態は何か。

5 合同会社

解説▶合同会社は，全員が有限責任の会社で，ベンチャー企業などに適している。

6 会社法で廃止された規制で，それまで株式会社を設立する場合は資本金として1000万円以上が必要とされた制度は何か。

6 最低資本金制度

7 会社企業のうち，親族などの無限責任社員のみで構成される小規模な会社を何というか。

7 合名会社

8 株式会社の出資者（株主）は，「無限責任」「無限責任と有限責任」「有限責任」のうちのどれか。

8 有限責任

★ 9 企業は経営の拡大にともなって出資者と経営者の分化が進むが，このような傾向を何というか。

9 資本（所有）と経営の分離

10 株式会社の最高決定機関である株主総会で選出される，会社経営にあたる役員を何というか。

10 取締役

11 企業の経営責任者をこれまでより明確にするために，アメリカにならって日本でも導入されるようになった「最高経営責任者」をあらわすアルファベットの略号は何か。

11 CEO

12 平和や健康を脅かす企業には投資を抑制し，社会貢献度の高い企業に積極的に投資するという選別的な投資を何というか。

12 社会的責任投資（SRI）

13 株主は会社があげた利益の分配を受けるが，この分配金のことを何というか。

13 配当（金）

14 株式や国債，社債などの財産的価値をもつ証券をあわせて何というか。

14 有価証券

15 戦後の銀行を核とする企業集団では，その集団を維持するために企業は株式の点では，どのような方法で結合したか。

15 株式の相互持ち合い

解説▶バブル経済崩壊後，株式の相互持ち合いは弱まり，金融

機関や一般企業の持ち株比率は低下している。

16 株主・経営者・従業員・主要銀行・顧客など，企業の
経営活動に関わる利害関係者を何というか。

17 配当のような株主の所得はインカム＝ゲインにあたる
のに対して，株価の値上がりによる株主の譲渡益は何
にあたるか。

解説▶高度経済成長期にみられた緩やかな物価上昇をクリーピ
ング＝インフレーションというのに対して，石油危機後に
みられた急速なインフレーションをギャロッピング＝イン
フレーションという場合がある。

★18 複数の国に生産拠点や販売拠点をもち，国際的な視野
で事業を展開する企業を何というか。

★19 経営の効率性やリスクの分散をはかるために，複数の
分野にわたって事業を展開することで，経済情勢の変
化に強い体質をもった企業を何というか。

★20 他社に対する「合併・買収」をあらわすアルファベット
の略号は何か。

21 新製品や新技術につながる企業の「研究・開発投資」を
あらわすアルファベットの略号は何か。

★22 企業の社会的責任(CSR)の一つである，企業の芸術・
文化支援活動を何というか。

23 企業が，自社の経営に関わる情報などを株主などに対
して公開することを何というか。

★24 企業が経済活動において法令を遵守したり企業倫理を
守ることを何というか。

★25 「企業統治」といわれる，健全な企業経営を実現するた
めの管理・統制のしくみをさす言葉を何というか。

解説▶企業の社会的責任(CSR)には，22～25の他に，フィラン
ソロピー(ボランティアや慈善活動)も含まれる。

★26 1990年代に増加した，会社に損失を与えたとして株
主が経営者に経営責任を問い，損害賠償を請求する裁
判を何というか。

3 国民所得と国富

1 国民所得統計であらわされる，一国の経済活動によっ

て新たに生みだされた価値のことを何というか。

★ **2** 国民所得はある一定期間の経済活動であるフロー（流れ）の概念であるのに対して，過去からの経済活動をとらえる国富は何の概念か。

2 ストック（蓄え）

3 国富は，有形固定資産・有形非生産資産・在庫品が含まれる実物資産と何をあわせたものか。

3 対外純資産

★ **4** 経済活動による最終生産物の大きさをあらわすGNP（国民総生産）は，総生産額から何を差し引いたものか。

4 中間生産物

★ **5** 純粋な付加価値の大きさをあらわすNNP（国民純生産）は，上記のGNPから何を差し引いたものか。

5 固定資本減耗分（減価償却費）

★ **6** NI（国民所得）は，上記のNNPから何を引き，何を加えたものか。

6 間接税（を引き），補助金（を加えた）

★ **7** 一国の経済規模を示すGDP（国内総生産）は，GNPから何を差し引いたものか。

7 海外からの純所得

解説▶日本人が海外で得た所得は，日本のGNPには含まれるが，GDPには含まれない。

★ **8** 国民所得の三面等価とは，生産面・分配面とあと一つは何の面から見た国民所得が等しいことをいうか。

8 支出面

9 近年，GNPの数値は生産面より所得面からとらえられることが多くなったため，GNPにかわってどのような指標が用いられるようになったか。

9 GNI（国民総所得）

10 賃金と利潤の合計である分配国民所得は，企業所得と財産所得と何をあわせたものか。

10 雇用者所得（雇用者報酬）

11 GNPから公害や環境破壊などの価額を差し引き，家事労働や余暇の増大などの価額を加え，GNPを福祉の視点から修正しようとしたものは何か。

11 NNW（国民純福祉）

12 GDPから環境維持経費を差し引き，環境保全の視点からGDPを修正しようとしたものは何か。

12 グリーンGDP

4 景気変動と経済成長

1 景気の四つの局面は，好況・後退（恐慌）・不況とあと一つは何か。

1 回復

2 景気変動波の基本的な原因は，好況期にどのようなことが過剰になるからか。

2 投資や生産

3 好況期は，一般に物価上昇，物価下落のどちらの傾向

3 物価上昇（インフレ

4 持続的に物価の下落と通貨価値の上昇が続く現象を，何というか。

★ **5** 景気波動のうち，設備投資が原因とされる7〜10年周期の中期波動を何というか。

5 ジュグラーの波

★ **6** 景気波動のうち，技術革新を原因とする約50年周期の長期波動を何というか。

6 コンドラチェフの波

★ **7** 在庫投資が原因とされるキチンの波は，約何カ月周期の景気波動か。

7 約40カ月

★ **8** 約20年周期でおこるクズネッツの波は，何を原因とする景気波動か。

8 建設投資

★ **9** 企業家によるイノベーション（技術革新）が，経済発展の原動力であると考えたオーストリア出身の経済学者は誰か。

9 シュンペーター

　　解説▶彼は，企業家によるイノベーション（技術革新）を，「創造的破壊」ととらえた。

10 実際に市場で取り引きされている価格で算出された名目GDPから，物価変動による影響を取り除いたものを何というか。

10 実質GDP

11 名目GDPを物価指数で割ると上記の数値が算出されるが，この物価指数のことを何というか。

11 GDPデフレーター

12 上記**10**の数値の前年度からの伸び率を何というか。

12 実質経済成長率

13 物価が下落しているときデフレ期の経済成長率は，名目と実質のどちらの数値が大きくなるか。

13 実質経済成長率

14 かつて「卸売物価指数」といわれていた，企業間で取り引きされる際の価格動向をあらわす指数を何というか。

14 企業物価指数

15 戦争や国家統一などの歴史的事象のあとでおこることが多い，激しいインフレを何というか。

15 ハイパー＝インフレ
ーション

16 石油危機後の物価上昇のように，生産費の上昇が原因であるインフレを何というか。

16 コスト＝プッシュ＝
インフレーション

★**17** 上記の時期は不況にもかかわらず物価が上昇したが，このような現象を何というか。

17 スタグフレーション

18 1990年代後半に日本で見られたような，不況と物価の下落が悪循環を引きおこす現象を何というか。

18 デフレ＝スパイラル

19	各国で一単位の通貨でどれだけのものが買えるかを比較し，各国通貨の交換比率を算出したもの何平価というか。	**19** 購買力平価
20	上記の平価と現実の為替相場との格差のことを何というか。	**20** 内外価格差

 5 金融と財政の役割

金融のしくみと金融政策

1	貨幣の四つの機能は，交換手段・価値の尺度・支払い手段ともう一つは何の手段か。	**1** 価値(の)貯蔵手段
★ **2**	金を基準に通貨が発行され，金との交換が保障された兌換紙幣が流通する通貨制度を何というか。	**2** 金本位制
★ **3**	政府と中央銀行の管理下で通貨が発行され，不換紙幣が流通する通貨制度を何というか。	**3** 管理通貨制度
★ **4**	金融機関から経済全体に供給されている通貨総量で，日本銀行が金融政策の目安とする指標を何というか。	**4** マネー＝ストック
5	小切手や手形によっていつでも支払いができる無利子の預金を何というか。	**5** 当座預金
6	上記の預金と普通預金は現金通貨に近い機能をもつもので，何通貨と呼ばれるか。	**6** 預金通貨
★ **7**	日本銀行は，家計や企業とは直接取引をせず，市中銀行と取り引きを行なうことから何の銀行と呼ばれるか。	**7** 銀行の銀行
8	金融システムの信用維持のため経営危機や経営破綻に陥った金融機関に対して，無担保で無制限に行なえる日本銀行の貸し付けを何というか。	**8** 日本銀行の特別融資（日銀特融）
9	政策性の高いプロジェクトに対して，長期資金の融資を行なう政府系の金融機関を何というか。	**9** 日本政策投資銀行
10	金融機関の一つで，株式などの有価証券を専門に扱う会社を何というか。	**10** 証券会社
11	消費者金融やカード会社など，貸し付け業務は行なうが預金業務は行なわない金融機関を一般に何というか。	**11** ノンバンク
★ **12**	銀行が小切手などによる信用取り引きを通じて，当初の預金額の何倍もの預金通貨をつくりだす機能を何というか。	**12** 信用創造

13 当初預金が100万円，預金準備率が20%のとき，上記の機能によってどれだけの預金通貨を創造しうるか。

解説▶信用創造による預金総額＝当初預金額／預金準備率（100÷0.2＝500），新たに創造された預金額＝預金総額－当初預金額（500－100＝400）で求められる。

13 400万円

★**14** 金融市場は，インターバンク市場とオープン市場に分かれるが，前者に含まれる銀行間の短期資金市場を一般に何というか。

14 コール市場

★**15** 企業や政府が，株式や社債などの有価証券を発行して金融市場から資金を調達する方式を何というか。

15 直接金融

★**16** 企業や政府が，金融機関からの借り入れによって金融市場から資金を調達する方式を何というか。

16 間接金融

★**17** 株式発行や社内留保(りゅうほ)によって調達された資金は，自己資本，他人資本（借り入れ資本）のどちらか。

17 自己資本

★**18** 社債(しゃさい)発行や銀行借り入れによって調達された資金は，自己資本，他人資本（借り入れ資本）のどちらか。

解説▶日本では元来，間接金融が優位で他人資本の割合が大きかったが，1980年代から徐々に直接金融が増加してきた。

18 他人資本（借入資本）

19 景気が過熱気味の時は，日本銀行は市中に出回る通貨供給量を抑制(よくせい)する政策をとるが，このような政策を何というか。

19 金融引き締め

★**20** 公開市場操作では，不況期に，日本銀行は売りオペレーション（売りオペ），買いオペレーション（買いオペ）のどちらを実施するか。

20 買いオペレーション

21 不況期に預金準備率（支払い準備率）操作を行なう場合，一般に，日本銀行は準備率をどう操作するか。

21 準備率を下げる

22 日本銀行の総裁・副総裁・審議委員で構成され，金融政策の決定などを行なう機関は何か。

22 日本銀行政策委員会

★**23** 戦後，大蔵省を中心に行なわれてきた金融機関に対する保護と規制による金融行政は何と呼ばれるか。

23 護送船団方式(ごそうせんだん)

★**24** 1990年代中頃に実施されたフリー・フェア・グローバルをスローガンとする金融の大改革を何というか。

24 金融ビッグバン（日本版ビッグバン）

★**25** 現在，日本銀行が金利の誘導目標にしているのは，コール市場における何と呼ばれる金利か。

25 無担保コールレート翌日物(よくじつもの)

26 1990年代末から日本銀行が実施した，上記の金利を

26 ゼロ金利政策

実質ゼロに誘導する政策を何というか。

27 2000年代に入って日本銀行が実施した，資金量の目標を定めて市中銀行の当座預金残高を増やしていく政策を何というか。

27 量的緩和策

28 不況脱出をはかるために，消費者物価の一定の上昇目標を定めて意図的にインフレ状態をつくりだす政策を何というか。

28 インフレ＝ターゲット

29 かつて政策金利として金融政策の中心であった公定歩合は，現在，何という名称に変更されているか。

29 基準割引率および基準貸付利率

★30 金融の安定化や預金者の保護を目的に，内閣府に設置されている行政機関は何か。

30 金融庁

★31 金融機関が破綻した場合に，元本1,000万円までとその利息の払い戻しを保証する制度を何というか。

31 ペイ＝オフ

32 上記の制度において，払い戻しや破綻した金融機関の処理など行なう機関を何というか。

32 預金保険機構

33 1998（平成10）年に制定された，破綻した金融機関の事後処理手続を規定した法律を何というか。

33 金融再生法

★34 スイスの国際決済銀行は，国際取り引きを行なう銀行に8％以上の自己資本比率を求めているが，この規制を何というか。

34 BIS規制

★35 アメリカの低所得者向け住宅ローンが2006年に焦げつき，金融不安が広がった問題を何というか。

35 サブプライムローン問題

36 上記の問題に端を発した金融不安が，アメリカ証券会社大手の経営破綻をもたらし，それが世界的な金融危機に発展したが，この出来事は何と呼ばれるか。

36 リーマン＝ショック

37 先物取り引きやオプション取り引きなどがある，金融商品から生まれた高い収益性を追求する商品を何というか。

37 金融派生商品（デリバティブ）

38 投資家から資金を預かった投資会社が債券や不動産などに投資し，その利益を投資家に配分する資産運用システムを何というか。

38 投資信託

財政のしくみと財政政策

★1 市場からは供給されにくい財で，財政活動によって供される道路，公園などの財を何というか。

1 公共財

2 前ページ**1**のような財を政府が税金を用いて供給することによって社会全体の資源が調整されるが，この財政の機能を何というか。

2 資源配分機能

3 経済活動や国民生活に不可欠な道路・港湾・公共住宅・病院などの社会施設を総称して何というか。

3 社会資本

4 上記の設備とも共通する，経済活動や国民生活を支える「社会基盤」を，一般に何というか。

4 インフラストラクチャー（インフラ）

★ **5** 所得税などの累進課税と社会保障は，国全体の所得格差を縮める働きがあるが，この機能を何というか。

5 所得の再分配機能

★ **6** 財政の景気調整機能のうち，公共投資の増減によって政府が裁量的に総需要を調整する政策を何というか。

6 伸縮的財政政策（フィスカル＝ポリシー）

★ **7** 所得税などの累進課税と社会保障によって，国内の総需要が自動的に調整される。この景気の安定化システムを何というか。

7 景気の自動安定化装置（ビルト＝イン＝スタビライザー）

8 国の予算は，一般会計と政府関係機関のほかに何があるか。

8 特別会計

★ **9** 税制の民主化のために，新たな課税や税の変更は法律に基づかなければならないとする考え方を何というか。

9 租税法定主義

10 税収や支出の見直しがあると，会計年度の途中に一部が組み直されるが，このような予算を何というか。

10 補正予算

★ **11** 主に財投債を財源として政策的に必要があるものの，民間では対応が困難な事業などに資金を供給し，その事業からの回収金等によって返済を行なう，かつては「第二の予算」といわれた制度は何か。

11 財政投融資

12 納税者と担税者（負担者）が異なる税を何というか。

12 間接税

　　解説 逆に，納税者と担税者が同一の税を<u>直接税</u>という。日本では所得税や法人税などが直接税であり，消費税やたばこ税などが間接税である。

★ **13** 戦後の日本において，直接税中心の税体系をつくる契機となったアメリカの税制調査団の勧告(かんこく)を何というか。

13 シャウプ勧告

　　解説 1949年のドッジ＝ラインのときに行なわれた。

14 所得税などの累進課税制度は，垂直的公平，水平的公平のどちらを実現するものか。

14 垂直的公平

★ **15** 消費税のように，低所得者ほど重税感が増すという税

15 逆進性(ぎゃくしんせい)

の性質を何というか。

16 自営業者とサラリーマンの所得税の納税方法は，前者は自己申告であるのに対して後者はどのような方法か。

★**17** 公共事業などの財源にあてるために発行される国債を何というか。

★**18** 一般会計の財源不足を補うために発行される国債を何というか。

19 国債の濫発によるインフレを避けるために，新規国債の日銀引き受けは禁止されているが，このような原則を何というか。

20 国債の発行や引き受けについて規定しているのは，何という法律か。

★**21** 一般会計予算に占める公債金の割合を何というか。
解説▶1990年代末から赤字（特例）国債の発行が急増し，国債依存度は40％を上回るようになった。

22 過去の国債を償還するために，歳出の一部が国債費にとられ，財政の自由度が失われることを何というか。

★**23** 財政の健全性をはかる基準となる，歳入から公債金を除き，歳出から国債費を除いた収支を何というか。

16 源泉徴収

17 建設国債

18 赤字国債（特例国債）

19 市中消化の原則

20 財政法

21 国債依存度

22 財政の硬直化

23 基礎的財政収支（プライマリー＝バランス）

次の問い（**問1～9**）に答えよ。

問1 2006（平成18）年施行の会社法で新たに規定された，定款で経営ルールを自由に設定できる会社形態は何か，次の①～④のうちから一つ選べ。

①合資会社　　②合同会社　　③合名会社　　④有限会社

問2 企業の社会的責任に関して，次のA～Cの語句とア～ウの意味の組み合わせとして適当なものを，下の①～⑥のうちから一つ選べ。

A　コンプライアンス　　　　　ア　企業が株主などに行なう情報公開
B　ディスクロージャー　　　　イ　企業が活動する上での法令の遵守
C　コーポレート＝ガバナンス　ウ　企業経営を監督するしくみ

①A－ア　B－イ　C－ウ　　②A－ア　B－ウ　C－イ
③A－イ　B－ア　C－ウ　　④A－イ　B－ウ　C－ア
⑤A－ウ　B－ア　C－イ　　⑥A－ウ　B－イ　C－ア

問3 ある商品市場において，次の(1)，(2)の条件の変化にともなう曲線の移動として適当なものを，下の①～④のうちから一つずつ選べ。

(1)この商品に対する消費志向が高まった。
(2)この商品に新たに税金が賦課された。

①Dが右に移動　　②Dが左に移動
③Sが右に移動　　④Sが左に移動

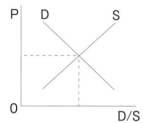

問4 市場の失敗の一つである外部不経済の意味として適当なものを，次の①～④のうちから一つ選べ。

①少数の企業によって市場が支配され，競争が阻害される。
②生産活動によって環境破壊などの社会的損失が生まれる。
③市場から供給される財は，政府が供給しなければならない。
④情報の少ない消費者は，逆に高いものや粗悪品を買ってしまう。

問5 国民所得関連の計算式として**誤っているもの**を，次の①～④のうちから一つ選べ。

①GNP（国民総生産）＝ GNI（国民総所得）＝ GNE（国民総支出）
②NNP（国民純生産）＝ GNP － 中間生産物
③NI　（国民所得）　＝ NNP －（間接税 － 補助金）
④GDP（国内総生産）＝ GNP － 海外からの純所得

問6 不況期に行なわれる金融政策の組み合わせとして適当なものを，次の①～

④のうちから一つ選べ。

①公開市場操作－売りオペ，預金準備率操作－引き上げ

②公開市場操作－売りオペ，預金準備率操作－引き下げ

③公開市場操作－買いオペ，預金準備率操作－引き上げ

④公開市場操作－買いオペ，預金準備率操作－引き下げ

問7 1990年代以降の金融の動向として**誤っているもの**を，次の①〜④のうちから一つ選べ。

①一定額の範囲で預金を保護するペイオフが解禁になった。

②金利や業務の自由化を推進する金融ビッグバンが実施された。

③銀行への保護と規制を強化する護送船団方式が導入された。

④金融リストラを背景に，中小企業への貸し渋りが強化された。

問8 消費税と比較したときの所得税の特徴として適当なものを，次の①〜④のうちから一つ選べ。

①所得再分配効果が大きい。　　②税収は景気に左右されにくい。

③水平的公平が確保される。　　④低所得者ほど重税感が大きい。

問9 国債発行による赤字財政政策の問題点とは**言えないもの**を，次の①〜④のうちから一つ選べ。

①インフラ整備の遅れ　　②クラウディングアウト効果

③財政の硬直化　　④世代間の負担の不公平

解答・解説

問1② 　会社法では有限会社が新設できなくなり，合同会社が新設された。　　問2③ 　A〜Cの語句は基本用語。　　問3(1)①，(2)④。(1)需要が増えるのでDが右に移動する。(2)税の分，価格に転嫁されるのでSが上＝左に移動する。　　問4② 　①は独占・寡占，③は公共財，④は情報の非対称性による逆選択。いずれも市場の失敗の例である。　　問5② 　中間生産物ではなく，固定資本減耗分を差し引く。①は国民所得の三面等価のこと。　　問6④ 　その他，不況期は一般に公定歩合を引き下げる。　　問7③ 　「護送船団方式」は高度成長期から低成長期（1980年代以前）の金融行政の特徴。　　問8① 　②所得税は景気に左右されやすい。③所得税は垂直的公平。④これを逆進性といい，消費税の特徴。　　問9① 　赤字財政による公共投資の拡大は，インフラ整備を進める面もある。②クラウディングアウトは，国債が資金を吸収することによって，民間投資が停滞し，不況をまねく現象。

❶ 日本経済のあゆみ

戦後の経済復興～高度経済成長

1 明治時代初期の近代化政策として「富国強兵」とともに
行なわれた，官営工場設立などの産業振興策を何とい
うか。

1 殖産興業(しょくさんこうぎょう)

2 日本の産業革命のはじまりとされる19世紀末期にお
こった戦争は何か。

2 日清戦争

3 戦前の日本経済を支配した，同族経営を特徴とする企
業集団を何というか。

3 財閥

★**4** 戦後の民主改革(3大改革)は，財閥解体・農地改革と
もう一つは何か。

4 労働運動の解放(労
働関係の民主化)

5 農地改革では，戦前の寄生地主制(きせいじぬしせい)を解体し，どのよう
な農民を創設しようとしたか。

5 自作農

6 財閥解体とともに，独占支配力のある企業の分割を進
めるために制定された法律は何か。

6 過度経済力集中排除
法

★**7** 戦後，資金や資材を石炭，鉄鋼などの基幹産業に重点
的に投入し，産業の復興をはかったが，このような方
式は何と呼ばれたか。

7 傾斜生産方式

8 産業復興のための資金融資を行なうために，戦後，政
府が設立した金融機関は何か。

8 復興金融金庫

9 ガリオア・エロアなどの経済援助と，政府の補助金に
よって辛うじて成り立っている当時の日本経済は，何
と呼ばれたか。

9 竹馬経済

★**10** インフレ収束と均衡財政をめざし，経済安定九原則に
基づいてGHQ主導で行なわれた財政・金融・通貨に
わたる政策を何というか。

10 ドッジ=ライン

　解説▶増税や国債発行停止，補助金削減などにより，財政収支
を合わせることを超均衡財政をいう。

★**11** 上記の政策では，超均衡財政の実施のほかに，1ドル

11 1ドル=360円

何円の単一為替相場が導入されたか。

12 上記の政策によってインフレは収束したが，このデフレ政策がもたらした恐慌は何と呼ばれたか。

★13 日本経済が戦争の打撃から回復し，戦前の鉱工業生産を上回る景気となった出来事は何か。

14 高度経済成長のはじまりとされる，1954～57(昭和29～32)年の好景気を何というか。

15 1956(昭和31)年の『経済白書』は，戦後の混乱期から抜け出したことを，どのような言葉で表現したか。

16 なべ底不況から回復したあとの，1958～61(昭和33～36)年の好景気を何というか。

★17 1960(昭和35)年に池田勇人内閣が発表した，今後10年間で国民経済の規模を2倍に増やすという計画を何というか。

18 GATTにおいて，日本は1963(昭和38)年に国際収支の赤字を理由とする輸出入量の制限が認められない国となった(貿易の自由化)。このような国を一般に何というか。

19 1964(昭和39)年の国際イベントに向けて新幹線や高速道路などが建設されたが，この公共事業がもたらした好景気を何というか。

20 高度経済成長期の半ばに(昭和)40年不況がおこったが，この原因は生産の拡大がもたらした国際取引の限界であった。この限界は何と呼ばれたか。

解説▶生産の拡大は輸入の増大につながり，それが貿易収支やサービス収支の赤字拡大の要因となった。

★21 輸出の拡大に支えられた，1960年代後半の長期的な好景気を何というか。

22 1950年代後半から1960年代に普及した白黒テレビ・洗濯機・冷蔵庫の三つの耐久消費財は何と呼ばれたか。

23 1960年代後半から1970年代に普及したカラーテレビ・自家用車・エアコンの三つの耐久消費財は何と呼ばれたか。

12 安定恐慌

13 朝鮮戦争(朝鮮特需)

14 神武景気

15「もはや戦後ではない」

16 岩戸景気

17 国民所得倍増計画

18 GATT11条国

19 オリンピック景気

20 国際収支の天井

21 いざなぎ景気

22 三種の神器

23 新三種の神器(3C)

1 第一次石油危機後の激しい物価上昇は，当時は何と呼ばれたか。

1 狂乱物価

★ **2** 第一次石油危機後の影響により1974（昭和49）年に，日本経済が経済成長において戦後初めて経験したことは何か。

2 （GNPの）マイナス成長

3 石油危機後，企業は人員の削減や不採算部門の切り捨てなどを進めたが，このような経営の見直しは何と呼ばれたか。

3 減量経営

★ **4** プラザ合意の翌1986（昭和61）年におこった一時的な不況を何というか。

4 円高不況

5 日本の貿易黒字を背景に1986（昭和61）年の前川レポートに基づいて打ちだされた，外需依存型の経済を転換する政策方針は何か。

5 内需拡大策

★ **6** 1980年代の後半から円高の進行にともない日本企業の海外進出が急増したが，それによってもたらされる国内雇用の減少や技術開発力の低下などの現象を何というか。

6 産業の空洞化

★ **7** 上記 **4** の不況に対する金融緩和によって過剰流動性が発生し，地価や株価が急激に上昇したが，1980年代末のこのような経済状況を何と呼ぶか。

7 バブル経済

解説▶1990年から91年にかけての不動産融資の総量規制，日銀の金融引き締め，地価税の創設などによりバブル経済が崩壊したといわれる。

★ **8** 上記の経済状況の崩壊により，金融機関が大量に抱えることになった，回収が困難な債権を何というか。

8 不良債権

9 1990年代は長期的な不況が続いたが，この時期の10年を何と呼ぶか。

9 「失われた10年」

10 平成不況下で金融機関が自らの経営を守るために行なった，中小企業などから融資を少しずつ引きあげる行為を何と呼ぶか。

10 貸し剝がし

★ **11** 2000年代に小泉純一郎内閣が実施した，規制緩和や特殊法人の民営化を中心とする一連の改革を何というか。

11 構造改革

12 2002（平成14）年から2006（平成18）年には，戦後最長となる「実感なき好景気」が続いたが，この好景気は何と呼ばれたか。

12 いざなぎ越え（いざなみ景気）

13 2000年代以降に顕著（けんちょ）になった，所得差が拡大した社会を何と呼ぶか。

13 格差社会

② 産業構造の変化と経済のサービス化

★ **1** 経済が発展するにつれて，産業の比重が第一次産業から第二次産業，第三次産業へと移っていくという産業構造の高度化の一般法則を何というか。

1 ペティ＝クラークの法則

2 第一次産業の衰退とともに農村の過疎（かそ）化が進み，近年は増加している，人口の50％以上が高齢者で社会的共同生活が困難な状態の集落を何というか。

2 限界集落

3 高度経済成長を支えた中心産業であった鉄鋼や石油化学は，大きな生産設備が必要なことから何型産業と呼ばれたか。

3 重厚長大型産業

4 石油危機後，製造業では家電や自動車などの産業が発展したが，このような部品や半製品を集めて完成品をつくる産業を何型産業というか。

4 加工組立型産業

5 安定成長期に入って，エレクトロニクスやバイオなどの高い知的活動を必要とする産業が発達したが，これらは労働集約型や資本集約型に対して，何集約型産業というか。

5 知識集約型産業

★ **6** 第三次産業の割合が高まるにつれて，形のない財であるサービスコンピュータプログラムのような情報の重要性が高まっていくことを，経済のサービス化とともに何というか。

6 経済のソフト化

解説▶第三次産業の就業人口は，1970年代半ばに50％をこえ，2010年代には70％をこえている。

7 電子・機械・医療などの分野で用いられる，10億分の1ｍの領域で物質を制御する超微細加工技術を何というか。

7 ナノテクノロジー

③ 中小企業問題

★ **1** 大企業と中小企業のように，生産性の高い部門と低い

1 （経済の）二重構造

部門が併存している経済の構造を何というか。

2 中小企業政策全体を体系化した法律で，製造業などの業種ごとに，中小企業の資本金や従業員数の範囲を定めているのは何という法律か。

解説▶製造業では，資本金3億円以下，または従業員数300人以下の企業が中小企業になる。

2 中小企業基本法

3 大企業と中小企業では依然として格差が大きい，労働者一人あたりの資本設備額の割合を何率というか。中小企業では，労働力を多用することから低い割合となっている。

3 資本装備率（そうび）

4 中小企業は大企業の傘下（さんか）で部品の供給役を果たしてきた面があるが，このような特徴をあらわす言葉は何か。

4 下請け，系列化

★ **5** 新しい技術や経営方法などを開拓していく中小企業を何というか。

5 ベンチャー＝ビジネス

6 需要が小さく潜在的であるために，大企業よりも中小企業の進出が多い産業を総称して何というか。

6 ニッチ＝ビジネス（隙間産業）（すきま）

7 中小企業が担っていることが多い，特産品や工芸品などの，特定の地域に根ざした伝統的な産業を何というか。

7 地場産業（じば）

4 農業と食糧問題

★ **1** 高度経済成長期に増加した，農業収入よりも農外収入が主である兼業農家を何というか。

1 第二種兼業農家

2 1995（平成7）年から導入された新たな分類では，販売農家のうちで65歳未満で年間60日以上従事する者のいない農家は何にあたるか。

解説▶1985（昭和60）年から農家は，販売農家と自給的農家に分類され，また販売農家は，主業農家，準主業農家，副業的農家に分類されている。

2 副業的農家

★ **3** 1952（昭和27）年に制定され，自作農主義を守るために農地の転用を厳しく制限してきた法律は何か。

3 農地法

4 上記の法律の近年の改正で，農業生産法人にどのような会社形態の参加も認められるようになったか。

4 株式会社

★ **5** 1961（昭和36）年に制定され，農業の所得と生産性の向上をめざし，自立経営農家の育成や商品作物への作

5 農業基本法

付転換などを奨励した法律は何か。

★ **6** 上記の法律にかわって1999(平成11)年に制定され，食料の安定供給，農業の多面的機能，農村の振興など，従来と異なる視点で農政をとらえた法律は何か。

7 1942(昭和17)年から1995(平成7)年まで続いた制度で，米などの主要食料を政府が一旦買いあげ，消費者に売り渡す制度を何というか。

★ **8** 1970(昭和45)年からはじまった，休耕や転作に奨励金をだすことによって，米の生産調整をはかる政策を何というか。

9 1995(平成7)年に制定され，自主流通米を中心とする新しい食料流通制度を定めた法律は何か。

10 米の市場開放の手はじめとして，1990年代に4％から8％まで拡大することになった外国米の最低限の受入れ枠を何というか。

★ **11** 1999(平成11)年に導入された，米に対する保護貿易措置は何か。

12 1991(平成3)年にアメリカからの輸入が自由化された品目は，オレンジと何か。

13 BSE問題への対応策の一環として，2003(平成15)年に制定された，食品の安全の確保を定めた法律を何というか。

14 産地偽装問題などを背景に導入が強化された，生産・加工・流通などの商品履歴を確認できるシステムを何というか。

15 大豆・トウモロコシなどで，2001(平成13)年から「使用」「不分別」など表示が義務づけられるようになったのは，どのような食品の場合か。

16 上記のような栽培技術や，化学肥料や農薬などを使用しない農法を何というか。

---

6 食料・農業・農村基本法(新農業基本法)

7 食糧管理制度

8 減反

9 新食糧法(食糧需給価格安定法)

10 ミニマム＝アクセス(最低輸入量)

11 関税

12 牛肉

13 食品安全基本法

14 トレーサビリティ

15 遺伝子組み換え食品

16 有機農法

演 習 問 題 ──────────── **8**

[1]次の文章を読んで，下の問い（**問1～6**）に答えよ。

　　戦後，「竹馬経済」といわれた不安定な日本経済は，ａ <u>ドッジ＝ライン</u>な
どの改革を経て，朝鮮戦争の時期には戦前の生産水準まで回復した。そし
て，高度経済成長期に入ると，ｂ <u>GNPは拡大</u>を続けるとともに，日本は
先進国の仲間入りを果たした。しかし，1960年代末には公害対策や社会
保障の遅れから，「くたばれGNP」とまでいわれるようになった。

　　1973（昭和48）年の第一次石油危機によって低成長期に入った日本は，
ｃ <u>産業構造の転換</u>をはかりながら危機を乗りこえ，やがて「経済大国」とい
われるようになった。そして，ｄ <u>1980年代後半の日本経済</u>は，経済構造
の転換が求められる一方で，「バブル」という異常な経済状況が生まれた。

　　1990年代以降は，ｅ <u>「失われた10年」</u>といわれる不況下で，企業はリス
トラを進め，2000年代にはｆ <u>小泉政権</u>の「構造改革」が行なわれた。しかし，
近年では「格差社会」が問題となる一方で，「少子高齢化」や「財政赤字の拡
大」が一層進行している。日本があゆむ道は平坦ではない。

問1 下線部ａについて，アメリカ主導で実施されたこの経済改革の中心的な政
　　策を，次の①～④のうちから一つ選べ。
　　①国債発行や補助金を停止し，財政支出を抑制する超均衡財政。
　　②基幹産業に資金や資材を重点的に投入する傾斜生産方式。
　　③地主から土地を買い上げ，自作農を創出する農地改革。
　　④財閥本社を解散し，保有株式を一般公開する財閥解体。

問2 下線部ｂについて，1960年代後半に日本のGNPは西ドイツを抜いて世界
　　第2位となったが，この時期の長期の好景気として適当なものを，次の①
　　～④のうちから一つ選べ。
　　①オリンピック景気　　　②神武景気
　　③いざなぎ景気　　　　　④岩戸景気

問3 下線部ｃについて，石油危機後に躍進した産業のタイプを，次の①～④の
　　うちから一つ選べ。
　　①　素材産業　　　②　重厚長大型　　　③　労働集約型　　　④　加工組立型

問4 下線部ｄの状況として**誤っているもの**を，次の①～④のうちから一つ選べ。
　　①急激な円高を背景に，企業の海外進出が急増した。
　　②金融緩和策によって，公定歩合が段階的に引き下げられた。

③内需主導型から外需依存型への転換がはかられた。

④「財テク」ブームがおこり，地価や株価が高騰した。

問5 下線部 e の状況下で懸念された現象を，次の①～④のうちから一つ選べ。

①ハイパー＝インフレ　　②デフレ＝スパイラル

③スタグフレーション　　④インフレ＝ターゲット

問6 下線部 f の政権が実施したものを，次の①～④のうちから一つ選べ。

①国鉄など３公社の民営化　　②中央省庁の統廃合

③消費税率の引き上げ　　④郵政の民営化

〔２〕中小企業と農業について，下の問い（**問１～３**）に答えよ。

問1 中小企業基本法が定義する，製造業の従業員数と製造業全体の従業員数に占める中小企業の従業員数の割合の組み合わせを，下の①～⑥のうちから一つ選べ。

①300人以下　90%　　②300人以下　70%　　③100人以下　50%

④100人以下　90%　　⑤ 50人以下　70%　　⑥ 50人以下　50%

問2 日本の食料について正しいものを，次の①～④のうちから一つ選べ。

①日本のカロリーベースの食料自給率は80%をこえている。

②米の生産調整を行なうために，減反政策が実施されている。

③GATT交渉の結果，日本のコメは関税化が見送られた。

④新食糧法では政府米が主流となり，自主流通米は廃止された。

問3 農家や農業経営について**誤っているもの**を，次の①～④から一つ選べ。

①高度成長期に，農業収入が主の第一種兼業農家が増加した。

②高度成長期に，農業労働者の高齢化や女性化が進んだ。

③現在，販売農家では，主業農家よりも副業的農家の方が多い。

④現在，農業への株式会社の参入が認められている。

解答・解説

〔１〕問1① 超均衡財政や１ドル＝360円の単一為替相場の設定は，ドッジ＝ラインの政策。②～④はドッジ＝ラインではない。　問2③ 高度成長期の好景気は，神武景気（1954～57）→岩戸景気（1958～61）→オリンピック景気（1962～64）→いざなぎ景気（1965～70）の順。　問3④ ①繊維・鉄鋼など素材産業や，③多くの労働力を要する労働集約型は高度成長期に主流であった産業の特徴。　問4③ 外需依存型から内需主導型への転換がはかられた。　問5② 物価下落と不況が悪循環をまねく現象。　問6④ 2007（平成19）年に郵政は民営化された。現在は，日本郵便，ゆうちょ銀行，かんぽ生命保険の３社である。　〔２〕問1② 製造業における中小企業は，従業員300人以下または資本金３億円以下の企業。従業員では企業全体の約７割，出荷額では約５割を占める。　問2② 減反は1970（昭和45）年から実施。①は40%程度。③コメの関税導入は1999（平成11）年から。④新食糧法では自主流通米が中心。　問3① 高度成長期は農業外収入が主の第二種兼業農家が増加した。

第**9**章 国民福祉

1 消費者保護

消費者問題

1 1950年代半ばにおこった粉ミルクにヒ素が混入し，多くの乳児が被害にあった事件を何というか。

1 森永ヒ素ミルク事件

2 1960年代初めにおこった睡眠薬イソミンを服用した妊産婦から，四肢などに先天的に障がいがある子が生まれた薬害事件を何というか。

2 サリドマイド事件

3 1970年代から80年代に自殺が相次ぎ社会問題となったのは，金利の高いどのような金融機関から借金をしたケースか。

3 消費者金融(サラリーマン金融)

4 上記の金融機関は，出資法の範囲内ではあるが利息制限法の上限をこえた金利で貸し付けを行ない，後に金利の過払いや違法な取り立てが問題になった。この二つの法律の間の金利は何と呼ばれたか。

4 グレーゾーン金利

5 1980年代から90年代に，厚生省が認可した血液製剤を使用した血友病患者の間でHIV感染が広がった事件は何か。

5 薬害エイズ(HIV)事件

6 会員制の販売組織で，新会員を勧誘すると特典を与えるなどの方法で消費者が消費者を増やし，高額な商品を買わせる悪徳商法を何というか。

6 マルチ商法

7 電話やダイレクトメールで呼びだし，高額な商品の勧誘や契約を行なう悪徳商法を何というか。

7 アポイントメント＝セールス

8 注文していない商品を送りつけたり，代金引換郵便で届けたりして，その人が断らなければ買ったものとみなして代金を支払わせる悪徳商法を何というか。

8 ネガティブ＝オプション

9 現金を使わずに買い物ができ，少額の資金借り入れもできるため，バブル崩壊後急激に普及したものは何か。

9 クレジットカード

解説 1990年代以降，自己破産申し立ての件数が急増したが，長期の不況とクレジットカードの増加がその背景にある。

10 返済不能で自己破産に陥ることもある，複数の金融機　｜　**10** 多重債務
関から借金をしている状態を何というか。

消費者保護と消費者運動

★ **1** 1962年に，特別教書の中で消費者の四つの権利を述　｜　**1** ケネディ
べたアメリカ大統領は誰か。

★ **2** 上記の四つの権利は，安全である権利，知られる権　｜　**2** 意見
利，選択できる権利とあと一つは，消費者の何を反映
させる権利か。

3 1948（昭和23）年に設立され，消費者が資金をだしあ　｜　**3** 生活協同組合
い，地域や職場を単位として，生活物資の購入や共済　｜　（CO-OP）
事業などを行なっている組織を何というか。

4 1948（昭和23）年に不良マッチ追放運動をきっかけに　｜　**4** 主婦連（主婦連合会）
設立され，消費者運動の先駆けとなった団体を何とい
うか。

5 消費者運動のスローガンである，生産のあり方を決め　｜　**5** 消費者主権
るのは消費者である，あるいは消費者には生産者や行
政に利益要求する権利があるという考え方を何という
か。

★ **6** 1970（昭和45）年に設置され，商品テストや消費者に　｜　**6** 国民生活センター
対する情報提供などを行なっている政府出資の特殊法
人は何か。

★ **7** 上記の機関と連携を保ち，消費者保護施策を行なって　｜　**7** 消費生活センター
いる，地方公共団体に設置された機関は何か。

★ **8** 1994（平成6）年に欠陥商品による被害者の救済を目　｜　**8** 製造物責任（PL）法
的に制定され，欠陥商品をつくった製造者に対して，
過失の有無にかかわらず，損害賠償責任を負わせるこ
とを定めた法律を何というか。

　解説▶PL法は無過失責任制をとっているので，消費者は製品の
　欠陥を証明すればよい。

9 2000（平成12）年に制定された，消費者の誤認による　｜　**9** 消費者契約法
不公正な契約，消費者の利益を一方的に害する契約な
どを無効にできることを定めた法律を何というか。

10 BSE問題をきっかけに2003（平成15）年に制定された　｜　**10** 食品安全基本法
もので，食の安全を脅かす問題への行政の迅速な対応

を目的とする法律は何か。

★**11** 1968（昭和43）年に制定された消費者保護基本法が 2004（平成16）年に改められたもので，従来の消費者 保護から消費者の自立支援に基本方針が変更された法 律は何か。

11 消費者基本法

12 1976（昭和51）年の訪問販売法が2001（平成13）年に改 められたもので，訪問販売・通信販売などの取引被害 から消費者を守る法律は何か。

12 特定商取引法

★**13** 現在，上記の法律や割賦販売法などで規定されている，商品の契約後，一定期間内であれば無条件に契約を解除できる制度を何というか。

13 クーリング＝オフ

★**14** 消費者保護行政の一元化を目的に，2009（平成21）年 に設置された行政機関を何というか。

14 消費者庁

15 環境にやさしい商品や環境保護に積極的な企業の商品 を選択し，環境マネジメントの推進する消費者運動の 考え方を何というか。

15 グリーン＝コンシューマリズム

16 地域の伝統的な食文化の継承や，輸送燃料の節約など の目的から，地元で生産されたものを地元で消費しよ うとする考え方を何というか。

16 地産地消

2 公害問題

公害の発生と原因

1 公害問題の原点とされる足尾銅山鉱毒事件で，被害を 議会で追及し，議員辞職後には天皇に直訴を行なった 人物は誰か。

1 田中正造

★**2** 1960年代後半に訴訟がおこった四大公害裁判は，水 俣病，イタイイタイ病，新潟水俣病ともう一つは何か。

2 四日市ぜんそく

3 光化学スモッグ・ゴミ・騒音など，都市への人口集中 によっておこる公害を，産業公害に対して何というか。

3 都市公害

4 ゴミの低温消却などによって発生し，自動車の排ガス にも含まれる，毒性が強く，催奇形性や発癌性のある 汚染物質は何か。

4 ダイオキシン

5 建物の断熱材や自動車のブレーキなどにこれまで使わ れており，肺癌や中皮腫などの健康被害を引きおこす

5 アスベスト

有害物質は何か。

6 「内分泌攪乱化学物質」と呼ばれ，生体に入ると障がいや奇形などの危害をおよぼす化学物質は，通称で何と呼ばれるか。

6 環境ホルモン

7 アメリカのシリコンバレーの地下水の汚染など，ICを製造する際に使われるトリクロロエチレンがもたらす汚染を何公害というか。

7 ハイテク公害

★ **8** 空港の周辺住民に対する騒音が問題となり，第二審では，夜間飛行の差し止め請求が認められた裁判は何か。

8 大阪空港（騒音）公害訴訟

公害防止

1 1970（昭和45）年に大気汚染防止法や水質汚濁防止法など，公害関連14法が成立したが，このときの国会は何と呼ばれるか。

1 公害国会

2 上記の国会を受けて，1971（昭和46）年に設置され，2001（平成13）年の中央省庁再編で庁から省になった行政機関は何か。

2 環境庁

★ **3** 公害対策基本法と自然環境保全法が統合され，1993（平成5）年に環境行政を総合的に推進することを目的に新たに制定された法律は何か。

3 環境基本法

4 CO_2の排出に課税する炭素税や，低公害車に対する課税軽減など，環境保護を目的とした課税や減税を総称して何というか。

4 環境税

5 大気汚染や水質汚濁に関して，抑制効果の薄いそれまでの濃度規制にかわる汚染物質の全体排出量の規制を何というか。

5 総量規制

★ **6** 1999（平成11）年に施行された，開発事業が環境に与える影響の事前調査を義務づける法律を何というか。

6 環境アセスメント（環境影響評価）法

★ **7** 公害健康被害補償法に規定された，公害の発生者が公害防止や被害者救済の費用を負担しなければならないとする原則を何というか。

7 汚染者負担の原則（PPP）

★ **8** 大気汚染防止法や製造物責任（PL）法などで導入されている，汚染者や製造者は，過失がなくても被害に対する責任を負うことを何というか。

8 無過失責任（の原則）

9 9000シリーズや14000シリーズなどの企業活動にお

9 国際標準化機構

ける環境保全規格もつくっている国際組織は何か。 (ISO)

★ **10** 2000（平成12）年に制定された，リサイクルを推進し，廃棄物を抑制する社会の形成を進めるうえで基本的な枠組みとなる法律は何か。　**10** 循環型社会形成推進基本法

11 上記の社会を実現するための「3R」（リデュース，リユース，リサイクル）のうち，廃棄物の抑制にあたるものはどれか。　**11** リデュース

12 1995（平成7）年に制定された，ペットボトル，瓶，缶などを再生利用するために，市町村に分別回収と事業者に費用負担を義務づける法律は何か。　**12** 容器包装リサイクル法

13 1998（平成10）年に制定された，洗濯機・冷蔵庫・テレビ・エアコンなどのリサイクルを，小売業者と製造者に義務づける法律は何か。　**13** 家電リサイクル法

14 飲料などを販売するときに，瓶などの容器代金を上乗せした価格で販売し，容器が返却されればその分の代金を払い戻す制度を何というか。　**14** デポジット制（預かり金制度）

15 工場内の完全なリサイクルなど，廃棄物をださない経済システムのことを何というか。　**15** ゼロ＝エミッション

16 イギリスではじまった，自然環境や歴史的建造物を市民の資金で買い取り，保全・管理をする運動を何というか。　**16** ナショナル＝トラスト

3 労使関係と労働市場

労働運動のあゆみ

★ **1** 労働運動のはじまりとされる，18世紀末から19世紀初めにイギリスでおきた熟練工による機械や工場の破壊を何というか。　**1** ラッダイト運動（機械打ち壊し運動）

2 イギリスでは1833年に制定され，日本では1911（明治44）年に制定（1916〈大正5〉年に施行）された，工場労働者保護のため労働時間を初めて法制化するなどした法律を何というか。　**2** 工場法

★ **3** 労働組合の初期的な形態である，同じ職種の熟練労働者によって組織された組合を何というか。　**3** 職業別組合

★ **4** 非熟練労働者を含めて，職種をこえて同じ産業で働く　**4** 産業別組合

労働者で組織された労働組合の形態を何というか。

解説▶日本の労働組合は，企業単位で組織される企業別組合が
特徴である。

5 イギリスの労働組合会議(TUC)のような，労働組合の
全国組織を一般に何というか。

5 ナショナルセンター

6 1864年にロンドンで結成され，マルクスが指導した，
労働組合の国際組織を何というか。

6 第一インターナショ
ナル

7 1886年にアメリカで8時間労働制などを掲げてはじ
まった，労働者の日のことを何というか。

7 メーデー

8 世界恐慌期のアメリカで，ニューディール政策の一環
として制定された労働者の権利を守る法律は何か。

8 ワグナー法

9 1947年にアメリカで制定された，公務員のスト権や
クローズド＝ショップを禁止する法律は何か。

9 タフト＝ハートレー
法

★10 1919年に設立され，戦後は国連の専門機関として国
際的な労働条件の改善の実現を目標にしている機関は
何か。

10 国際労働機関(ILO)

11 1912(大正元)年に鈴木文治らによって結成され，
1921(大正10)年に日本労働総同盟という全国組織に
発展した労働団体を何というか。

11 友愛会

12 1950(昭和25)年にGHQの後押しで結成され，日本社
会党を支持し，戦後の日本の労働運動を指導した労働
組合の全国組織を何というか。

12 総評(日本労働組合
総評議会)

★13 1955(昭和30)年にはじまった，年度初めに業界ごと
に労働組合が使用者との間で行なう賃上げ交渉を何と
いうか。

13 春闘

14 1989(平成元)年の労働組合の再編によって成立した，
日本最大の労働組合のナショナルセンターを何という
か。

14 連合(日本労働組合
総連合会)

労働三法

★1 1947(昭和22)年に制定された，労働条件の最低基準
を定めた法律は何か。

1 労働基準法

★2 上記の法律とは別に，賃金の最低水準の決め方などを
定めた法律は何か。

2 最低賃金法

★3 現在の法定労働時間は，原則として一週あたり何時間

3 40時間

か。

4 法定労働時間をこえる部分で，割増賃金の対象となる労働を何というか。

4 時間外労働

5 上記の労働時間は労使間の協定に基づいて各職場で行なわれる場合があるが，労働基準法にも規定されるこの労使協定は一般に何というか。

5 三六協定^{さぶろく（さんろく）}

6 変形労働時間制の一種で，労働者が一定条件のもとで出勤時間と退勤時間を自由に決めることのできる労働時間制を何というか。

6 フレックスタイム制

★ **7** 在宅労働などの時間を労働時間とみなし，賃金は成果主義で決まる労働時間制を何というか。

解説 1997（平成9）年の労働基準法改正で法制化された。在宅労働など労働形態の多様化が背景にある。

7 裁量労働制

8 原則として6カ月間の継続勤務後に，年10日以上認められる労働者の休暇を何というか。

8 年次有給休暇

★ **9** 労働条件の最低基準が守られているかを監督するために，各都道府県に設置される機関は何か。

9 労働基準監督署

10 解雇の効力や賃金の不払いなど，個々の労働者と事業主の間におこった民事紛争に対して，裁判官と審判員が判定を下す制度を何というか。

10 労働審判

★**11** 団体交渉を通じて使用者と労働組合の間で結ばれる，労働条件などの取り決めを何というか。

11 労働協約

★**12** 団体交渉が決裂した場合などにおこる，労使の対立に基づく実力行動を何というか。

12 労働争議（争議行為）

13 上記の行為の一つである，労働組合がとる意図的に作業能率を低下させる行為を何というか。

13 サボタージュ（怠業）

★**14** 労働組合が団結して作業を拒否する行為を何というか。

14 ストライキ

15 労働組合が正当な活動を行なった場合，使用者に損害を与えても刑罰は科せられないが，これを何というか。

15 刑事上の免責（刑事免責）

16 労働組合が正当な活動を行なった場合，使用者に対する損害賠償責任は負わせられないが，これを何というか。

16 民事上の免責（民事免責）

★**17** 黄犬契約，団交拒否，経費援助など，労働組合活動を使用者が妨害・介入する行為を何というか。

17 不当労働行為

解説 労働組合の目的，刑事免責・民事免責，不当労働行為な

どは，労働組合法に規定される。

★**18** 上記の行為に対する救済のほかに，労使間の紛争に対する斡旋（あっせん）・調停（ちょうてい）・仲裁（ちゅうさい）などの調整手続きを行なう行政機関は何か。

18 労働委員会

19 上記の行政機関には，使用者委員・労働者委員のほかに，どのような立場の委員が含まれているか。

19 公益委員

20 労働三法の一つで，労使関係の調整や労働争議の解決を目的とする法律は何か。

20 労働関係調整法

現代日本の労働問題

★**1** 日本的経営の一つである，企業が労働者を定年まで雇用する制度を何というか。

1 終身雇用制

★**2** 上記の制度のもとでとられた，勤続年数が増えるとともに賃金が上がっていく制度を何というか。

2 年功序列型賃金制

★**3** 日本の特徴とされる，企業ごとに組織される労働組合の形態を何というか。

3 企業別組合

4 労働者の職業能力によって金額が決定される給与制度を何というか。

4 職能給（能力給）

5 1年間の仕事の成果や貢献度によって，年間の給与総額が決まる給与制度を何というか。

5 年俸制

6 長時間労働や過重業務などの原因でおこる死を何というか。

6 過労死

★**7** 時間外労働の手当が支払われていない残業は，何と呼ばれるか。

7 サービス残業

★**8** 労働者の募集・採用，配置・昇進，教育訓練などにおいて，男女の差別を禁止する法律を何というか。

8 男女雇用機会均等法

★**9** 上記の法律でも，事業主に防止の配慮義務が課せられている職場などでの性的嫌がらせを何というか。

9 セクシュアル＝ハラスメント

★**10** 育児や介護における労働者の休業制度を定めた法律を何というか。

10 育児・介護休業法

★**11** 1999（平成11）年に制定され，男女があらゆる分野で互いに人権を尊重しつつ，同じように参画できる社会をめざす法律を何というか。

11 男女共同参画社会基本法

12 1993（平成5）年に制定された，短時間雇用者の労働条件や福利厚生などを定めた法律を何というか。

12 パートタイム労働法

★13 1985(昭和60)年に制定された，労働者の派遣事業を認める法律を何というか。

解説 2003年の法改正では製造業への派遣労働が解禁され，2012年の法改正では日雇い派遣が原則禁止された。

13 労働者派遣法

14 バブル経済崩壊後に増加した，パート・アルバイト・派遣社員・契約社員などの労働者を何というか。

14 非正規労働者

15 バブル経済崩壊後に顕著であった，人員削減や不採算部門の整理などによる企業経営の立直しを何というか。

15 リストラクチャリング（リストラ）

★16 解雇や失業を減らすために，一人あたりの労働時間を減らして雇用を確保するというドイツなどでみられた方法を何というか。

16 ワーク＝シェアリング

17 不況期に再雇用を前提として労働者を一時的に解雇する，アメリカでみられる制度を何というか。

17 レイオフ（一時解雇）

18 労働人口に占める，就労する意思のある失業者数の割合を何というか。

18 完全失業率

19 憲法の勤労権を保障するために，公共職業安定所（ハローワーク）などの職業案内事業などについて規定している法律は何か。

19 職業安定法

20 企業などの求人数を，仕事に就こうとする求職者数で割った倍率のことを何というか。

20 有効求人倍率

21 就職をせず，学校にも通わず，職業訓練も受けていない若者を何と呼ぶか。

21 ニート（NEET）

★22 雇用のミスマッチや若者の離職を防ぎ，学生の職業意識を育てるために，学生が在学中に行なう職業体験を何というか。

22 インターンシップ

4 社会保障

社会保障のあゆみ

1 社会保障のはじまりとされる，1601年にイギリスで成立した貧民救済のための法律は何か。

1 エリザベス救貧法

2 1883年にドイツの疾病保険法により世界初の社会保険制度が誕生したが，この政策を実施した宰相は誰か。

2 ビスマルク

3 国民を保護する上記の社会保険制度は，労働運動を弾圧する社会主義鎮圧法とともに成立したが，この二面

3 アメとムチの政策

性をもつ政策は何と呼ばれたか。

★ **4** 世界恐慌期のアメリカで制定され，その中でSocial
Securityという言葉が初めて用いられた法律は何か。

4 社会保障法

★ **5** 1942年に発表され，戦後イギリスの手厚い社会保障
制度を築くきっかけとなった報告を何というか。

5 ベバリッジ報告

6 生涯にわたって充実した保障を受けられるという意味
で，上記の制度を宰相チャーチルは何と表現したか。

**6 「ゆりかごから墓場
まで」**

★ **7** 生存権の保障にもつながる，国民の最低限の生活保障
を意味する言葉は何か。

**7 ナショナル＝ミニマ
ム**

8 1952年にILO（国際労働機関）で採択された，社会保障
の最低基準に関する条約のもとになった1944年の宣
言は何か。

**8 フィラデルフィア宣
言**

9 1874（明治7）年に日本で初めて成立した恩恵的な救
貧法を何というか。

9 恤救規則

10 1922（大正11）年に制定され，日本初の社会保険制度
となる医療保険をつくった法律は何か。

10 健康保険法

日本の社会保障制度

★ **1** 日本の社会保障制度の四つの柱は，公的扶助・社会保
険・社会福祉ともう一つは何か。
　解説 社会保険の財源は保険料と公費（税）だが，ほかの三つの
　　財源は全額公費（税）である。

1 公衆衛生

★ **2** 公的扶助の制度を整備するために1946（昭和21）年に
制定され，1950年に全面改正された法律は何か。

2 生活保護法

3 失業したときに，一定期間，失業手当が給付される社
会保険を何というか。

3 雇用保険

4 保険料は全額使用者が負担し，業務上の負傷や疾病に
対して補償を行なう社会保険は何か。

**4 労災保険（労働者災
害補償保険）**

★ **5** 2000（平成12）年にはじまった，満40歳以上65歳未満
の全国民が被保険者となる新たな社会保険制度は何か。

5 介護保険

6 民間企業の被用者とその家族が加入する医療保険は何
か。

6 健康保険

7 公務員などとその家族が主体となって加入している医
療保険は何か。

7 共済組合保険

★ **8** 自営業者や農業者，民間企業や公務員の退職者などが

8 国民健康保険

加入する医療保険は何か。

★ **9** 2008（平成20）年からはじまった，満75歳以上の高齢者を対象とする医療保険制度を何というか。

9 後期高齢者医療制度

★ **10** 主として民間企業の被用者が加入する公的年金は何か。

10 厚生年金

11 公務員や私立学校の教職員が加入する公的年金で，2015年に厚生年金に統合された年金は何か。

11 共済年金

★ **12** 自営業者や農業者などが加入する年金として創設され，1986（昭和61）年からは全国民対象の基礎年金と位置づけられるようになった公的年金は何か。

12 国民年金

13 上記の年金や生活保護は，国民生活の安全を守る砦となることから，何と呼ばれるか。

13 セーフティ＝ネット（安全網）

★ **14** 1961（昭和36）年からはすべての国民がいずれかの医療保険や年金保険に加入できるようになったが，この状況を何というか。

14 国民皆保険・皆年金

解説▶国民健康保険や国民年金は，もともと，自営業者や農業者を対象とする保険であった。

★ **15** 現役世代の保険料を，そのときの受給世代の給付にあてる年金の財源方式を何というか。

15 賦課方式

16 現在の日本は，積立方式から上記の方式に移行しているが，それはとくに何方式と呼ばれるか。

16 修正積立方式

17 日本版401kのように，決められた保険料（拠出金）をもとにその運用損益が反映される年金を何というか。

17 確定拠出型年金

18 福祉六法とは，生活保護法・児童福祉法・母子及び寡婦福祉法・身体障害者福祉法・知的障害者福祉法ともう一つは何か。

18 老人福祉法

★ **19** 障がい者の自立や社会参加を支援する施策の基本理念を定めた法律は何か。

19 障害者基本法

20 企業や公的機関に対して，一定割合以上の障がい者の雇用を義務づける法律を何というか。

20 障害者雇用促進法

日本の社会保障の課題

★ **1** 障がい者や高齢者が，特別扱いをされることなく普通に生活できる社会を実現していこうとする考え方を何というか。

1 ノーマライゼーション

2 駅や建物の段差をなくし，車椅子利用者などの障がい

2 バリアフリー

者が普通に移動できる社会環境を何というか。

3 現在の公的介護制度では，デイサービスなどの施設介護のほかに，どのような介護サービスが利用できるか。

4 寝たきりや認知症などの高齢者で，常時の介護が必要なため，居宅において適切な介護を受けることが困難な満65歳以上の高齢者を対象とする国の入所施設を何というか。

5 満65歳以上の高齢者の割合が，人口の14％に達した社会を何というか。

6 満65歳以上の高齢者の割合が，人口の21％に達した社会を何というか。

7 満65歳以上を老齢人口というのに対して，15〜64歳までの人口を何というか。

8 高齢者の増加と子どもの減少が同時に進行する現象を何と呼ぶか。

★ **9** 一人の女性が生涯に出産する子どもの数の平均値を何というか。

  解説 人口維持に必要なラインは2.08とされる。日本は2005（平成17）年に過去最低の1.26を記録した。

10 子どもを生むか，何人くらい生むかなどの決定権は女性に保障されるべきだという考え方があるが，この決定権のことを何というか。

---

3 訪問介護（ホーム＝ヘルプ）

4 特別養護老人ホーム

5 高齢社会

6 超高齢社会

7 生産年齢人口

8 少子高齢化

9 合計特殊出生率

10 リプロダクティブ＝ライツ

[1]次の文章を読んで, 下の問い(**問1～4**)に答えよ。

> 戦後の日本では, 経済の民主化の一環として, a労働運動の解放とともに, b労働基準法などの法律が成立した。その後1980年代には, 労働時間の長さや過労死が問題となり, 法定労働時間の短縮が行なわれた。
>
> バブル経済崩壊後は, 長引く不況下でc日本型雇用が崩壊するなど企業の雇い方も変化した。さらに, 男女共生社会をめざして, 男女共同参画社会基本法が成立するとともに, 労働基準法や男女雇用機会均等法が改正され, d労働環境の改善がはかられた。
>
> 一方, 2000年代以降は, 「ワーキングプア」や「派遣斬り」など, 格差社会を背景とする新たな労働問題も生まれている。

問1 下線部 a のはじまりとされる19世紀初めの熟練工による機械の打ち壊しを何というか。適当なものを次の①～④のうちから一つ選べ。
　①工場改革運動　　②ラッダイト運動
　③公民権運動　　　④チャーチスト運動

問2 下線部 b に規定されている内容を, 次の①～④のうちから一つ選べ。
　①使用者の不当労働行為　　②労働争議の斡旋や調停
　③産前産後休暇の取得　　　④育児休業の取得

問3 下線部 c にあてはまるものを, 次の①～④のうちから一つ選べ。
　①年功序列型賃金　　②ワーク゠シェアリング
　③産業別組合　　　　④クローズド゠ショップ

問4 下線部 d に関して, 1990年代以降の労働環境の変化として**誤っているもの**を, 次の①～④のうちから一つ選べ。
　①製造業でも派遣労働が認められるようになった。
　②セクシュアル゠ハラスメントの防止が事業主に義務づけられた。
　③女性に対する時間外労働や深夜業の制限が撤廃された。
　④公務員のストライキ権が認められるようになった。

[2]次の問い(**問1～4**)に答えよ。

問1 日本の社会保障制度の中で, 憲法第25条の「最低限度の生活」を保障する直接的な制度を, 次の①～④のうちから一つ選べ。
　①社会福祉　　②社会保険　　③公衆衛生　　④公的扶助

問2 世界の社会保障の歴史の中で, 「ゆりかごから墓場まで」という言葉で賞賛

された制度を，次の①～④のうちから一つ選べ。

①宰相ビスマルクが実施した社会保険制度

②17世紀初めに制定されたエリザベス救貧法

③ベバリッジ報告に基づく社会保障制度

④ニューディール政策の一環として制定された社会保障法

問3 医療保険と公的年金について，民間被用者(民間企業の雇用者)が加入する制度の組み合わせとして適当なものを，次の①～④のうちから一つ選べ。

①国民健康保険・共済年金 　②国民健康保険・厚生年金

③健康保険・共済年金 　④健康保険・厚生年金

問4 福祉社会において，高齢者や障がい者とともに生きる社会形成をめざす考え方を何というか，次の①～④のうちから一つ選べ。

①バリアフリー 　②ノーマライゼーション

③ターミナル゠ケア 　④ユニバーサル゠デザイン

[3]次の問い(**問1～2**)に答えよ。

問1 消費者保護について正しいものを，次の①～④のうちから一つ選べ。

①国民生活センターは，各都道府県に設置されている。

②製造物責任(PL)法は，過失責任制を原則としている。

③クーリング゠オフは，成立後の契約を解約できる制度である。

④消費者基本法は，消費者保護基本法に改められている。

問2 発癌性の強い物質で，プラスチックの燃焼などによって発生するものを，次の①～④のうちから一つ選べ。

①ダイオキシン 　②有機水銀 　③カドミウム 　④アスベスト

解答・解説
[1]問1② 　①は1820年代(英)，ロバート゠オーウェンらによる運動。③は1950～60年代(米)，黒人差別撤廃運動。④は1830～40年代(英)，労働者や農民への選挙権拡大運動。 　問2③ 　①は労働組合法，②は労働関係調整法，④は育児・介護休業法に規定。 　問3① 　従来の日本型雇用は，終身雇用，年功序列型賃金，企業別組合の三つが特徴。④は労働組合員しか雇用しないという労使協定。 　問4④ 　公務員のストライキ権は認められていない。①は2003(平成15)年の労働者派遣法改正，②は1997(平成9)年の男女雇用機会均等法改正，③は1997(平成9)年の労働基準法改正の内容。
[2]問1④ 　具体的には生活保護制度をさす。 　問2③ 　元首相チャーチルが使った言葉。 　問3④ 　国民健康保険は自営業者，農業者，退職被用者などが加入する医療保険。共済年金は公務員などが加入する年金制度。 　問4② 　デンマークで生まれた言葉。
[3]問1③ 　①国民生活センターは国に設置，都道府県に設置されているものは消費生活センター。②PL法は無過失責任制。④2004(平成16)年に消費者保護基本法が消費者基本法になった。 　問2① 　③は重金属に含まれる物質で，イタイイタイ病の原因となった。④は建築資材などで使われていた物質だが，中皮腫などの被害を引きおこす。

第10章 国際経済と国際協力

1 貿易と国際収支，国際投資

1 市場を隔てる壁がなくなり，経済的取引が地球規模で行なわれるようになった今日の状況を何というか。

1 経済のグローバル化

2 各国で優位なものを生産し，交換しあうことによって生産効率が高まるが，このような分業を何というか。

2 国際分業

★ 3 開発途上国が工業原料やエネルギーを供給し，先進国が工業製品を供給するような分業を何というか。

3 垂直的分業

> **解説** 先進国どうしの工業製品の交換を水平的分業という。近年の日本の貿易は，その傾向が強まっている。

★ 4 19世紀の自由貿易論の根拠となった，イギリスの経済学者リカードの学説は何か。

4 比較生産費説

★ 5 自国の幼稚な産業保護の必要性から保護貿易を主張した，ドイツの経済学者は誰か。

5 リスト

★ 6 海外での子会社や合弁会社の設立など，企業が経営参加を目的として行なう海外投資を何というか。

6 直接投資

7 2014年からの国際収支では，上記の投資と証券投資や金融派生商品などは何収支に含まれることになったか。

7 金融収支

8 経常収支のうち，投資収支などが含まれ，近年の日本が大きな黒字を計上している収支は2014年から何収支になったか。

8 第一次所得収支

9 政府や中央銀行が対外支払いのためにもっている外貨の残高を何というか。

9 外貨準備高

10 外国企業に対する法人税が軽減されるため，先進国企業の税金逃れに利用されることがある国や地域を何というか。

10 タックス＝ヘイブン（租税回避地）

11 企業がコスト削減のために，業務の一部を海外に委託・移管することを何というか。

11 オフショアリング

2 戦後の国際通貨制度

1 通貨が異なる外国との貿易や資本取り引きの決済に使われることが多い手形を何というか。

2 上記の手形が取り引きされる市場における取り引き相場のことを何というか。

3 政府や中央銀行が，相場を誘導する目的で，上記の市場に入って取り引きすることを何というか。

4 円相場の上昇が，日本企業などにもたらす利益のことを何というか。

5 世界恐慌(きょうこう)期に顕著(けんちょ)であった，植民地や同盟国と閉鎖的な経済圏をつくって自国取引を守る政策を何というか。

6 上記の例として，イギリスが1932年のオタワ協定によって成立させた経済圏を何というか。

7 世界恐慌期に，管理通貨制の移行をきっかけに激しくなった各国の為替操作を何競争というか。

★ **8** 1944年に結ばれた，国際通貨基金(IMF)と国際復興開発銀行(IBRD)を設立する協定を何というか。

9 国際復興開発銀行(IBRD)，国際開発協会(IDA)，国際金融公社(IFC)などの開発途上国への資金提供を行なう金融機関を総称して何というか。

★ **10** 戦後，IMF体制下でとられた，米ドルを中心に各国通貨の価値を安定させようとする制度を何というか。

11 上記の体制下では，米ドルは何と呼ばれる通貨であったか。

解説▶金1オンス＝35ドルで金との交換が保障された。これは戦後の金の公定価格でもある。

12 1960年代から深刻になってきた，アメリカからの金流出にともなう制度的危機を何というか。

★ **13** 1971年8月のアメリカ大統領の金・ドル交換停止の発表による国際通貨制度の動揺を何というか。

★ **14** 1971年12月のIMF暫定(ざんてい)委員会で結ばれた，ドル切下げによって固定相場制への復帰をめざす協定を何というか。

---

1 外国為替(かわせ)手形

2 為替相場(為替レート)

3 為替介入

4 円高差益

5 ブロック経済

6 スターリング(ポンド)＝ブロック

7 為替引き下げ競争(為替ダンピング競争)

8 ブレトン＝ウッズ協定

9 世界銀行

10 金ドル本位制(ドル基軸通貨制)

11 基軸通貨(キーカレンシー)

12 ドル危機

13 ニクソン＝ショック(ドル＝ショック)

14 スミソニアン協定

15 上記の協定後もドルの信用低下は止まらず，1973年に日本や西欧諸国はどのような体制に移行したか。

15 変動相場制

★16 1976年のIMF総会で変動相場制が正式に承認されたが，このときの合意を何というか。

16 キングストン合意

17 上記の合意で，金・ドルに続く第3の国際通貨としてIMFが中心的準備を進めることになったものは何か。

17 SDR（IMF特別引き出し権）

★18 ドル高是正（ぜせい）に向けて，1985年にG5（先進5カ国蔵相・中央銀行総裁会議）が行なった協調介入の合意を何というか。

18 プラザ合意

19 急激なドル安や円高を抑えるなど為替の安定化をはかるために，1987年にG7（先進7カ国財務相・中央銀行総裁会議）が行なった合意を何というか。

19 ルーブル合意

★20 1997年にはじまった，タイ・バーツや韓国・ウォン，インドネシア・ルピアなどの通貨が連鎖的に暴落した出来事を何というか。

20 アジア通貨危機

3 戦後の貿易体制

★1 1948年に成立した，自由貿易を推進し，世界経済の拡大をはかるGATT（ガット）の日本語の名称は何か。

解説▶自由・無差別（平等）・多角がGATTの3原則である。

1 関税と貿易に関する一般協定

2 ある国家間で決まったより有利な交易条件は，すべての加盟国に適用されるというGATTの平等原則を何というか。

2 最恵国待遇（さいけいこくたいぐう）

3 上記の原則の例外である，開発途上国の一次産品の輸出に認められた関税の優遇措置を何というか。

3 特恵関税（とっけい）

4 戦後，GATTが行なってきたすべての加盟国が参加する多角的貿易交渉を何というか。

4 ラウンド

★5 1960年代に行なわれ，工業製品の大幅一括引き下げが実現したGATTの貿易交渉を何というか。

5 ケネディ＝ラウンド

★6 農産物貿易の問題などで交渉が難航した，1980年代から90年代にかけてのGATTの貿易交渉は何か。

6 ウルグアイ＝ラウンド

★7 上記の交渉で新たなルールづくりが必要となったのは，サービス貿易とどのような権利の問題か。

7 知的所有権（知的財産権）

8 上記の権利には，特許権・意匠権（いしょう）・商標権などの工業所有権とどのような権利が含まれるか。

8 著作権

9 1995年にGATTは機能強化を目的としてWTOに改組（かいそ）されたが，WTOの日本語の名称は何か。

9 世界貿易機関

★**10** GATTやWTOが例外的に認めている，国内産業が大打撃を受ける場合の輸入規制を何というか。

10 セーフガード（緊急輸入制限）

11 紛争処理機能を強化するためにWTOで採用された，すべての国が反対しなければ決定させるという決議方式を何というか。

11 ネガティブ＝コンセンサス方式

12 21世紀になって開始されたが，交渉が難航（なんこう）しているWTOの貿易交渉を何というか。

12 ドーハ＝ラウンド

13 貿易赤字に悩むアメリカは，1989年に通商法を改正し，不公正貿易国に対する制裁措置を行なうようになったが，この条項は一般的に何と呼ばれたか。

13 スーパー301条

14 1989年に開かれた，日本の大規模小売店舗法や，排他的な商取引が対象になった日米協議を何というか。

14 日米構造協議

15 農産物の市場開放を求めるアメリカに対して，1991年に日本が自由化した品目はオレンジと何か。

15 牛肉

4 地域経済統合

1 近隣諸国などと組織をつくり，経済協力を進めていく動きを何というか。

1 地域（的）経済統合

★**2** 1967年に結成され，現在は，東南アジアの10カ国が加盟し，自由貿易協定も締結している組織は何か。

2 東南アジア諸国連合（ASEAN）

解説 この地域で，1992年にASEAN自由貿易地域（AFTA）の創設が合意された。また2015年12月には域内関税をゼロにするAEC（ASEAN経済共同体）が発足した。

★**3** 1989年に結成され，現在，日本を含むアジア・太平洋の21の国・地域が参加している組織は何か。

3 アジア太平洋経済協力（APEC）

★**4** 1994年にアメリカ・カナダ・メキシコの3国で結成された経済協力組織は何か。

4 北米自由貿易協定（NAFTA）

★**5** 1995年に結成され，現在は南米6カ国が加盟する経済協力組織は何か。

5 南米南部共同市場（MERCOSUR）

★**6** 仏外相シューマンの計画に基づいて1951年に設立され，ヨーロッパ統合のはじまりとなった組織は何か。

6 ヨーロッパ石炭鉄鋼共同体（ECSC）

7 ローマ条約に基づいて1958年に設立された，西欧6カ国による経済協力組織は何か。

7 ヨーロッパ経済共同体（EEC）

8 上記の組織に対抗して，1960年にイギリスと北欧諸国を中心に結成された自由貿易組織は何か。

9 1967年に発足したヨーロッパ共同体（EC）は，上記6，7の組織と何という組織が統合されたものか。

10 1979年に発足した，ヨーロッパの通貨統合をめざす組織を何というか。

11 EC域内でのヒト・モノ・カネの自由化をめざす1987年の議定書を何というか。

★12 ECがヨーロッパ連合（EU）に改組されることになった1991年の条約を何というか。

13 ポーランド，チェコなどの加盟を認め，EU加盟国が15カ国から25カ国になった2004年の条約は何か。

14 EU大統領のポストを設け，EUの組織を強化した2009年の条約は何か。

★15 自由貿易協定だけでなく，資本や技術など幅広い経済協力をめざす協定を何というか。

16 2013年に日本も交渉への参加を表明した，太平洋を囲む11カ国による経済協力協定を何というか。

8 ヨーロッパ自由貿易連合（EFTA）

9 ヨーロッパ原子力共同体（EURATOM）

10 ヨーロッパ通貨制度（EMS）

11 単一ヨーロッパ議定書

12 マーストリヒト条約

13 ニース条約

14 リスボン条約

15 経済連携協定（EPA）

16 環太平洋経済連携協定（TPP）

5　開発途上国の問題

★1 1960年代から顕著となった，先進国と開発途上国の経済格差の問題を何というか。

2 1970年代から顕著となってきた，開発途上国間の経済格差の問題を何というか。

3 アフリカや南アジア，カリブ海地域に多い，開発途上国の中でもとくに開発が遅れている国々を何というか。

★4 開発途上国で植民地時代に形成された，特定の一次産品を大量に生産し，輸出する経済構造を何というか。

★5 1964年に開発途上国の要求で国連に設置された南北問題の交渉の場となる組織を何というか。

6 一次産品の交易条件の改善やGNPの1％援助など，上記の第一回会合で開発途上国から出された要求は，何という報告に基づくものか。

7 1960年代に高まった，資源保有国による自国資源に対する主権を主張する運動を何というか。

1 南北問題

2 南南問題

3 後発開発途上国（LLDC，LDC）

4 モノカルチャー経済（単一経済）

5 国連貿易開発会議（UNCTAD）

6 プレビッシュ報告

7 資源ナショナリズム

8 1960年に産油国によって結成された，石油の生産や流通に関する組織は何か。

★9 1974年に開発途上国が発表した，IMF＝GATT体制にかわる新しい国際経済体制を樹立する宣言は何か。

10 上記の宣言が採択された国際連合の会合は何か。

★11 石油危機後の経済的問題に協調対処するために，1975年にG7ではじまった首脳会議は何か。

★12 1980年代から工業化がはじまり，1990年代以降，高い経済成長を実現した東南アジアやラテンアメリカに多い国や地域を何というか。

★13 1980年代に，中南米諸国を中心に深刻化した国際金融に関する問題は何か。

14 上記の問題で，債務国が返済不能の状態になることを何というか。

★15 2000年代に入って注目された，広い国土，豊富な人口と地下資源，高い経済成長率の共通点をもつ国々を，そのアルファベットの頭文字をとって何と呼ばれるか。

　解説▶BRICSはブラジル，ロシア，インド，中国，南アフリカの頭文字をとったものである。

16 1961年に設立された，開発途上国に対する経済援助を行なう先進国の組織を何というか。

★17 上記の機関の下部組織で，政府開発援助（ODA）の条件や援助目標などを定めている委員会は何か。

18 1965年に設立され，「国連開発のための10年」などを掲げて途上国開発を推進してきた国連の組織は何か。

★19 2000年に採択された国連ミレニアム宣言に基づいて貧困と飢餓の撲滅などを掲げた目標を何というか。

20 開発途上国から，輸出品を正当な価格で取り引きしようとする考え方や運動を何というか。

21 開発途上国の貧困削減と自立支援の面がある，貧困者への小口の資金融資を何というか。

　解説▶1983年にムハマド＝ユヌスが創設した，バングラデシュのグラミン銀行などがある。

★22 開発途上国の飢餓や貧困に着目し，潜在能力アプローチなどの考え方を述べたインドの経済学者は誰か。

---

8 石油輸出国機構（OPEC）

9 NIEO（新国際経済秩序）樹立宣言

10 国連資源特別総会

11 主要国首脳会議（サミット）

12 新興工業経済地域（NIES）

13 累積債務問題

14 債務不履行（デフォルト）

15 BRICS

16 経済協力開発機構（OECD）

17 開発援助委員会（DAC）

18 国連開発計画（UNDP）

19 国連ミレニアム開発目標

20 フェアトレード（公正貿易）

21 マイクロファイナンス

22 アマーティア＝セン

[1] 貿易や為替取り引きについて，次の問い(**問1～4**)に答えよ。

問1 右の表は，A・B2国における小麦と機械の1
単位あたりの生産に必要な労働量をあらわしてい
る。リカードの比較生産費説では，この場合，A
国は何に生産を特化することになるか。次の①～
④のうちから一つ選べ。

(単位：人)

	小麦	機械
A国	100	80
B国	50	60

①小麦　　②機械　　③小麦と機械　　④生産を特化する物はない

問2 外国為替市場で円高の要因となるものを，次の①～④のうちから一つ選べ。
①日本の金利が低下した。
②日本で激しいインフレがおこった。
③海外で原油価格が高騰した。
④海外から日本への投資が急増した。

問3 1970年代初頭において，ニクソン＝ショック後の国際通貨不安に対して，
ドル切り下げなどによる固定相場制への復帰をめざした国際合意を，次の
①～④のうちから一つ選べ。
①キングストン合意　　②ルーブル合意
③プラザ合意　　　　　④スミソニアン合意

問4 農産物の問題などで貿易交渉が難航し，GATT(関税及び貿易に関する一
般協定)からWTO(世界貿易機関)に改組される契機となったGATTのラ
ウンド交渉を，次の①～④のうちから一つ選べ。
①ウルグアイ＝ラウンド　　②東京ラウンド
③ドーハ＝ラウンド　　　　④ケネディ＝ラウンド

[2] 国際経済の関係や協力について，次の問い(**問1～5**)に答えよ。

問1 経済のグローバル化の影響として**誤っているもの**を，次の①～④のうちか
ら一つ選べ。
①市場競争の激化にともなって世界の経済格差は縮小した。
②市場経済を導入する社会主義国があらわれた。
③外国企業との間のM&A(合併・買収)が増加した。
④開発途上国の通貨が暴落する現象がおこった。

問2 欧州共同体(EC)が，1990年代に欧州連合(EU)に改組される契機となっ
た条約を，次の①～④のうちから一つ選べ。
①マーストリヒト条約　　②リスボン条約
③ヴェルサイユ条約　　　④ローマ条約

問3 1960年代に開発途上国の要求によって国連に設置された，南北交渉などが行なわれる機関は何か。次の①～④のうちから一つ選べ。

①経済協力開発機構（OECD）　　②国連貿易開発会議（UNCTAD）

③国際復興開発銀行（IBRD）　　④国連開発計画（UNDP）

問4 開発途上国に対する国際協力を推進する政府系機関を，次の①～④のうちから一つ選べ。

①国境なき医師団（MSF）　　②アムネスティ゠インターナショナル

③グリーンピース　　　　　　④国際協力機構（JICA）

問5 日本のODA（政府開発援助）の特徴として適当なものを，次の①～④のうちから一つ選べ。

①対GNI比0.7％以上の援助目標を達成している。

②2000年代には，総額でアメリカを抜いて世界1位になった。

③近年では，アフリカへの援助が増加している。

④贈与比率はDAC（開発援助委員会）加盟国で最も高くなった。

解答・解説

［1］問1② 　A国内では機械の生産が，B国内では小麦の生産の方が有利である。④比較生産費説は両国がどちらか一方に生産を特化する。　　問2④ 　資金や代金が日本に流入する場合は，円高の要因となる。問3④ 　①は1976年，変動相場制が正式に承認された。③は1985年，G5がドル高是正のための協調介入を決定した。　　問4① 　1986～94年，このとき農産物貿易のほかに，サービス貿易や知的財産権などについても交渉が難航した。④は1964～67年，工業製品の関税率の大幅引き下げが実現した。

［2］問1① 　とくに開発途上国の間では，競争の激化によって経済格差が拡大している。　　問2①1991年，欧州連合（EU）条約ともいう。　　問3② 　1964年に設置され，以後は南北間の交渉の場となった。問4④ 　①～③は非政府組織（NGO）である。　　問5③ 　従来は対アジア・中東が大半を占めていたが，近年は対アフリカ援助が増加している。①GNIの0.7％目標は達成していない。②1990年代は総額で世界1位であったが，2000年代以降減少し，2012年は世界5位であった。④日本の贈与比率はDAC加盟国の中では低い方である。

索引

欧文略語索引

新 よくでる一問一答 倫理，政治・経済

| 2020 年 2 月 25 日 | 第 1 版第 1 刷発行 |
| 2021 年 10 月 30 日 | 第 1 版第 3 刷発行 |

編　者	倫理用語問題研究会
発行者	野澤武史
印刷所	明和印刷株式会社
製本所	有限会社　穴口製本所
発行所	株式会社　山川出版社

〒 101-0047　東京都千代田区内神田 1-13-13
電話 03 (3293) 8131 (営業)　03 (3293) 8135 (編集)
https://www.yamakawa.co.jp/
振替口座 00120-9-43993

| 表紙デザイン | 水戸部 功 |
| 本文デザイン | 中村竜太郎 |

＊

©2020　Printed in Japan　ISBN978-4-634-05312-0